新 社会福祉士養成課程対応

地域福祉と包括的支援体制

木下 聖
佐藤 陽 編

JN122898

みらい

●編者

木下　聖（きのした ただし）　埼玉県立大学

佐藤　陽（さとう あきら）　十文字学園女子大学

●執筆者一覧（五十音順）

安部　雅仁（あべ まさひと）　北星学園大学 ……………………………………………第 9 章

新井　利民（あらい としたみ）　立正大学 ………………………………………………第14章

内　慶瑞（うち けいずい）　金城大学 ……………………………………………………第 1 章

大岡　華子（おおおか はなこ）　埼玉県立大学 …………………………………………第13章

大野　地平（おおの ちへい）　聖徳大学短期大学部 ……………………………………第 2 章

大藪　元康（おおやぶ もとやす）　中部学院大学 ………………………………………第 8 章

小平　隆雄（おだいら たかお）　田園調布学園大学 ……………………………………第 4 章

鎌田真理子（かまだ まりこ）　医療創生大学 ……………………………………………第15章

木下　聖（きのした ただし）　前出 ……………………………序章 1 、第10章、第11章

熊田　博喜（くまだ ひろき）　武蔵野大学 ……………………………第 5 章、第 6 章

佐藤　陽（さとう あきら）　前出 ………………………………序章 3 、第 3 章、第16章

白井絵里子（しらい えりこ）　浦和大学 …………………………………………………第12章

牧村　順一（まきむら じゅんいち）　同朋大学 ………………………………序章 2 、第 7 章

はじめに

　本書は、2021（令和3）年度から開始された新社会福祉士養成課程のうち、「地域福祉と包括的支援体制」に対応する教科書として作成されました。前回の「地域福祉の理論と方法［第2版］」の出版から7年振りの改訂になります。この間、経済社会情勢及び国の法律制度も大きく変更してきています。この間の変化を踏まえて、また今後の対応を見通した内容とするべく、養成課程カリキュラム見直しの内容に沿った改訂を行いました。

社会情勢や法律制度の変化

　前回テキスト作成時からの変化は、少子高齢化・人口減少の進行、好転しない景気動向、消費税率の向上、気候変動の多発などによって、ひとり暮らし世帯の増加、複合的な生活課題の深まり、貧困格差の拡大、災害被害の甚大化などの現象としてみられます。また、近年のCOVID-19蔓延による感染対策は、雇用環境の変化、サービス支援の低下、地域活動の縮小、リモート導入による仕事の進め方の変化、新生活様式への対応など、福祉のみならず社会サービス全体、また日常生活そのものへの影響として様々に現象化しています。

　これらに対する法律・制度面からの対応は、市町村での地域包括支援システムの推進（2013年）、生活困窮者自立支援制度の開始（2015年）、地区への生活支援体制整備事業の展開（2015年）、地域共生社会づくりへの着手（2017年）など新たな制度が相次いで導入され、基礎自治体（市町村）による取り組みと対応が強化されてきています。

　地域福祉の領域は、全対象型包括的支援体制の構築から地域共生社会の形成が進められる中、福祉サービスのみならず日々の生活をどう維持・支援していくか、そのシステムをどう構築していくかへと対象が広がり、他領域のまちづくり、また地域づくりとの連携を必要としてきています。

本書のねらいと構成

　こうした背景と変化を受けて、本書では、前半で新カリキュラムでの基本項目を抑えながら、後半で関連する領域である生活困窮者自立支援、多職種・多機関連携、災害への備えと避難対応について、今後の地域福祉との連携を深める目的から、その情報提供と学習の機会を提供しています。また、前半の構成内容として、地域で起きている身近な事例から始めて、地域福祉の推進主体、社会福祉協議会を中心とする担い手の役割と、さらに推進の基本的な視点と理論、地域福祉の発達過程へと学びを展開させています。その上で、

推進手段としての福祉行財政と福祉計画の理解を促しています。さらに、その中核となっている包括的支援体制と地域共生社会の形成、これらを踏まえた今後の地域福祉推進の課題と展望について学習を進めます。章を追って順に学習を進めることで、地域福祉への基礎から応用へと関心と理解が進み深めることができる内容と構成になっています。

　本書が社会福祉専門職をめざす人たちの学習活動や地域福祉実践に関わる人たちのスキルアップの一助となれば幸いです。

2022年1月

編　者

目　次

第3章　社会福祉協議会の組織と役割

第7章　地域社会の概念と変化

第8章　地域福祉における行政組織及び専門職の役割

第9章　財政と地域福祉

序章

私たちの暮らしと生活課題

● 本章のねらい

> 　社会福祉の一つの分野である地域福祉は、現実的課題としての生活問題に対する地域社会の場における最終的な社会的対応ということができる。家族や友人・仲間など個人的なつながりをもつ人々が助け合い、それぞれが抱える生活課題を相互に支援する互助、医療・年金・介護保険などの社会保険制度による主として被用者負担で成立する共助、そして地域福祉が不十分なときには、暮らしと健康を守る社会的な関係性や手立てが十分ではなく、最終的には個人や家族の自己責任と自助努力によって個別的に「何とかしなければいけない」ことになる。多様なそして重複的な生活課題を抱える今日の人々にとって、とりわけ地域福祉の果たすべき役割はかつてなく高まっている。
>
> 　本章では、現代の地域社会における生活課題とは何かを基本理解することから始めて、社会福祉の中での地域福祉の分野、またその基本位置を確認した上で、地域社会における実際の事例を通して、発生している多様な生活課題について具体的に理解する。

● プロローグ

　「いのち」も「暮らし」も英語ではともに"Life"と言い表す。しかし日本人は通常、日本語で「ものを考える」ことから、「いのち」と「暮らし」は別のものとして捉えがちである。そうした認識からは、人々の暮らしが立ち行かなくなったとき、それが直ちにいのちの危機に直結しかねないことを正確に把握することが困難となる。

　人々の暮らしを支える基盤は、労働にある。その労働が危機的状況となったとき、一般的には労働者保護の諸制度・システムにより、暮らしが危機に陥ることを予防する機能が働く。しかし、経済危機や不況などを契機とした働く人々の労働の場からの排除は、ときとして住まいを失い、世帯をも崩壊させ、健康状態まで影響を与えるなど、暮らしの危機を呼び起こす。そして、その暮らしの危機はいのちの危機にまで直結してしまうことも少なくない。

　地域福祉は、いのちと暮らしの危機を回避する地域社会の場における「最後のとりで」の位置にあり、だからこそ地域福祉には価値がある。

1．現代社会における人々の生活課題

(1) 少子高齢社会の状況

　昨今の気候変動や感染症対策に追われる現代社会は少子高齢社会であり、後期高齢者数が大きく増加する「2025年問題」も見据えた中で、人口減少社会もすでに進行している。

　私たちの生活に身近な地域社会では、核家族化が進行し、ひとり暮らし世帯が増えるなど人々の生活や暮らし方が多様化してきている。また、ご近所付き合いや地域のつながりも希薄化してきている。こうした変化の中、毎日の生活に支援や介助を必要とする人や世帯は確実に増加している。しかし、これまでの家族や近隣による支援にはすでに限界がある。また、これらを補

図序－1　少子高齢化と人口の推移

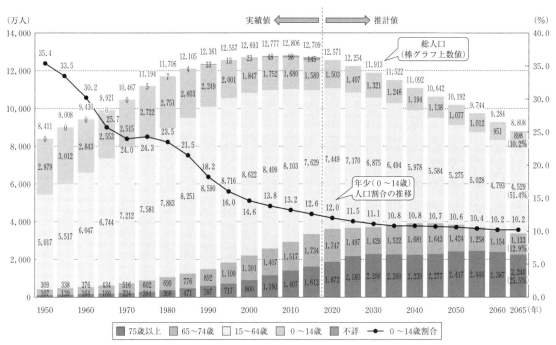

注1：2020年以降の年齢階級別人口は、総務省統計局「平成27年国勢調査　年齢・国籍不詳をあん分した人口（参考表)」による年齢不詳をあん分した人口に基づいて算出されていることから、年齢不詳は存在しない。なお、1950～2015年の年少人口割合の算出には分母から年齢不詳を除いている。
　　2：年齢別の結果からは、沖縄県の昭和25年70歳以上の外国人136人（男55人、女81人）及び昭和30年70歳以上23,328人（男8,090人、女15,238人）を除いている。
資料：2015年までは総務省「国勢調査」、2020年は総務省「人口推計」（令和2年10月1日現在確定値)、2020（令和2）年以降は国立社会保障・人口問題研究所「日本の将来推計人口（平成29年推計）」の出生中位・死亡中位仮定による推計結果。
出典：内閣府「令和3年版　高齢者会白書」2021年　p.4を一部改変

完する目的で始められた公的なサービスや支援も、多様で複雑なニーズに万全に応えられるわけではない。

　これからの少子高齢化、人口減少、生活の多様化に対して、地域社会では新たな支援また活動を整え、用意する必要性がより高まっている。

(2)　高齢者の暮らしと地域の課題

　地域社会では、今、ひとり暮らし高齢者世帯、また高齢夫婦世帯が増えてきている。毎日変わりなく健康な生活が送れるうちは問題ないが、身心の老化、病院の入退院、介助や介護が必要な状態になると、こうした世帯は一気に不安定になり脆弱化する。外からの支援や見守りが必要な世帯として現象化する。生鮮食料品店やスーパー等が少ない地域では、毎日の買い物が難しくなる事例も生じている。車や自転車の運転が困難になることで移動の問題も発生する。

　また、認知能力の低下が進行した認知症の状態になると、家庭での暮らしが難しくなる。これは高齢者のいる家族世帯でも同じように起きる。足腰がまだしっかりしている場合は、家の外を徘徊して事故や行方不明になるケースも生じている。

　ひとり暮らし世帯で公的なサービスや支援が届かない状況、また誰とも連絡が取れない状態が続くと、体調不良などによる寝たきりや孤立死が懸念される。この孤立死は、主に高齢者のみ世帯において、その家族や親族、知人・友人との関係が途切れ、地域社会から孤立して形成される「存在するが見えない世帯」の間で起きている。

(3)　子育てと地域の課題

　少子化の続く地域社会では、子育て世帯も孤立しがちである。また、核家族化、生活スタイルが多様化する中で、しつけや子育てに関する情報共有の機会は減っている。このような中、家庭だけでは補うことの難しい子育ての役割機能への支援は、行政や民間だけに留まらず、今や地域の側にも理解と協力が求められている。

　子どもを抱える世帯は、支え手と収入が安定していれば、また両親の関係がうまくいっていれば問題は生じない。それが離婚や死別によってひとり親世帯化する、収入が減少する、夫婦間の関係に葛藤やストレスが生じる、仕事が多忙になり子どもと過ごす時間が取れなくなるなどの状態が続くことで、育児放棄や虐待などの問題につながりやすくなる。家庭内暴力もこれに関連して発生したり、またその要因になったりする。これらは家庭の外からのつ

ながりや支援が断たれ、孤立した状態となる中でいずれも発生する。

　こうした家庭環境にある世帯、また孤立や孤食になりがちな子どもや世帯に対して、近年話題とされる子ども食堂は、食事や会食（団らん）を提供することを通して人とのつながりと関係を維持しようとしている。また、集まる中で学習する時間と機会も提供している。近年は地域で保存食材を集めて配布するフードパントリーの取り組みも行われている。

　地域社会の中で、子育て世帯への関心を寄せることと直接の働きかけが求められている。

⑷　多様な人々の生活と地域の課題

　身近な地域社会には当然、高齢者と子どもだけではなく、様々な人や世帯が暮らしている。性格や個性の異なる人がお互いに暮らし、生活の仕方もそれぞれであり、さらに家族の成長や様態に合わせて世帯の形も変化していく。そうした家族や世帯の状況にあって、近年、引きこもり、8050問題、ダブルケアなどの問題が指摘されている。

①顕在化しづらい生活課題

　例えば、障害のある人や精神疾患を抱える人の自立した生活への課題、高齢で介護の必要な親と障害のある子どもからなる家庭の問題といったものも存在する。また昨今、新型コロナウィルスの感染拡大がする中、学校の閉鎖や対面授業の制限、バイト先の閉店や事業縮小などによる生活費収入の減少などから、若年層の引きこもりやひとり暮らしの不安定化の問題も経験されている。

　現代社会はインターネットが普及し便利な反面、情報過多であり、SNSによる誹謗中傷や人との距離も狭まるなど過剰なストレスを生みやすい社会である。そうしたことがきっかけで薬物に依存したり、犯罪に手を染めたり、自殺したりする人も増加している。こうした人々の更生の問題や当事者への理解も、地域との関わりで考えて対策する必要が生じている。

　多様な人々の生活上の課題とそれへの支援が、地域社会の中には存在している。しかし、こうした生活課題はなかなか表に現れず潜在化している。

②目に見える生活課題と貧困の拡大

　また、目に見える生活課題としては、いわゆる「ごみ屋敷」や外国人居住（集住）の問題などがある。これらはその生活実態がわからない、相互理解が進まないことから周辺とのトラブルを生じやすい。「ごみ屋敷」の当事者は生活上の課題が他にあったり、障害を抱えていて判断がしづらいなどの要因の存在が、外国人居住の問題は、言語の問題や生活習慣や文化の違い、多

文化への理解や共生の課題が指摘されている。

　こうした人々の多様な生活課題の主要な基底要因となっているのが、社会の貧困格差の拡大である。非正規雇用の増加、就労や現金収入の不安定化は、生活から安心や余裕を奪い、様々な不安やストレスにとどまらず、生活そのものの維持を困難にしている。市町村行政の生活保護の相談件数と支給は増加を続けている。

　さらに、近年の新型コロナウィルス感染症対策は、感染防止のための人流の抑制、飲食・観光業、百貨店スーパーなどの休業や時短営業の要請、テレワークの推進など日々の生活や経済活動そのものにも影響を及ぼしている。これまで踏み留まっていた貧困ボーダーライン層の転落がさらなる生活困窮化を招いている。

　生活保護受給者の抑制を目的とした生活困窮者自立支援制度に基づく生活困窮へ対策は、金銭面のみならず就労や居住、また学習の支援へと重点を移してきている。一方で、身近な地域社会での貧困への関心、これに基づく支え合いや支援との連携もこれからの課題になってきている。

2．多様化する生活課題への地域福祉の対応

(1)　社会保障体系としての地域福祉

①社会福祉とは

　現代の社会では、自分や家族などが病気になったとき、安心して利用できる公的医療保険制度[*1]や、会社等を定年退職した後の老後生活を支える公的年金制度[*2]などの社会保障制度が体系的に整備され充実している。社会保障制度は、日々の生活を安心して暮らすために欠くことのできない仕組みとなっている。

　この社会保障制度体系の中で、社会福祉は最後の拠り所の位置にあり、ここが不十分であったり整備されていなかったりすると、安全・安心な日常生活は不可能な状況になる。例えば、介護問題について考えてみる。居宅介護サービスやデイサービス、特別養護老人ホーム等が未整備または不足すれば、居宅で家族による介護を受けられない人、あるいは家族（老々介護、ダブルケアなど）の「いのちと尊厳」がどのような状態となり、その暮らしの困難さがいかなることとなるかは想像がつこう。

　このように社会福祉は、社会生活上の様々な困難や不安（生活問題）に対する社会的対応策の一つであり、制度的には生存権保障（日本国憲法第25条）

＊1　公的医療保険制度
従事する職業によって種類分けがされている。企業に勤める人が加入する「健康保険」、公務員や私立学校の教職員が入る「共済組合」、そして自営業や農林漁業従事者が入る「国民健康保険」などである。75歳以上の高齢者には後期高齢者医療制度がある。

＊2　公的年金制度
退職後の生活基盤を支え、私的な家族の状況にかかわらず、安心・自立して老後を暮らせるための社会的な仕組み。公的年金には、3種類あり、日本国内に住所のあるすべての人が加入を義務づけられている。①国民年金：日本国内に住む20歳以上65歳未満のすべての人、②厚生年金：厚生年金保険の適用を受ける会社に勤務する全ての人。

としての社会保障の一環と整理することができる。

②地域福祉とは

　社会福祉の一分野である地域福祉は、現実的課題としての生活問題に対する、地域社会の場における最終的な社会的対応ということができる。したがって前述の社会福祉と同様、地域福祉が不十分であったり、整備されてなかったりしたときには、住民が暮らしと健康を守る社会的な手立て（保障）は何もなく、すべて個人や家族の自己責任と自助努力によって、個別的に"何とかしなければいけない"ということになる。

(2) 地域福祉の役割

　国民年金や国民健康保険をはじめ、生活保護、児童福祉、障害者福祉、老人福祉、母子・父子・寡婦福祉などの社会福祉は、それぞれ対象者の個別的な特性に基づき、国が法律によって施行している。

　それに対して地域福祉は、地域住民が暮らしの場において、生活問題の地域性を規定する社会的な条件を改善・向上させていく実践的な活動であり、その改善・向上に向けて力をあわせて（協働）実現していくことに他ならない。

　先述のひとり暮らし高齢者の「孤立死」の課題を例にとれば、中長期的な対応策として高齢者に向けた医療機関・福祉センターなど、社会的共同生活手段の整備と利用促進、高齢者の地域における組織化、気軽に集うことのできる環境の整備（いきいきふれあいサロンなど）、そして地域住民の健康を守る保健師や地域住民と専門職とをつなぐコミュニティソーシャルワーカーの配置・増員が挙げられる。短期的には、孤立死防止のネットワークづくりや見守り活動などが有効とされている。この活動の主な担い手は地域住民自身である。

　孤立死防止対策のみならず、生活問題の地域性を正面に据え、住民の主体的な取り組みによる「いのちと暮らし」を守る組織的福祉活動が、地域福祉活動である。引きこもり、8050問題、ダブルケア、依存症、自殺など少子高齢社会の到来とともに深刻化した生活課題をはじめ、地域住民の生活上の困難や不安が増大している生活実態からも、今日ではその活動は必然化せざるを得ない。

地域共生社会の実現

　現代社会では様々な困難が個人や家族に押し寄せ、多重的な生活課題を抱えるケースが少なくない。その際、既存の制度・システムの谷間（境界）に陥ることによって、結果として十分な支援を得られない人々が存在する。そ

のため、新たなまた多様な生活課題に対応するため「新たな支え合い（共助）」の構築が求められている。今日、「地域共生社会の実現」が提起されているのは、こうした生活課題の解決に向けたものであり、住民・住民組織、各種社会福祉組織・団体（社会福祉法人やNPOなど）や行政機関との協働による取り組みが求められている。

　「新しい公共」の理念のもと、これまでの官（行政）だけではなく、市民参加の考え方に基づき、各種住民組織・NPO（非営利団体）や企業などが、積極的に公共財・サービスの提案または提供主体となってきている。医療・福祉、教育、子育て、まちづくり、学術・文化、環境、雇用、国際協力などの市民生活に密接な領域において、共助の精神で行う仕組み・体制、活動などを促進しようとする様々な方策も、この地域福祉活動の実践的展開との連携を促している。

(3)　福祉のまちづくりから地域共生社会づくりへ

　地域福祉はこれまで、時代の状況を受けて、また先述した他領域からの取り組みの影響も受けながら変化してきている。他領域の取り組みは、それぞれが「誰もが人間らしく、安心して暮せるまち」を共通にめざして、福祉領域との間で連携しながら地域で推進されている。その連携先は「福祉のまちづくり」から「地域共生社会づくり」へと様相を変えつつ、地域福祉の推進ともはや一体となって進められてきている。

①福祉のまちづくり

　「福祉のまちづくり」は、1990年代半ばから公的建築物または公共施設・空間のバリアフリー化として、車椅子利用等の障害者や高齢者が円滑に安全に移動できる空間づくりをめざして取り組まれてきている。不特定多数の人の集まる百貨店スーパーや劇場、駅、バス及び鉄道などを対象に、段差の解消やエレベーター設置、トイレの改善を中心にバリアフリー仕様の整備が図られてきた。ものづくりの側からの福祉へのアプローチとして普及してきている。

②防災まちづくりとの連携

　1995（平成7）年に起きた阪神・淡路大震災の教訓からは、地域の防災強化と復興支援の取り組みの中で、地域コミュニティの重要性が改めて認識された。地域力やつながりの程度がその後の復興にも大きく影響をもたらした。災害に強いまちづくりの中で、身体の不自由な高齢者や障害者の避難誘導や一時避難、被災者居住、復興後の復帰と生活の課題が指摘され、以降、地域社会での防災と福祉の連携が推進されている。

③人口減少時代のまちづくりと地域福祉

　2000年代に入り、少子高齢化がさらに進行するとともに、わが国は人口減少社会に突入した。地方では人口減少を抑えるために、地場産業やまちの活性化、農林業などでの都市住民との間の交流、地方移住の促進などがまちづくりとして取り組まれている。一方で、人口流出を抑制し「安心して住み続けられるまち」を目標に高齢者に対する保健福祉政策、少子化対策の充実も図られている。都市からの移住者支援も視野に入れた、快適に安心して生活できる生活基盤の形成をめざして、地域の活性化と福祉とが一体となったまちづくりも推進されてきている。

④地域包括ケアシステムから包括的支援体制の整備

　こうした変化は、地域社会の福祉政策の転換を促すことにもつながっている。2010年代から高齢者の医療と介護の連携を目的に着手された地域包括ケアシステムは、今や高齢者のみならず支援を必要とする「全世帯・全対象型の包括的支援体制」の構築へと変化してきている。この包括支援体制は、公的サービスだけでなく地域の民間資源も様々に活用して、生活に身近な相談から適切なサービスや支援をつなぐことで安心して暮らすことのできる新たな「地域づくり」につながる動きに他ならない。

⑤地域共生社会づくりへ

　この全世帯・全対象型包括的支援体制は、国の「一億総活躍社会」政策≒人と地域の活性化推進を受けて、現在「地域共生社会づくり」として推進されるに至っている。この地域共生社会づくりは、誰もが安心して住み続けられる社会をめざして、保健医療福祉に留まらない、まちづくりなど他領域との連携や協働を伴いながら、少子高齢・人口減少社会に合わせた地域社会の基盤システムの創り直し≒新たな「地域づくり」として今や取り組まれつつある。

3．私たちの暮らしの中から見えてくること

(1)　コロナ禍が続く中、地域で起きた新たな課題

　日本社会の脆弱性は以前より指摘され、ここまで記してきたように、支え合いの地域づくりに向けて地域福祉が展開されてきた。しかし、2020（令和2）年春、新型コロナウィルス感染症（COVID-19）の拡大に伴う緊急事態宣言等の発出から、日常生活で人と社会がつながる活動に制限が加わるようになった。脆弱さはさらに深刻化し、ギリギリで生活を保っていた人たちは

一気に生活困窮に陥り、これまで生活に支障のなかった人たちにも大きな影響を与えた。経済的に苦しく孤立化しやすくなり、その結果、女性や若年層の自殺が増加してきた。

　地域福祉活動は、人と人とが直接顔を合わせて集い活動することが中心で、コロナ禍の新しい生活様式の「3密（密集、密接、密閉）の回避」に抵触するため、活動できない状態が続いた。

　2021（令和3）年の夏、新型コロナウィルス感染症の拡散の勢いは収まるどころか拡大の一途をたどった。当時、社会福祉協議会（以下「社協」）や地域包括支援センターには、地域の高齢者や家族等からいろいろな様子が伝えられていた。

【事例1】 普段の暮らしの幸せを攻めて考える

　これまでも高齢者の低栄養、低所得、人や社会とのつながりからの孤立は問題になっていた。しかし、今までは健康で地域の様々な活動にも参加していた高齢者が、コロナ禍で家から外出できなくなり、メンタルヘルスの不調を訴える人が多くなった。また、近隣に住む親族が月に何度か訪問して、高齢者の在宅生活を介護サービスとともに支えていたが、コロナ禍で訪問が困難になり、その結果、フレイル*3から要介護状態になったり、認知症の症状が悪化したり、家で骨折してしまう人などが増えた。

　サロンや体操、会食交流等、様々な地域活動を中止せざるを得ず、孤立死の防止や支援を要する人の早期発見も難しくなっていった。在宅勤務になり家族がいる時間が増えたことで、一緒に暮らす高齢者への虐待件数も増えた。家族によっては施設サービスの新規申請をしたが、見学を控えなければならず、手続きが進まなかったり、コロナ禍の人員不足で対応が困難なことがあった。また、高齢者夫婦と同居する精神疾患のある成人の息子が、親に介護が必要であっても、コロナの感染が怖いからサービスは受けさせないと拒否されることがあり、社協職員と地域包括支援センターの看護師で必要性を具体的に示して対応を働きかけることもあったという。その他、コロナ禍で家族が看取ることができず、生前の介護サービスの挨拶に来た家族は、心残りとやりきれなさを受けとめきれていない気持ちをこぼすことが増え、グリーフワーク*4の必要性を感じたという。

*3　フレイル
虚弱や脆弱を意味し、健康な状態と支援を必要とする介護状態の間で、加齢に伴い身体機能や認知機能等が低下した状態のことをいう。

【事例2】 自治会による近所のつながりの底力

　コロナワクチンの接種が始まると、住民参加型在宅福祉サービスのニーズとしてワクチン接種時の付き添いが増えたが、感染への危惧から協力者が不足し、スムーズな調整が難しいこともあった。しかし、こうした事態に自治会から働き掛けを行い、近隣住民による付き添いなども実施され、住民から喜ばれることもあった。さらに自然災害も増える今日、この経験を生かし、何か困難が生じたら支え合おうという機運が自治会役員から高まり、回覧で呼びかけた。こうした活動の場合、関わりを拒絶し批判する声も一定数ある。役員たちは、そういった声もしっかりと受けとめながらも、それでも人とのつながりを絶やさず、今であれば感染予防をしながら交流し続けることが地域生活には大切だと笑顔で応えた。社協職員は普段の暮らしを豊かに過ごそうとする人たちの力強さに感心していた。

*4　グリーフワーク
身近な大切な人と死別して悲しみに暮れている人が、悲しみと向き合い、その悲しみから精神的に立ち直っていくこと。こうした死別の悲嘆の状態にある人に対して行う支援をグリーフケアという。

⑵　コロナ禍で改めて気づかされた人と地域のつながりの大切さ

【事例３】集える場と人がいることの大切さ

> 　ある社協では、男性高齢者の居場所づくりの一環として囲碁・将棋クラブを発足し、集会所で交流と相互の見守りを兼ねる活動をしてきた。しかし、コロナ禍で集会所等の公的な場が使用できなくなり、メンバーからは「この状態が続いたら孤立して死んじゃうよ」と悲痛の声が上がった。
> 　そこで社協は子ども食堂で借り上げている「社協ハウス」で感染予防を徹底しながら、本人たちにリスクの合意を得て開放し、互いに楽しみながら競い合うやりがいの場が維持された。

【事例４】今できることをする

> 　コロナ禍となってから、高齢者の参加が多いボランティアグループは、活動の中止や解散を余儀なくされた。そこで社協ボランティアセンターは、少しでも歩みを止めないように、不足するマスクづくりをボランティアグループに協力してもらい、必要な人や施設に届けるなど、できることに取り組んだ。
> 　ボランティアグループの中には、活動を休止してサロン会場の家賃支出が困難になったことから、オンラインサロンに早々に切り替え、週に一度、参加者が１週間の様子を伝えあい安否確認をする交流会を開始したグループもある。一日通してサロン活動を行っていたグループは、感染予防をしながら時間を２時間程度に短縮して活動を再開した。その他、みんなでコロナ禍を乗り越えていこうと、電話や絵はがきで声かけと話し相手を試みたり、心をつなぐ折り紙のお守りをつくったりして、人と人との絆づくりを始めたグループもあった。
> 　子ども食堂のボランティアもその特性上、これまで通りの活動は難しい。いつものように一緒に食べることは控え、安否確認と見守りを兼ねてお弁当を拠点で渡したり、食事する時間を分けて、密にならないように安全配慮をするなど、グループにより様々な工夫が図られた。

　人は人との関わりの中で生きていることがコロナ禍で改めて実感された。ここで記してきた人々は、日常生活で今日も行くところがあり、今日も用事がある。そして、困っている人を放っておけず、自分のことのように考え、その人たちとつながろうとする人たちである。さらに、はじめは自分が困っていた人たちも、地域に自分を心配したり待っていてくれたりする人がいることを知り、次第に自分の暮らしが落ち着くと、今度は自分も誰かの役に立ちたいと思い始め、地域活動に協力する側に立つ人もいる。人は一方的に支えられる存在ではなく、人と人とのつながりによって、双方向性で支え、支えられる存在といえる。

　人は公的な福祉サービスだけで支えられているのではない。その人が暮らす地域のつながりを維持し、新たなつながりを築くことで、安心して暮らし続けられるようになる。これからの地域福祉に携わる専門職は制度やサービ

スだけでなく、制度外の日常生活の中で営まれている生きがいづくりや、地域住民の支え合いの両方を生かして支援をしていくことが求められる。

(3) 食を通じた日常的なコミュニティづくり―支え合える地域へ―

コロナ禍が続く中、飲食店など様々な企業に営業自粛が求められ、非正規労働者の解雇や自営業者等の経済的な困窮が激増した。国は、コロナ禍で休業や失業した人に一時的な生活を支える資金として緊急小口資金や総合支援資金の特例貸付を開始した。厚生労働省によれば、2021（令和3）年7月には、一連の特例貸付が1兆円を超え、受付期間は延長された。

こうした特例貸付を実施している社協や住居確保給付金の窓口となっている自立相談支援機関は業務負担が増大し、コロナ禍の感染リスクへの不安を抱えながら休みなく来談者の相談業務にあたっている。

コロナ禍によるリストラや倒産等で離職、そこから就労先が見つからないというケースが増加する中、総合支援資金につないだとしても、その先の見通しが不透明である。ある社協職員たちは「お金を貸すだけでなく生活を支える必要があるのに、現状ではそこまでの人手がなく歯がゆい」と語っていた。

【事例5】人とつながることで社会とつながり、安心して暮らせる

外国籍でスナック勤めの女性Aさんは、コロナ禍の営業自粛をなんとか乗り越えてきたが、3度目の緊急事態宣言でとうとう失職した。Aさんには小、中学生の子どもが2人いるが不登校であった。兄の中学校のスクールソーシャルワーカーの訪問により、現在の母親の状況が分かり、連絡を受けた社協の地域福祉コーディネーター（子ども食堂と学習支援を担当）が同行した。

Aさんは日本語をうまく話せないこともあり、近所づきあいがなく、母国の仲間との交流も少ない。本人の状況からうつ状態であることが疑われ、病院の受診を勧めたが拒否された。地域福祉コーディネーターは「子どもたちに役立ててほしい」と寄付品の食料を提供し、総合支援資金の貸付を利用できるよう取り計らった。

支援を進める中で、社協が開催している学習支援に長男も何度か来ていたことがわかった。地域福祉コーディネーターの知人で、近隣に住むボランティアの学生が話を聞いて協力を申し出てくれたこと、ひきこもりの子どもたちを送迎する有償サービスが発足していたことから、その環境を活用した学習支援が再開された。子ども食堂には長男と小学生の妹、そしてAさんも時々利用するようになった。

その後、国際交流を支援しているのNPO（非営利活動法人）が紹介され、Aさんは日本語教室に参加するようになった。NPOからは新たな就労先が紹介され、Aさんの健康状態は少しずつ回復していった。子どもたちもボランティアの学生たちとバスケットボールを楽しむなど、少しずつ笑顔が増えていった。しかし、長男は時折閉じこもることもあり、学生が声をかけに行くこともあった。

NPOは社協の協力のもと、妹の通う小学校に働きかけ、総合学習の時間に「多文化共生を考えよう」と食文化から学ぶ機会を設けることができた。その中では、

Ａさんが母国料理の作り方を生徒たちに教え、みんなで食を通じた交流も実施した。
　ＮＰＯの紹介により、Ａさんは同郷の保護者仲間とも知り合い、少しずつ人との
つながりが増えていった。しばらくすると、子ども食堂には週４回、朝食と夕食に
参加するＡさん家族の姿があり、そこには家族と親しくする人々の姿もあった。食
を通じて日常的なＡさん家族をつなぐ様々な人とのコミュニティが築かれ、次第に
Ａさんや兄に意欲がみられるようになり、妹の笑顔も多くなった。

　何か問題が生じた時に、それに気づき、支援につないでくれる人がいれば、
人との関係が育まれ、次第に人との信頼関係が生まれ、自然と支え合えるよ
うになり、それがその人たちの暮らしやすさにつながる。ある社協職員は、「毎
日一緒にご飯を食べる場所があり、お誕生会をやったり、いろんな交流の機
会をもったりして、顔を見合わせて関わっていれば、『自分の家に部屋が空
いているから一緒に住まない？』なんてことも起こり、自然と支え合いが生
まれる。場が出来ると自然と人は集まってくる。こうした関わりが必要で、
食を通じた日常的なコミュニティづくりが大切なのだと思う」と述べていた。
これまでの家族観ではなく、新たな人と人、人と社会の結びつきが求められ
ているといえる。
　人は、様々な制度や社会サービスによって支えられる。しかし、事例から
もわかるように、それとともに大切なことは、人は自分を受け止め、人とし
ての誇りを守り、関わる人との出会いとつながりによって支え合えることで
ある。
　これから地域共生社会の実現に向けた地域福祉は、地域生活課題の解決に
対応していくために、自治体は包括的な支援体制を構築する必要がある。そ
して、社会福祉士は多様な専門職と地域住民と協働して、個別支援と地域づ
くりに取り組んでいくことになる。その際、具体的な課題解決とともに、支
援を必要とする人の普段の暮らしの幸せが育まれるような、人と社会のつな
がりを支える視点を大切にしてほしい。

第1章

地域福祉の主体と形成

●本章のねらい

　2000（平成12）年改正の社会福祉法で「地域福祉の推進」が明文化されてから、二十余年を経た。この間、日本の社会福祉制度は大きな転換期を幾度となく迎え、今や「地域共生社会」の実現に向けての、新しい日本型福祉の追求がなされ始めている。この間、メインストリームとなるべく取りざたされたのが地域福祉であり、その必要性はますます高まっている。

　本章では、このような現状を押さえながら、地域福祉の推進に欠かすことのできない担い手としての地域住民と福祉組織について学んでいく。

　なお、地域福祉は実践の学問である。機会があれば、あなたが住む地域で、どのような見守り・声かけ活動が行われているのか、民生委員やボランティア等から思いを聞き取るなどして、学習を進めていくことを勧める。

●プロローグ

　住み慣れた町での日々の暮らしや福祉の問題について、地域住民が膝を突き合わせて話し合う福祉座談会（懇談会）が、古くから各地で開催されている。筆者は、2008（平成20）年から150以上の小地区（校下・自治区・町内会）の座談会に参加してきたが、ある日の座談会でのエピソードを一つ。

　ある地区住民福祉座談会で、民生委員のQさんが参加者らに呼びかけた。「最近、日中、町内を自転車でうろつく青年がいます。彼はS君と言い、知的障害があり、Z福祉就労事業所（就労継続支援）に通っています。S君は、悪いことはしないし危害も加えない。そして、お話が大好きな青年です。みなさん、S君のことを正しく理解してください。そして、どうぞS君に声をかけて、話して、見守ってやってください」と。

　多数の座談会に参加した中で、初めて耳にした声であった。民生委員Qさんの呼びかけは、「障害のある人に全く問題はなく、むしろ、障害のある人を奇異な目で見ている住民に問題があること」を問題提起したのである。この呼びかけと想いは、心に響いた。

　住民の訴えや声、つぶやきをつぶさに拾い集めて、カタチ（声・文字）として住民に届くように働きかけることは、住民が主体となるための種を蒔くこと…と思ったある日の晩の出来事であった。

1. 地域福祉の主体と形成

(1) 地域福祉の担い手

　地域福祉の推進を担うのは、❶地域住民と❷福祉サービス利用者（当事者）、❸地域福祉サービスを提供する事業者、❹地方公共団体である。

　❶「地域住民」は、当該地域に住む地域生活の当事者であり、ときに問題を抱える住民に対するよき相談者・支援者ともなり得る。また、隣近所の生活の異変や、ちょっとしたぼやきや嘆き、悩み事などの「つぶやき」を、いち早くキャッチできる存在でもあり、地域福祉を推進する上でのメインとなり得る人々である。

　❷の「福祉サービス利用者（当事者）」は、自らが抱える疾病や障害等に普段の生活の中で向き合い、よりよい暮らし向き（ウェル・ビーイング）を希求する、社会福祉サービスの利用者兼主体者である。さらに、当事者団体（セルフヘルプ・グループ）は、日常生活で感じている不都合や不合理な条件を社会に発信し、同じハンディを抱える者同士、ピア（仲間）な関係を保ちながら活動に取り組んでいく、地域福祉推進のための主体的な存在である。

　❸の「地域福祉サービスを提供する事業者」の代表的組織として社会福祉協議会（以下「社協」）が挙げられる。社協は、コミュニティ・ソーシャルワーカー（以下「CSW」）ら地域福祉の専門職が所属する組織であり、様々な専門的サービスを提供しながら、相談援助を展開している。

　❹の「地方公共団体（市区町村）」は、日本国憲法第25条に規定される「健康で文化的な最低限度の生活」を維持・保障する責務を担う。加えて住民個々人が幸福に、その人らしく暮らし、自己実現に向けた生活ができる生活基盤を創設・保障する。

　社協や特定非営利活動法人（NPO法人）等の地域福祉サービス提供事業者は、❸「事業者」に該当する。しかし、住民参加による住民目線に立つ地域福祉活動に取り組むことが大切であるから、❶「地域住民」および❷「サービス利用者」的な性格も併せ持つ。

　地域福祉の主体は多元化・混合化しており、サービスの「受け手」と「担い手」、「支援をされる人」と「支援する人」というようなスタンスでは対応できない。❶～❹それぞれが、相互に、かつ補完的に関わりながら、地域共生社会の実現に向けた活動に取り組むことが求められる。

　昭和の頃から「福祉は遠きにありて想うもの」という例えがあるが、令和

の現代においても、残念ながらその内実は変わってはいない。「福祉は大切だが、どのような福祉活動に関わればいいのかわからないし、活動しない（行動を起こさない）」、という住民が多くを占めていることが、そのことを物語っている。地域福祉が一人ひとりのライフステージごとに、多様化する生活課題に対応するためにも、❶と❷の分け隔てない地域福祉への主体的参加が必要となる。そして、両者を意図的に活動に仕向け、加えて専門職によるスキルを提供、調和・調整（コーディネート）を行う❸、政策・財源面での基盤整備を担う❹、それぞれが協働しながら「福祉は身近にありて行うもの」となることを想望する。

住民主体

　住民主体とは、「地域の中で特定の課題を持つ人が地域の中で社会参加できず不利な状況が重なることを『地域の課題』としてとらえ、住民自身がこうした課題解決の主体となり地域福祉を推進すること」[1]と川島ゆり子は指摘する。かたや藤井博志は、「単に『住民が行う』ことを意味するのではない。また、暮らしのあり方は自分と同時に他者がよりよく生きることを尊重し、共につくりあげるという前提がある。すなわち、住民主体とは、基本的人権の尊重とその上での連帯と、共生の暮らしをつくる権利を有した主体という意味である」[2]と定義している。つまり住民主体とは、個人としての基本的人権の保障基盤の上に立ちながら、個人が有機的に集合体・共同体に参加することで、地域の課題の解決をめざしていく共生活動のことをいう。

　本章では、法律や政策提言の解釈などから住民主体がどのように位置づけられているのか、その主体を形成してくために必要なことがらとは何かについて記す。

(2)　社会福祉法からみる主体と形成

①社会福祉法の目的－地域福祉の推進－

　2000（平成12）年に改正され、134条の項目から成り立つ社会福祉法（以下「同法」）は、わが国で初めて「地域福祉を推進すること」を法律上で明文化した画期的な法律である。

社会福祉法（目的）

第1条　この法律は、社会福祉を目的とする事業の全分野における共通的基本事項を定め、社会福祉を目的とする他の法律と相まつて、福祉サービスの利用者の利益の保護及び地域における社会福祉（以下「地域福祉」という。）の推進を図るとともに、社会福祉事業の公明かつ適正な実施の確保及び社会福祉を目的とする事業の健全な発達を図り、もつて社会福祉の増進に資することを目的とする。

さらに、住民（世帯）をはじめとして、福祉関係者などに、地域福祉を推進する義務を示したのが、同法第4条である。

社会福祉法（地域福祉の推進）

第4条　地域福祉の推進は、地域住民が相互に人格と個性を尊重し合いながら、参加し、共生する地域社会の実現を目指して行われなければならない。

2　地域住民、社会福祉を目的とする事業を経営する者及び社会福祉に関する活動を行う者（以下「地域住民等」という。）は、相互に協力し、福祉サービスを必要とする地域住民が地域社会を構成する一員として日常生活を営み、社会、経済、文化その他あらゆる分野の活動に参加する機会が確保されるように、地域福祉の推進に努めなければならない。

3　地域住民等は、地域福祉の推進に当たつては、福祉サービスを必要とする地域住民及びその世帯が抱える福祉、介護、介護予防（要介護状態若しくは要支援状態となることの予防又は要介護状態若しくは要支援状態の軽減若しくは悪化の防止をいう。）、保健医療、住まい、就労及び教育に関する課題、福祉サービスを必要とする地域住民の地域社会からの孤立その他の福祉サービスを必要とする地域住民が日常生活を営み、あらゆる分野の活動に参加する機会が確保される上での各般の課題（以下「地域生活課題」という。）を把握し、地域生活課題の解決に資する支援を行う関係機関（以下「支援関係機関」という。）との連携等によりその解決を図るよう特に留意するものとする。

　これにより、地域福祉を推進する主体は、まずは「地域住民」であり、次に「社会福祉を目的とする事業を経営する者」「社会福祉に関する活動を行う者」と明示された。同条第2項では、地域福祉の推進主体である地域住民等の活動上における義務について示している。住民は福祉・介護にとどまらず、保健医療から住居、就労などに至る幅広い生活課題を詳らかに「把握」して、「関係機関・団体と連携等」をして、「解決を図る」ことが必要である。そして、2020（令和2）年の同法改正により「共生社会の実現を目指す」旨が示されたことは（2021［同3］年4月施行）、社会福祉全領域における新しいスタンダード・指標となろう。

②福祉サービスの提供

社会福祉法（福祉サービスの提供の原則）

第5条　社会福祉を目的とする事業を経営する者は、その提供する多様な福祉サービスについて、利用者の意向を十分に尊重し、地域福祉の推進に係る取組を行う他の地域住民等との連携を図り、かつ、保健医療サービスその他の関連するサービスとの有機的な連携を図るよう創意工夫を行いつつ、これを総合的に提供することができるようにその事業の実施に努めなければならない。

　このように、社会福祉を目的とする事業を経営する者においては、「地域住民との連携を図り」ながら、利用者にサービスを提供することが明記されている。例えば、福祉施設内で生活する利用者へのサービスは施設内で完結

するものではなく、ボランティアとして地域住民が施設および利用者の暮らしに関わることの必要性を表している。

　なお、2020（令和2）年の法改正により、複数の社会福祉法人が事業運営で連携する際の選択肢として「社会福祉連携推進法人制度」が設けられた（第125条）。新たな内容として、同制度に参加する社会福祉法人とNPO法人等が、地域福祉を共同で推進していけることや、法人間で資金の貸し借りができるという規制の緩和、災害時の対応や人材確保・育成面で協働しやすい環境をつくったりすること等が盛り込まれた（2021［同3］年4月施行）。

　さらに、同法第6条では、国及び地方公共団体の福祉サービス提供体制の確保と適切な利用の推進に関する施策と措置を講ずる責務について規定され、国と地方公共団体の地域福祉に関する法的意義が示されている。

社会福祉法（福祉サービスの提供体制の確保等に関する国及び地方公共団体の責務）
　第6条　国及び地方公共団体は、社会福祉を目的とする事業を経営する者と協力して、社会福祉を目的とする事業の広範かつ計画的な実施が図られるよう、福祉サービスを提供する体制の確保に関する施策、福祉サービスの適切な利用の推進に関する施策その他の必要な各般の措置を講じなければならない。
　2　国及び地方公共団体は、地域住民等が地域生活課題を把握し、支援関係機関との連携等によりその解決を図ることを促進する施策その他地域福祉の推進のために必要な各般の措置を講ずるよう努めなければならない。

---

③市町村地域福祉計画の策定

　同法107条では、地域福祉が具体的に実践展開される市町村の、地域福祉計画の策定に関する努力義務について示しており、とりわけ第4項「地域福祉に関する活動への住民の参加の促進」が追記されたことにより、住民が地域福祉の推進に活動に参加することの大切さが、より明確になった。また、2020（令和2）年の改正法施行時には、生活課題解決のために包括的体制で臨むことを定めることが追記された（2021［同3］年4月施行）*1。

④社会福祉協議会

　同法第109条では、地域福祉を推進する母体である市町村社協と複数地区合同の地区社協に関する目的や活動が規定されている。実際に、地域福祉の推進を市町村社協が担うところがほとんどであり、翻れば、地域福祉の推進の主体である地域住民の参加なくして、第109条の履行、つまり市町村社協の活動展開はできないものと解釈できる。

　第2項に示されるように、ボランティア活動に代表される「社会福祉に関する活動への住民の参加」は、地域福祉の推進において欠かすことのできないものである。例えば、高齢者ふれあいサロンの運用での住民ボランティア

*1
詳しくは、本書第10章参照。

が挙げられる。また、福祉施設の利用者に対するレクリエーションや趣味活動、話し相手、シーツ交換等の施設ボランティアは、もはや施設にとって欠かすことのできない存在となっている。

市町村社協は、地域住民の活動を主体として位置づけて、地域住民が地域の福祉課題に気づき、それらを共有して、活動に結び付けていくことを支援する「地域福祉の主体を形成するための民間の社会福祉団体」である[*2]。

＊2
詳しくは、本書第3章
参照。

(3) 社会福祉協議会基本要項からみる主体と形成

1962（昭和37）年4月に示された「社会福祉協議会基本要項」には、次の通り記されている。

（性格）
1．社会福祉協議会は一定の地域社会において、住民が主体となり、社会福祉、保健衛生その他生活の改善向上に関連のある公私関係者の参加、協力を得て、地域の実情に応じ、住民の福祉を増進することを目的とする民間の自主的な組織である。

（組織）
4．社会福祉協議会は、住民主体の原則に基づき市区町村の地域を基本的単位とし、都道府県および全国の各段階に系統的に組織される。

（事務局、専門職員）
19．社会福祉協議会は、市区町村、郡、都道府県、全国それぞれの段階ごとに事務局を設け、社会調査ならびに組織活動の専門職員をおく。
◆説明◆
　（イ）社会福祉協議会の現状において事務局の果たす役割は大きい。事務局は社会福祉協議会が、住民主体の原則に基づき、その活動をすすめるために必要な能力をもつよう、常にその充実をはかるとともに、会務の民主的な運営につとめ、いわゆる事務局独裁というような現象を防がねばならない。

社協基本要項で、社協における「住民主体」について初めて表記されたが、「性格」の説明文では、「『住民主体』とは、地域住民のニードに即した活動をすすめることをねらいとし、それに必要な組織構成を充実するということである。したがって公私の関係者は、住民の立場を理解して社協に参加、協力するのが本旨である。しかしこのことは、これら関係者の立場を弱めるものではなく、むしろその役割と態度を明確にしたものである」とされている。

換言すれば、地域住民のニーズ（原文：単数形「ニード」）を志向しつつ、それに見合う住民による地域福祉活動を推進して、小地区社協や地区福祉委員会の設置など地域組織化（従来のコミュニティ・オーガニゼーション）の技術を活用し、住民が参加し、並行して福祉サービスを提供する事業者と連

携協力していくことが「住民主体」なのである。

　そして、地域福祉の推進母体である社協の屋台骨として、「住民主体」の原則が主唱・位置づけされていたことや、事務局および専門職員の配置による、効果的なコミュニティ・オーガニゼーションの展開が期待されていたのである。これらを引き継いで、30年後となる1992（平成4）年、「新・社会福祉協議会基本要項」として改訂された。

　新・基本要項の前文では、「住民ニーズと地域の生活課題に基づく福祉活動、地域組織化等をめざす「住民主体」の理念を継承する」とある。このように、住民主体の原則のもと「（地域住民の）関心を高め、自主的な取り組み」を進めていくという、平成の時代に見合った「住民活動主体」について明記されたのである[*3]。

＊3
「新・社会福祉協議会基本要項」については、本書第3章参照。

（4）　地域共生社会の時代における主体と形成

①社会福祉の主体への提言

　かつて嶋田啓一郎は、社会福祉の主体は、政策主体と実践主体、権利主体の3つの構成要素からなると指摘した[3]。政策主体は国および地方公共団体であり、実践主体は、地域住民をはじめとする活動団体（施設やボランティア、NPO等）、権利主体は、一人ひとりの国民および当事者そのものであり、福祉サービスを享受する権利のあるものすべてを指す。このうち、地域福祉の主体は、政策主体と実践主体が該当する。

　また、杉岡直人は、政策主体について、❶福祉六法体制下での政策主体なのか、社会保障制度整備のための主体なのか、❷国・都道府県・市区町村のどのレベルなのか、❸政策策定過程での行政担当者レベルなのか、住民参加や審議会を経てのレベルなのか、という3領域からの議論が必要と定義し、実践主体についても、❶対人援助業務に携わる専門職スキルに関わるものなのか、❷住民が地域課題解決を行う主体と考える視点をもち、制度確立のための主体を考える視点をもつこと、❸専門職と住民の中間的存在であるボランティア活動を捉える視点の3点からの検討が必要であると指摘する[4]。

　これらを踏まえながら、「地域共生社会」という鍵概念から、地域福祉の主体について考える。地域共生社会とは、「子供・高齢者・障害者など全ての人々が地域、暮らし、生きがいを共に創り、高め合うことができる社会」[*4]のことをいう。

＊4
「ニッポン一億総活躍プラン」（2016［平成28］年6月2日閣議決定）より。

②地域共生社会における地域福祉の主体

　平成後半〜令和前半の地域共生社会に関する政策提言として、2016（平成28年）の「『我が事・丸ごと』地域共生社会実現本部」「地域における住民主

体の課題解決力強化・相談支援体制の在り方に関する検討会（地域力強化検討会）」の設置がまず挙げられる。

　そこでは、地域福祉の推進の理念として、支援を必要とする住民（世帯）が抱える多様で複合的な地域生活課題について、住民や福祉関係者による❶把握、および、❷関係機関との連携等による解決が図られることをめざす旨が明記され、その上で、他人事を「我が事」に変えていくような働きかけをして、地域の課題を「丸ごと」受け止める場を整備する方針が打ち出された。

　また、その理念を実現するため、市町村が地域住民の地域福祉活動への参加促進に向けて環境整備に取り組むこと、分野を超えた生活課題についての総合相談に応じること、生活困窮者自立相談支援機関等の関係機関が協働して、複合化した地域生活課題を解決するための体制をとること、そして地域福祉計画の充実など、包括的な支援体制づくりに努める旨が規定された*5。

　近年の政府提言から、社会福祉の政策主体に、老若男女、障害の有無、年齢を問わない「共生」の概念が屋台骨として据えられていることが見て取れる。現代の地域社会におけるパラダイムシフトを考慮するならば、「多様化」する価値観やライフスタイルの社会で、「寄り添い」や「伴走体制」「横つながり」「支える側と支えられる側の区分の解消」という鍵概念・視点が必要不可欠となる。新しい政策主体として、これらのキータームが政策提言等に盛り込まれたのである。

③福祉計画

　次に、地域福祉に関する実践主体としてまず、行政計画たる地域福祉計画と民間（社協）計画である地域福祉活動計画の2つが挙げられる。地域福祉計画は「グランドデザイン性格の計画」であり「政策主体」の類型に属す。かたや地域福祉活動計画は「アクション性格の計画」であり「実践主体」の類型に属す。両計画の策定過程では、住民や関係者らによる議論と意見の収斂とアウトカム（具体的に成果として見え現れる性質）を常に心がけて策定に関わらなければならない。

　いずれにしても、地域福祉の計画は、住民やボランティア、当事者らの意見が集約され、アウトカムされる計画でなければならない。

④福祉教育

　次に「福祉教育」について少しばかり記す。福祉教育は、自分のことだけではなく周囲の人々のことも大切にして、かつ一人ひとり異なる考え方や生き方があることを最大に尊重しながら、「ともに学び、共に生きる力」を培うことをねらいとしている。

　福祉教育は、❶児童生徒（子ども）を対象とするものと、❷地域住民等を

対象とするものに大別される。❶は1977（昭和52）年、国庫補助事業による「学童・生徒のボランティア活動普及事業（ボランティア協力校）」がその嚆矢となる。今日に至るまで、社協や学校で、車いすやアイマスク、白状杖、介護用具を用いた体験型学習、障害者を交えたワークショップ等、色々な取り組みがなされている。❷は、地域住民の福祉のこころの涵養と具体的な活動実践につなげることを目的に、社協等が住民を対象とした福祉講座やボランティア研修会、住民福祉懇談会（意見交換会）を開催している。福祉教育は、地域福祉推進のための主体形成づくりの一翼を担う。

　地域における包括的な支援体制を構築する等、地域共生社会を実現するためには、地域福祉（活動）計画や福祉教育の推進が必要不可欠である。地域福祉における政策主体と実践主体（場合により権利主体も含む）が、住民主体（住民と当事者、児童生徒）の考え方に基づき、福祉サービス提供者や関係行政・団体と協働しつつ、政策策定過程（地域福祉の計画）に参画することが求められる。

2．地域福祉の推進主体

(1)　民生委員児童委員・主任児童委員

①活動内容と性格

　民生委員児童委員（以下「民生委員」）は、地域住民にとって最も身近な相談相手であり、また関係行政機関に対する協力事務等を行う役割を担っている。民生委員は、全国に普く配置される、特別職の給与が支給されない（民生委員法第10条）地方公務員である。

　また、児童委員（つまり民生委員）の中から厚生労働大臣が指名し、児童福祉の推進のために活動する主任児童委員も、全国の地域に配置（2万1,266人：2020［和令2］年3月末現在）されている。主任児童委員は、子どもや子育てに関すること等、児童福祉に関する支援を専門的に担当し、事案・案件に応じて学校等関係機関と連携・協力しながら活動している。

　民生委員は、民生委員法（1948［昭和23］年施行）で、「社会奉仕の精神をもって、常に住民の立場に立って相談に応じ、及び必要な援助を行い、もって社会福祉の増進に努めるもの」（第1条）と規定されている。民生委員は都道府県知事の推薦によって厚生労働大臣が委嘱する。任期は3年で、3年ごとの12月1日に全国一斉改選が行われる。報酬は無給（実費弁償あり）で、2020（令和2）年3月末現在で、22万9,071人（前述の主任児童委員を含む）

が厚生労働大臣より委嘱されている。

　民生委員の日常の活動の積み重ねにより、高齢者や障害のある人らの事件・事故が未然に防がれ、もって地域住民が安心して暮らせる地域社会が守られているといっても過言ではない。

　その性格は、❶厚生労働大臣の委嘱であるから福祉行政への協力機関であること（行政委嘱型ボランティア的性格）、❷社会奉仕の精神をもつ民間のボランティアであることの2点である。

　民生委員による相談支援件数については、分野別で「高齢者に関すること」が56.8％と一番多く、次いで「子どもに関すること」（20.9％）、「障害者に関すること」（4.6％）となっている。また、活動別内訳としては、「日常的な支援」が19.5％と一番多く、次いで「子どもの地域生活」（8.9％）、「健康・保健医療」（6.9％）、「在宅福祉」（6.7％）となっている（表1－1）。

　民生委員法第14条には6つの役割が規定されている。

　①　住民の生活状態を適切に把握しておくこと
　②　援助を必要とする者が、その能力に応じ自立した日常生活を営むこと

表1－1　民生委員・児童委員1人あたりの年間活動件数（全国平均）

活動の区分	民生委員・児童委員全体	
		うち主任児童委員
1．訪問回数	156.6回	25.0回
2．相談・支援件数	23.4件	20.9件
3．相談・支援以外の活動件数	108.8件	99.3件
4．連絡調整回数	73.9回	102.4回
5．年間の活動日数	126.9日	111.1日

1．訪問・連絡活動回	見守り、声かけなどを目的として、高齢者、障害者、子育て家庭等を訪問したり、電話連絡した回数。
2．相談・支援件数	個人や世帯からの直接の相談のほか、関係機関・団体と協力しての個人や世帯の支援についての取り組み件数。
3．相談・支援以外の活動件数	サロン活動等の地域福祉活動、学校行事や地域における行事への参加、行政等からの依頼や民児協独自で行う支援世帯の調査・状況把握、要保護児童発見の通告・仲介、民児協運営に関わる活動などが含まれる。
4．連絡調整回数	委員相互や、行政、社会福祉協議会、社会福祉施設、児童相談所、学校等の関係機関との連絡調整を行った回数。
5．年間の活動日数	委員が活動を行った実日数。

資料：厚生労働省令和元年度「福祉行政報告例」
出典：全国民生委員児童委員連合会ウェブサイト「数字で見る民生委員・児童委員活動」を一部改変
　　　https://www2.shakyo.or.jp/zenminjiren/number/

　　ができるように生活に関する相談に応じ、助言その他の援助を行うこと
③　援助を必要とする者が、福祉サービスを適切に利用するために必要な
　　情報の提供などを行うこと
④　社会福祉事業経営者や福祉活動関係者と密接に連携し、その事業・活
　　動を支援すること
⑤　福祉事務所など関係行政機関の業務に協力すること
⑥　住民の福祉の増進を図るための活動を行うこと
　なお、近年取りざたされている児童虐待やネグレクト、ドメスティック・
バイオレンス（DV：家庭内暴力）等、家庭福祉における民生委員の役割に
も期待がかかる。
　このように、民生委員は、福祉ニーズの早期発見や予防、住民に対する相
談・助言、福祉事務所など関係機関・団体との連携・協力を行う等、地域福
祉を推進する上で欠かすことのできない役割を担っている。

歴史
　民生委員制度は、1917（大正 6 ）年、岡山県知事であった笠井信一の呼び
かけにより岡山県で誕生した「済世顧問制度」をその嚆矢とする。1918（同
7 ）年には大阪府で「方面委員制度」が、民生委員の父と称される林市蔵知
事の主唱により発足し、1928（昭和 3 ）年には方面委員制度が全国に普及し
た。ちなみに、1932（同 7 ）年に発足した全国方面委員連盟の初代会長は澁
澤榮一であった。1946（同21）年、「民生委員令」の公布により名称が「民
生委員」に改められた。この間、一貫して生活困窮者の支援に取り組むとと
もに、とくに戦後は、時代の変化に対応した新たな活動に取り組むなど、地
域の福祉増進のために常に重要な役割を果たしてきた。
　済世顧問制度発足から100周年という年となった2017（平成29）年には、「民
生委員制度創設100周年記念全国民生委員児童委員大会」が東京で開催された。

②活動上の課題
　民生委員活動には以下のような問題もあり、対応策の整備が急がれる。

なり手不足
　定年延長や健康寿命の延伸等と相まって、高齢になっても働く人々が増加
しており、民生委員としての職務を引き受けられない人が増えている。同時
に、委員の高齢化という状況も見受けられる。

活動負担の増加
　民生委員が担う福祉に関する相談・見守り・高齢者サロン等行事協力だけ
にとどまらず、近年では交通安全運動や消費者被害対策への協力活動等、民
生委員への協力要請・依頼が増えている。また、高齢者宅等への訪問回数も

増加傾向にある。

一期（3年任期）限りでの退任

　地域の福祉問題をスムーズに解決するためには、長い経験により住民との信頼関係が築かれた民生委員が活動に関わることがよい。しかし、1期（3年任期）だけ務めることを約束して就任する委員も多く、その結果、職務に慣れた頃に退任してしまうという状況に陥る。また、体調不良などの理由により任期途中で退任するケースも散見される。

周知不足

　民生委員の役割と活動内容について理解している住民は少ない。この問題を受けて、全国民生委員児童委員連合会と都道府県民生委員児童委員協議会では、役割と活動内容の周知アピールに取り組んでいる。

(2)　社会福祉協議会

　個人と家族の利益だけを優先する利己主義やプライバシーが最優先される、今日の住民意識と価値観の変化、加えて、生活困窮や地域からの孤立、8050問題、ゴミ屋敷、虐待やDV等、今日の地域福祉ニーズは複雑・多様化、そして潜在化している。

　市町村社協は、専門職員であるCSWがコーディネーター役として配置され、これらの生活課題の解決のために活動している。並行して、住民の福祉意識の涵養や次項に記す福祉委員ら見守り・支え合いネットワークの組織化と推進（小地域組織化）という、コミュニティワークにも取り組んでいる。

　その他にも、赤い羽根共同募金運動への協力（所轄：共同募金委員会）、ボランティアセンターの運用、「心配ごと総合相談所」の開設、社会福祉大会の開催、生活福祉資金の貸付やフードバンク等生活困窮者対策、こども食堂等、列記すれば暇がない種別の事業に取り組んでいる。

　このように、市町村社協は地域福祉を推進する民間の専門団体であり、地域福祉の推進主体として欠かすことのできない、かつ大切な役割を担う組織・事業体である。市町村社協は、1983（昭和58）年の社会福祉事業法（現：社会福祉法）の改正により、地域福祉を支援する活動団体として規定、法制化された。なお、都道府県社協の法制化は、すでに1951（同26）年の社会福祉事業法施行時になされており、社会福祉法の第110条に規定されている[6]。

(3)　共同募金－赤い羽根募金－

　戦後、日本国憲法第89条「公の財産の支出又は利用の制限」のもとで、それまでの民間社会福祉事業団体への国の補助金が打ち切られ、多くの慈善・

＊6
全国社会福祉協議会も含めた「社会福祉協議会」については、本書第3章参照。

社会事業施設・団体は事業存続の危機にさらされた。そのような中、民間社会福祉事業のためにすべての国民に対して募金を呼びかける機運が高まっていった。そして、1947（昭和22）年から共同募金が始まった。

　共同募金は、1951（昭和26）年の社会福祉事業法で法定化され（現行の社会福祉法第112〜124条）、現在まで連綿と続いている。

　当時は、生活困窮者や民間社会福祉施設への助成が主たる目的であったが、現在では、当事者団体や社協、NPO法人等が取り組む地域福祉活動や歳末たすけあい事業として配分を行っている。中央共同募金会の「共同募金統計」によると、2020（令和2）年度での全国募金額は168億8,371万円（2019［同元］年度：173億6,569万円、2018［平成31］年度：176億1,784万円）と、1995（同7）年（265億7,935万円）をピークに募金額は年々減少、右肩下がりの傾向が続いている。

　募金方法と募金額構成比は、世帯ごとに募金を呼びかけ募る「戸別募金」が70.8%と最も多く、次いで企業からの募金の「法人募金」（10.6%）、職場ごとに従業員が行う募金の「職域募金」（4.4%）等となっている。

　共同募金は、国民すべてを対象とする第一種社会福祉事業である。現在では「テーマ型募金」と称して、市町村の共同募金委員会が独自の地域福祉メニューを計画化し、承認されれば重点配分がなされる等、新しい募金活動が全国各地で展開されている。これからの共同募金は、「活動経費面から支援する主体」にとどまらず、「寄付を通した福祉文化を創る主体」としての役割をも担うことが期待されている。

(4)　福祉委員・地区社会福祉協議会・地域福祉委員会

　福祉委員をはじめとするこれら地域の福祉を推進する委員組織は、法律に規定されたものではなく、都道府県・市町村の社協や自治体が、地域の実情に鑑みながら独自に設置する地域福祉の推進主体である。

①福祉委員

　地域に配置される民生委員のよきパートナー役と言えるのが福祉委員である。その呼び方は、昭和時代にみられた福祉協力員にはじまり、平成に入りより主体性をもたせる意味で呼称された福祉推進員、さらには福祉のこころと活動は日常生活に根づいて当然であるという考えに基づく福祉委員等、地域により異なる。配置基準も、民生委員一人あたりに福祉委員一人を配置、あるいは、50所帯毎に福祉委員一人を配置等、様々である。

　いずれもが、民生委員をはじめとする住民らとの訪問・見守り活動をチームワークで行い、「『ふ』だんの『く』らしの『し』あわせ」を担う、住民か

ら選出された地域福祉の要員である。

②地区社会福祉協議会（地区社協）

ここでいう地区社協とは、社会福祉法第109条第2項で規定される地区社協ではなく、小学区や中学校区等の小地域を単位として、地域住民が主体となり設置されるものであり、「校区社協」とも呼ばれる。

1959（昭和34）年に保健福祉地区福祉活動が始まったのだが、地区社協は、当時の生活問題であった「ハエ・カ撲滅運動」をはじめとする保健衛生運動に協力することを目的として設置されたケースも多い。現在では、高齢者をはじめとするサロンや食事会等のイベント行事を通して地域の生活福祉の文化を継承する役割などを担っている。中には、市町村レベルの地域福祉活動計画ではなく、当該小地域で住民調査を行い、ニーズを洗い出し、それに対応した小地域独自の活動計画を立てる「地区福祉活動計画」を立案・推進している積極的な地区社協も見受けられる。

③地域福祉委員会

地区社協を地域福祉文化の継承組織とすれば、地域福祉委員会（名称は多様）は、地区社協よりきめ細かく住民の安否を見守り確認することができる性格を有する。自治会・町内会もしくは班等「目が行き届く活動範囲」を単位として、地域福祉委員会を設置し、そこでは、日常からの住民チームによる見守りや声掛け等の安否確認、話し相手、家事手伝い等の些細な日常の手伝いを通して、高齢者や障害のある人の日常生活を支援する。地域福祉委員会は、近隣住民が主体となる福祉活動チームである。その設置の必要性は高まっており、より広範域にわたる配置と体制充実が期待されている。

(5) 当事者及び当事者団体

生活上の困難や心身に障害を抱えているなど生活福祉に関する問題をもつ人々（当事者）が、互いの同じ悩みについて、分かち合い・励まし合い・支え合うために組織されたのが当事者団体（セルフヘルプ・グループ）である。

「地域福祉の担い手としての当事者は、ソーシャルワーカーにとっては援助を必要としているクライエントではなく、ともに働くパートナーとして現れる」と岡知史は指摘しており[5]、サービスを受ける客体ではなく、地域福祉をともにつくりあげる主体として、なおかつ当事者個人というよりは当事者団体の地域福祉推進主体として捉えることの必要性を示している。

具体的な団体種別として挙げられるのは、肢体不自由児者父母の会や、手をつなぐ育成会、母子寡婦福祉会、精神障害者家族会、視覚障害者福祉協会、断酒会等であり、都道府県もしくは市町村単位で活動している。

　活動内容としては、会員の研修会・学習会やピア（仲間）相談会をはじめ、娯楽的要素を取り入れたレクリエーション行事や会員によるボランティア活動、組織周知のためのチラシやリーフレット作成・活用等に取り組んでいる。このように当事者団体は、地域福祉の推進主体として位置づけられ、福祉課題の解決のために大きな力となり、他の推進主体とのよきパートナーとして大きな役割を担うべきものである。

⑹　ボランティア

　そもそもボランティアとは、英語表記の "volunteer" の語源 "volo（ウォロ）" というラテン語、英語の "will"、つまり「（自発的な）意思」を意味し、それに人称形の "〜eer" を付した、「自発的な意思をもつ人」を意味する。

　なお、ボランティアの捉え方については、「自発性」「無償性」「継続性」「開拓性」などが原則にあるといわれるが、これらは前提条件ではなく、活動していく過程において認識される後付けの条件性質として捉えられる。

　現在、日本のボランティアは、地域社会での福祉分野はもちろんのこと、災害時における支援をはじめとして、保健・医療、環境保護、芸術、スポーツ、そして、まちづくり活動（まちおこし・防犯・交通安全など）に至るまで、多くの分野で活動が繰り広げられている。

　ボランティアが、天災発生直後に大きな力を発揮して復興を支えていることは、万人の知るところである。また、イベント等の興行的活動、日常的な地域活動に至るまで、ボランティアの存在と力は欠かすことができない。このようにボランティアは、地域における様々な社会的事象（問題や課題）に対して、主体的にいろんなスタイルで関わっている人や活動形態のことを意味する。また、従来からのボランティアのもつ狭義的イメージを払拭するために、市民活動の一環として広義的に捉え直す動きも見て取れる。しかしその一方でいまだ、時間と気持ちに余裕のある一部の人だけが取り組む活動としてボランティアが捉えられている向きがあることは否めない。住みよい街づくりのために、誰でも自由に自発的に、いろいろなボランティア活動ができるような社会をつくることが課題である。

　他者に愛を施し神から授けられる恵みを分かち合うというような欧米型の隣人愛文化が定着していないわが国では、政策主体としての「義務教育における福祉教育・ボランティア学習の展開」と、実践主体としての「市町村ボランティアセンターらのポジティブなボランティア情報と活動の機会の継続的な提供」が欠かせない。市町村ボランティアセンターはもとより、当事者団体と住民ネットワーク組織、NPO法人、既存のボランティア（個人及び

団体）らが、有機的な連携を図り、住民にボランティアに関する情報提供を行いながら参画を促す活動に取り組んでいくことが求められるのである。

⑺　保護司

　保護司とは、保護司法（1949［昭和24］年施行）に基づいて法務大臣から委嘱を受けた非常勤の国家公務員であり、非行や犯罪をした人の更生と犯罪予防のための啓発活動等を行う。具体的には、非行や犯罪をした人と定期的に面接を行い更生のための遵守事項を守るよう指導する等、生活上の助言や就労について支援する。また、少年院や刑務所の退所後の居住予定地の調査や引受人との調整等社会復帰の手伝いや、非行犯罪防止のための講演会やシンポジウムの開催を通して、世論への啓発・地域社会の浄化に努めている。

　定数は、保護司法で5万2,500人と定められているが、2020（令和2）年1月時点で4万6,763人と定員不足が問題となっている。

　また、2016（平成28）年に「再犯の防止等の推進に関する法律」（再犯防止推進法）が施行され、地方公共団体（都道府県等）に対して再犯防止推進計画を策定する努力義務が課された。同計画は、地域の実情に応じた再犯防止施策を実施し、犯罪をした者等が円滑に社会の一員として復帰することができるようにすることで、都道府県民が犯罪による被害を受けることを防止し、安全で安心して暮らせる社会づくりを行うことを目的としており、地域福祉の推進においても保護司をはじめとする更生保護関係者との連携が求められている。

⑻　地域のステークホルダー

　地域福祉の推進のためには、地域の社会資源の活用と連携を視野に入れることが大切である。例として、住民（世帯）に一番身近な組織としての町内会（町会）・自治会・区や、公益性の高い活動を行うNPO法人等は、時に大きな力となり得る。

　また、地元の商店街・企業、商工会議所、JA（農業協同組合）、NPO法人らは、地域福祉の推進を主たる目的として担う組織ではないが、同じ地域に所在を構えて、その地域で業務を営む組織として、福祉や生活課題を共有・提供しあうことができ得る可能性を含んでいる。

　商工会議所やJA等は、地場産業の振興や地産地消、預貯金の運用、会員の活力・相互扶助の強化等を、主な目的として掲げている。しかし、「地元の活性化と発展」という大風呂敷のもとで、これらの事業所に地域福祉活動の一翼を担ってもらうという考え方は決して間違いではない。地域の含み資

産であるステークホルダーとしての事業所らとパートナーシップを築いていくことは、地域福祉の新たな推進主体をつくりあげていくことに他ならない。

【引用文献】

1）川島ゆり子『地域福祉論』ミネルヴァ書房　2017年　pp.16−17
2）藤井博志「4 地域福祉の実践に学ぶ」上野谷加代子他編『地域福祉の現状と課題』放送大学教育振興会　2018年　p.59
3）嶋田啓一郎「社会福祉の主体」仲村優一他編『現代社会福祉辞典（改訂新版)』全国社会福祉協議会　1988年　p.245
4）杉岡直人「地域福祉の主体形成」日本地域福祉学会編『新版 地域福祉辞典』中央法規出版　2006年　p.40
5）岡知史「当事者」日本地域福祉学会編『新版 地域福祉辞典』中央法規出版　2006年　p.269

【参考文献】

・全国社会福祉協議会「社会福祉協議会基本要項」1962年
・全国社会福祉協議会「新・社会福祉協議会基本要項」1992年
・日本地域福祉学会編『新版地域福祉辞典』中央法規出版　2006年
・小倉常明・松藤和生編、内慶瑞他『いちばんはじめのボランティア』樹村房　2006年
・仲村優一他監、岡本民夫他編『エンサイクロペディア社会福祉学』中央法規出版　2007年
・平野隆之・宮城孝・山口稔編『社会福祉基礎シリーズ9　コミュニティとソーシャルワーク〔新版〕』有斐閣　2008年
・坪井真・木下聖編、内慶瑞他『新・社会福祉士養成課程対応　地域福祉の理論と方法［第2版]』みらい　2014年
・小林雅彦編、内慶瑞他『社会福祉の新潮流5　地域福祉論〈第二版〉』学文社　2010年
・和田清美編『現代福祉コミュニティ論』学文社　2018年
・中央共同募金会「共同募金統計」中央共同募金会　2016〜2020年
・瓦井昇「現代の地域福祉における課題と新しい視座」『福井県立大学論集』第53号　福井県立大学　2020年
・厚生労働省ウェブサイト「民生委員・児童委員について」
https://www.mhlw.go.jp/stf/seisakunitsuite/bunya/hukushi_kaigo/seikatsuhogo/minseiiin
・全国民生委員児童委員連合会ウェブサイト「数字で見る民生委員・児童委員活動」
https://www2.shakyo.or.jp/number/
・厚生労働省ウェブサイト「地域共生社会に向けた包括的支援と多様な参加・協働の推進に関する検討会」
https://www.mhlw.go.jp/stf/newpage_04612.html
・更生保護ネットワークウェブサイト「保護司とは」
https://www.kouseihogo-net.jp/hogoshi/about.html#simei
・石川県再犯防止推進計画
https://www.pref.ishikawa.lg.jp/kousei/saihanboushisuishinkeikaku.html

第2章 地域福祉における民間組織・住民の役割

　地域福祉の特徴として、「住民の意見と合意、そして住民の参加がなければ成立しない」ということが挙げられる。例えば地域福祉計画について考えると、市町村が作成する行政計画という性質がある一方で、その策定に関しては住民の意見を反映させるために必要な措置を講じることとされている。

　しかし、住民一人ひとりの声や行動を反映させるということは難しく、ひいては住民一人ひとりの行動が生かしきれるかどうかも地域によって温度差が生じやすい。これらの住民の行動を生かすためには、地域における民間組織というものの役割が重要であるということがわかる。視点を変えれば、民間組織での活動を地域に反映させることによって、地域の活力ともなり、また、住民の意見を反映させることにもつながっていく。

　本章では、社会福祉法人、NPOやボランティア、町内会・自治会を中心に、住民の関わる地域の民間組織が、地域福祉においてどのような役割を担うことが望まれるかを学ぶ。

●プロローグ

　「ボランティア」という言葉から何を思い浮かべるかを尋ねると、おそらく2011（平成23）年3月11日に起きた東日本大震災に代表される「震災ボランティア」「災害ボランティア」というものがまずイメージされるのではないだろうか。一方で、普段の地域でのボランティア活動はどうなっているのだろうか。子ども食堂などの取り組みは増加しているものの、非常時の災害ボランティアほどには多くの人がこぞって活動を繰り広げることや、積極的な参加もあまり望めないという傾向がある。

　しかし、それでも現状でボランティアやNPO、町内会・自治会などが運営されているのは、ひとえに住民活動の結晶である。地域には潜在的なパワーがあり、それを活用することで、行政にも市民生活にもよい意味での影響を与えられる可能性を秘めている。逆にどうすればそのパワーを結び付けられるかという課題もみえている。これはソーシャルワークの課題であり、これこそが地域福祉の真髄だと筆者には思えてならない。

１．地域福祉における社会福祉法人の役割

(1)　社会福祉法人とは

わが国の社会福祉のサービスを担う中心となっているのは、社会福祉法人が設立した施設や事業によるものである。厚生労働省によれば、2020（令和２）年度において、社会福祉法人数は２万941法人である[*1]。

そもそも、社会福祉法人とは社会福祉法第26条に規定されている社会福祉事業を目的とした法人である。社会福祉事業については利用者への影響が大きく公的責任が求められる第一種社会福祉事業と、公的規制の低い第二種社会福祉事業と分類されているが、社会福祉法人は行政と並んで第一種社会福祉事業の担い手となることができ、まさに社会福祉サービスの中心である。

＊１
福祉医療機構「社会福祉法人の現況報告書等の集約結果（2018年度版）」2019年より
（https://www.wam.go.jp/content/wamnet/pcpub/top/zaihyou/zaihyoupub/aggregate_results_2020.html）

(2)　社会福祉法改正による社会福祉法人のあり方

2016（平成28）年に社会福祉法が改正されたが、この改正は社会福法人制度改革とも呼ばれており、社会福祉法人のあり方が見直された。この見直しは、多様化、複雑化する福祉のニーズに対応するため、社会福祉法人のあり方がさらに重要となったためである。ポイントとしては「公益性・非営利性を確保する観点から制度を見直し、国民に対する説明責任を果たし、地域社会に貢献する法人の在り方を徹底する」[1)] ものである。主な内容として、❶経営組織のガバナンスの強化、❷事業運営の透明性の向上、❸財務規律の強化、❹地域における公益的な取り組みを実施する責務、❺行政の関与のあり方に対する改革が行われた。これにより、社会福祉法人がより公的責任を担い、サービス提供を行う主体としてクリアな経営が行われることをめざしたものである。

(3)　地域福祉における社会福祉法人の役割

前述の改革の中で特に地域福祉と関連が強い部分を見ていく。主な内容の❹にある、「地域における公益的な取り組み」のイメージは、図２－１の通りである。

この図は、地域においてどのような状況にある者であっても、社会福祉法人にはその困難を抱える者に対して、サービスを提供するという責任があることを明示している。つまり社会福祉法人はその経営するサービスのみを提供するのではなく、設立されている地域、その地域の住民に対して何ができ

図2-1 「地域における公益的な取り組み」について

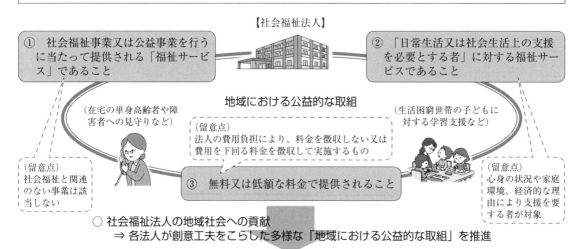

○ 平成28年改正社会福祉法において、社会福祉法人の公益性・非営利性を踏まえ、法人の本旨から導かれる本来の役割を明確化するため、「地域における公益的な取組」の実施に関する責務規定が創設された。

（参考）社会福祉法（昭和26年法律第45号）（抄）
第24条（略）
　2 社会福祉法人は、社会福祉事業及び第二十六条第一項に規定する公益事業を行うに当たつては、日常生活又は社会生活上の支援を必要とする者に対して、無料又は低額な料金で、福祉サービスを積極的に提供するよう努めなければならない。

【社会福祉法人】

① 社会福祉事業又は公益事業を行うに当たって提供される「福祉サービス」であること

② 「日常生活又は社会生活上の支援を必要とする者」に対する福祉サービスであること

地域における公益的な取組

（在宅の単身高齢者や障害者への見守りなど）

（生活困窮世帯の子どもに対する学習支援など）

（留意点）
法人の費用負担により、料金を徴収しない又は費用を下回る料金を徴収して実施するもの

（留意点）
社会福祉と関連のない事業は該当しない

③ 無料又は低額な料金で提供されること

（留意点）
心身の状況や家庭環境、経済的な理由により支援を要する者が対象

○ 社会福祉法人の地域社会への貢献
⇒ 各法人が創意工夫をこらした多様な「地域における公益的な取組」を推進

地域において、少子高齢化・人口減少などを踏まえた福祉ニーズに対応するサービスが充実

資料：厚生労働省「社会福祉法人制度改革について」
https://www.mhlw.go.jp/file/06-Seisakujouhou-12000000-Shakaiengokyoku-Shakai/0000155170.pdf

るかを考え、支援を行わなければならないということである。これは、社会福祉法人が今まで以上に地域福祉の担い手として重要になったことを示唆するものである。

　例えば東京都では、各地域において、社会福祉法人によるネットワークを基盤として、児童・障害・高齢等の分野を超えて地域のニーズを把握し、課題に応じて多様な関係者が参加するプラットフォーム（協議会）づくりにつなげる仕組みの構築などがなされている。

2. NPO・ボランティアと福祉活動

(1) わが国におけるNPO法人成立の背景

　NPOとは「Non-Profit Organization」の略語である。この言葉を直訳すれば「非営利組織」ということになるが、公的機関も非営利組織と考えること

ができるため、「民間非営利組織（団体）」という訳が適している。所轄庁は原則として主たる事務所が所在する都道府県知事となるが、その事務所が一つの指定都市の区域内のみに所在する場合は、当該指定都市の長となる。わが国でこのNPOがクローズアップされたのは、1998（平成10）年に成立した「特定非営利活動促進法」（以下「NPO法」）によるところが大きい。このNPO法の成立の背景には様々なものがあるが、ここでは2つ解説しておく。

①災害を契機として

　一つは1995（平成7）年の阪神・淡路大震災である。この災害を機に、行政が対応できない発災後などは、住民相互の助け合いやボランティア活動による支援が大きな役割を果たした。実際、この災害においては累計200万人を超えるボランティアが駆けつけたといわれている。つまり、民間にも支える力があったということを示したものであった。その住民相互の助け合いを組織的・効果的に行うための手段としてNPOという組織が必要ではないかと考えられたという点がある。結果としてその教訓が、東日本大震災や新潟県中越地震等によって生かされた。

②介護保険制度の導入

　もう一つは、2000（平成12）年に施行された介護保険制度が挙げられる。介護保険の特徴は、民間活力を制度の中に導入するというもので、制度が施行された当時は大きく注目された。いわゆる営利企業もこの中に含まれているが、介護保険施行前から高齢者福祉について大きな役割を果たしていたものとして、ボランティア活動があった。ボランティア活動にも多々あり、例えば無償のサービスを行うボランティア、有償の住民参加型在宅福祉サービスがある。NPO法はこのボランティア団体を制度の中に位置づけた。その結果、住民参加型在宅福祉サービスを行う団体が申請し、それに対し特定非営利活動法人（以下「NPO法人」）という法人格を与えることで、民間活力の充実を図ったのである。

　この2つに共通していえることは、制度や社会資源が公的なものによらなくても、民間の力を活用し、より効果的な福祉体制を実現できることが明らかになったということである。NPO法の詳しい内容は後述するが、このNPO法の成立により、市民活動団体やボランティア団体等に公が認めた団体として「法人格」が与えられることは、法人格をもたない、いわゆる任意団体と比べると、その団体が行っている活動について一定の公共性と公益性を担保することになる。同時にそれは、社会資源がほしい行政と、地域のために何かをしたいという団体が「Win-Win」の関係によって結ばれているという側面もある。

もちろん、これ以前にもそのような理論を唱え実践してきた自治体や研究者は数多くいる。しかし、行政の責任で「すべて」を行うという形が福祉であると考えられていたのが、NPO法ができたことで、地域の住民自身、地域の住民の活動、意思といったものが、有効な社会を支える資源になり得るという一つの契機になったということは決して否めない事実なのである。

(2)　NPO法とNPO法人

　では、NPO法人について詳しくみていこう。NPO法の第1条には以下のような条文がある。

> **特定非営利活動促進法（目的）**
> **第1条**　この法律は、特定非営利活動を行う団体に法人格を付与すること並びに運営組織及び事業活動が適正であって公益の増進に資する特定非営利活動法人の認定に係る制度を設けること等により、ボランティア活動をはじめとする市民が行う自由な社会貢献活動としての特定非営利活動の健全な発展を促進し、もって公益の増進に寄与することを目的とする。

　これはNPO法人が公益の増進に寄与できるだけの力をもっているという前提に謳われているものであり、その力は市民が行う自由な活動としてもたらされ、それが活動の発展につながるということをめざしたものである。

　NPO法人設立も、書面上の手続きなどはあるものの、簡潔にいえば「10名以上の活動員」と「活動場所」があり、その活動が「社会的貢献に資するもの」であれば認定される。言い方をかえれば、資本金などが必要な社会福祉法人と比較すれば得やすい法人格といえる。これも民間の力を損なわないで社会資源とするための考え方といえるだろう。

　しかし、自由な活動すべてにおいて、特定非営利活動を認められるものではなく、その法人格取得の対象となる分野は、表2−1の第1号〜第20号の活動に限定されている。

　ちなみにNPO法成立時点では対象となる分野は12分野であったが、2012（平成24）年から20分野に拡大された。これは、市民活動の幅が広がったということと、求められるニーズが多様化したということであろう。

　では、これらの分野で活動をしているNPO法人数はどれくらいあるのだろうか。表2−1では2021（令和3）年9月末現在のNPO法人の活動の分野別の法人数をまとめている。NPO法人の総数が5万842法人であるが、その約6割が「保健、医療又は福祉の増進を図る活動」に携わっている。これをみるだけでもNPO法人が地域福祉の社会資源として大きな役割を果たしているといえよう。

表2－1　NPO法人の行う活動の分野と総数（20分野、複数回答）

号数	活動の種類	法人数 （50,842法人）	割合
第1号	保健、医療又は福祉の増進を図る活動	28,927	56.9%
第2号	社会教育の推進を図る活動	24,349	47.9%
第3号	まちづくりの推進を図る活動	22,303	43.9%
第4号	観光の振興を図る活動	3,641	7.2%
第5号	農山漁村又は中山間地域の振興を図る活動	3,124	6.1%
第6号	学術、文化、芸術又はスポーツの振興を図る活動	18,176	35.7%
第7号	環境の保全を図る活動	13,262	26.1%
第8号	災害救援活動	4,359	8.6%
第9号	地域安全活動	6,241	12.3%
第10号	人権の擁護又は平和の活動の推進を図る活動	8,665	17.0%
第11号	国際協力の活動	9,185	18.1%
第12号	男女共同参画社会の形成の促進を図る活動	4,745	9.3%
第13号	子どもの健全育成を図る活動	23,580	46.4%
第14号	情報化社会の発展を図る活動	5,580	11.0%
第15号	科学技術の振興を図る活動	2,782	5.5%
第16号	経済活動の活性化を図る活動	8,806	17.3%
第17号	職業能力の開発又は雇用機会の拡充を支援する活動	12,580	24.7%
第18号	消費者の保護を図る活動	2,876	5.7%
第19号	連絡、助言又は援助の活動	23,449	46.1%
第20号	指定都市の条例で定める活動	308	0.6%

注1：一つの法人が複数の活動分野の活動を行う場合があるため、合計は50,842法人にはならない。
注2：第14号から第18号までは、平成14年改正特定非営利活動促進法（平成14年法律第173号）施行日（平成15年5月1日）以降に申請して認証された分のみが対象。
注3：第4号、第5号および第20号は、平成23年改正特定非営利活動促進法（平成23年法律第70号）施行日（平成24年4月1日）以降に申請して認証された分のみが対象。
資料：内閣府NPOウェブサイト「特定非営利活動法人の活動分野について（2021年09月30日現在）」をもとに筆者作成
https://www.npo-homepage.go.jp/about/toukei-info/ninshou-bunyabetsu

⑶　NPO法人が抱える課題

　このように社会資源として一翼を担うNPO法人であるが、当然問題点も抱えている。その一つとして財政面の問題点が挙げられる。

　認定NPO法人には個人が支出した認定NPO法人への寄附金に対する特例措置などがあるが、基本はNPO法人が独自に事業を行い、活動資金をまかなう。多くの福祉活動を行うNPO法人は、行政から委託された事業を行うために「事業委託費」として資金を受け取り活動している。つまり、委託さ

れた資金の範疇で業務を実施し、資金が不足した場合、事業の実施も困難になるという事態もあり得る。もし、その分の事業を行おうとすれば、その資金は持ち出しとなり、経営を圧迫することにもなる。さらに事業は基本的には年度単位で行われており、同じ事業が同じ団体に継続的に委託されるとは限らない。

　NPO法人が自ら自主財源を生み出すような事業を実施できなければ、資金繰りに行き詰まる危険性は常につきまとう。また、このように資金が不足することで、活動が行えないNPO法人も当然出てきている。継続して取り組むために組織化したにもかかわらず、継続して取り組むことができなくなるのである。ここに公的資金を投入するという考え方もある。現在、社会資源の一つとしてNPO法人が大きな位置を占めていることを考えれば、何らかの支援策が必要であろう。

3．地域住民・住民自治組織と福祉活動

(1)　地域住民の組織とは

　わが国には、伝統的に地域社会において様々な住民相互のつながりの仕組みがあった。それは助け合いの精神に基づいたものであったり、地域特有のつながりが必要な場合であったりする。例えば「講」「結」「もやい」「洞」などの共同作業体や、寺の檀家や神社の氏子などであった。これらの背景には、戦後の高度経済成長を迎える以前の日本は「農村社会」（漁業・林業を含む第一次産業が主体）であったという理由がある。機械化されていない時代の農業は集団で行うものであり、お互いがお互いを助け合っていかなければならない時代であった。また、農業は1日のうちのほとんどを、その地域で過ごすことになるため、より緊密な関係が築かれる。現代においても、農村ではこのようなつながりが受け継がれている地域もある。例えば「祭り」などのイベントで、そのようなつながりを伺い知ることもできる。また、過去を振り返れば、「五人組」や「隣組」*2など行政が住民を組織化し、それを利用して国を治めた歴史もある。第二次世界大戦後にこれらの制度はなくなったが、町内会などの組織は、隣組がその発端ともいわれ、その名残が近隣住民の付き合いとして今でも残っている地域もある。少なくとも昔から住民同士のつながりの中で人々の生活はなされてきたのである。

*2
「五人組」とは、江戸時代に近隣の5家が1組に編成された組織。連帯責任・相互観察・相互扶助の単位であり、この組織を利用して治安維持や年貢を納めさせたりした。「隣組」は、昭和初期の戦時体制に国が制度化した組織である。隣組をとおして物資の供出や配給、防空活動などを行い、また、住民相互を監視させる役目もあった。

(2)　町内会・自治会

　現代社会で、地域の住民組織として役割を担うものは町内会・自治会ということになる。地域によって、またはマンション等になると名称等も違ってくるだろうが、ここでは町内会・自治会と呼ぶことにする。

　町内会・自治会は従前、法的根拠のない任意団体、地縁団体という位置づけであったが、1991（平成3）年に地方自治法が改正され、一定の要件を満たして市町村長の認可を受けたときは、「地縁による団体」（第260条の2）として法人格を得て、不動産登記などができるようになった。

地方自治法（地縁による団体）

第260条の2　町又は字の区域その他市町村内の一定の区域に住所を有する者の地縁に基づいて形成された団体（以下本条において「地縁による団体」という。）は、地域的な共同活動のための不動産又は不動産に関する権利等を保有するため市町村長の認可を受けたときは、その規約に定める目的の範囲内において、権利を有し、義務を負う。

2　前項の認可は、地縁による団体のうち次に掲げる要件に該当するものについて、その団体の代表者が総務省令で定めるところにより行う申請に基づいて行う。

　1　その区域の住民相互の連絡、環境の整備、集会施設の維持管理等良好な地域社会の維持及び形成に資する地域的な共同活動を行うことを目的とし、現にその活動を行つていると認められること。

　2　その区域が、住民にとつて客観的に明らかなものとして定められていること。

　3　その区域に住所を有するすべての個人は、構成員となることができるものとし、その相当数の者が現に構成員となつていること。

　4　規約を定めていること。

　中田実は町内会・自治会の特徴を次のようにまとめている[2]。

①　一定の地域区画を持ちその区画が相互に重なり合わない。

②　世帯を単位として構成される。

③　原則として全世帯（戸）加入の考え方に立つ。

④　地域の諸課題に包括的に関与する（公共私の全体にわたる事業を担当）。

⑤　それらの結果として、行政や外部の第三者に対して地域を代表する組織となる。

　これらの特徴を生かし、町内会・自治会は様々な生活課題について対応できるのである。例えば、防災・防犯などは町内会・自治会の大きな役割の1つである。最近では「地域パトロール」というステッカーがつけられた自動車、自転車を見ることも多くなった。その他にも地域の清掃活動や住民同士の親睦を図る活動（文化祭や体育祭、食事会など）など、生活に密着した役割を担っている。また町内会・自治会の代表が行政の会議への出席や、行政

計画の市民代表として参加することもある。

しかし、同時に問題点もある。2010（平成22）年度に内閣府が行った「国民生活選好度調査」では、図2-2、2-3のような結果が出ている。この2つのグラフからわかることは、町内会・自治会の活動に加入率が7割程度

図2-2　町内会・自治会への加入状況

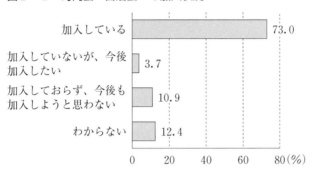

資料：内閣府「平成22年度 国民生活選好度調査結果」
https://warp.da.ndl.go.jp/info:ndljp/pid/10361265/www5.cao.
go.jp/seikatsu/senkoudo/senkoudo.html

図2-3　町内会・自治会への参加頻度

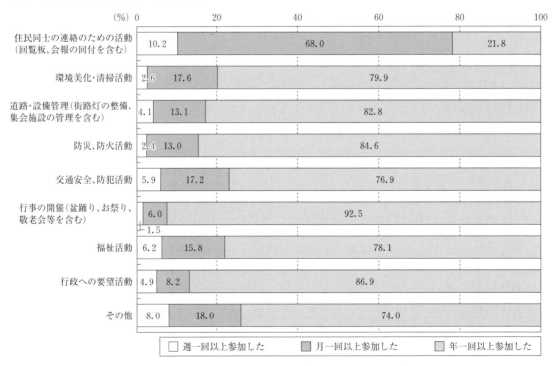

※　調査対象は全国に居住する15歳以上80歳未満の男女より5000人抽出（層化二段無作為抽出法）。
資料：図2-2に同じ

にとどまっていること、加入していても年1回の活動にスポット的に参加する程度の者が多いことである。全世帯加入が達成していないこと、参加後も積極的な活動参加とは隔たりがあることは留意しなければならない。

(3)　町内会・自治会の課題

　現代社会、特に都市部の場合は、基本的に仕事場と住居の地域が分離している「職住分離」の状態である。これでは町内会に入会してもそこに「居場所」を求める努力をしなければ、図2-2のアンケート結果のように「加入していない」という人が出てくることもわかる。

　また、町内会・自治会は、地域が限定され、ある意味参加が義務となり、歴史がある故に閉鎖的な面があることも否めない。自由意思に基づいて活動しているNPOやボランティアとも折り合いがつきづらいこともある。「ボランティア・NPOは何をやっているかわかりづらい」「町内会・自治会は閉鎖的で連携が取りづらい」というような声は、地域ではよく聞く話だ。しかし、どちらも住民が主体となって運営されていることは間違いない。これらの融合が図られることが、地域の福祉を高めていく力になるということを理解しなければならない。

(4)　地区社会福祉協議会

　地区社会福祉協議会は、「地区社協」と略され、小地域の福祉活動を推進するために、小・中学校区程度の地域住民で組織された団体である。なお、社会福祉協議会と名はつくが、第3章で学ぶ都道府県社会福祉協議会や市町村社会福祉協議会のような法人化された組織ではなく、町内会や自治会のような地縁組織に近い団体であり、構成メンバーも町内会役員や民生委員・児童委員、PTA、子ども会、老人会などの役職者などで構成される。

　活動内容としては、地域の子どもや高齢者の見守り活動や住民同士のふれあい活動（ふれあいいきいきサロン）、福祉啓発・広報活動などが地域の実情に合わせて実施されている。なお、地区社協は市町村社協の小地域活動を実質的に担っていることから、市町村社協に活動資金の助成などを受けて活動している場合も多い。

4．コミュニティビジネス

　ビジネスと聞くと「営利的なもの」と想像してしまいがちだが、ここでいうビジネスとは「手法」である。簡単にいえば、地域が抱える問題や課題に

ついてビジネス的な手法で解決をめざすものである。コミュニティビジネスが展開される分野としては、保健・医療・福祉やまちづくり、環境保全など、NPOの活動分野とほぼ重なるが、組織形態は問われず、また、複数の企業や団体、組織がコラボレーションして事業を展開するところに特徴がある。

　では、ビジネス的な手法とは何か。それは、ビジネスモデルという仕組みをつくることと人材の育成や事業に必要なノウハウ、資金の運用等についてのことである。このように聞くと、今までの手法と大差ないと考えられがちだが、経済産業省のホームページに以下のような解説がある[3]。

　　コミュニティビジネス最大の課題は、事業の自立・継続です。コミュニティビジネスの担い手もまた様々な層で構成されますが、経営のプロではない方も多く含まれます。また、そもそも事業収益をあげづらい分野に挑戦している団体も数多く存在します。このため、個々のコミュニティビジネス事業者がビジネススキルを磨くとともに、周囲の組織・人が様々な形で支援の手を差し伸べることで、地域一体の取り組みに昇華させていくことが重要です。

　つまり、図2-4のように、地域の課題を事業の目的とし、様々な組織や人材がつながり「一体感」をつくり出し、取り組むというものである。ビジネスという仕組みの中で、NPOやボランティア、町内会・自治会、企業、

図2-4　コミュニティビジネスという場

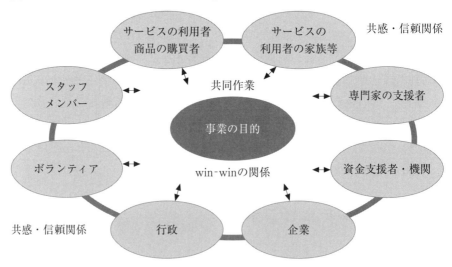

出典：経済産業省ウェブサイト「コミュニティビジネスとは」
　　　http://www.kanto.meti.go.jp/seisaku/community/index_about.html

商店会などが得意な部分で役割を担い、地域の課題を解決していく新たな可能性をもっているモデルといえるだろう。

　さらに、企業がCSR（Corporate Social Responsibility）、つまり企業の社会的責任として地域に貢献するという精神を果たしていくことで、より地域の活性化の一助となると考えられる。

5．地域のつながりについて

⑴　協働とは

　これまでみてきたように、地域福祉は社会福祉法人、NPOやボランティア、町内会・自治会から企業に至るまで様々な住民、民間組織等の社会資源が参加していることがわかる。これに加えて、これらの資源、あるいは資源同士、また行政との協働が必要になる。社会福祉のサービスは行政からの委託や行政のサービスと連携を取りながら行われるものが多い。例えば、介護保険のサービス利用は要介護認定など行政を通してから各種サービスが提供されることの方が多い。このように考えると地域福祉は行政を含めた社会資源の連携が必要不可欠である。また行政についても民間組織の動きに応じて、対応を柔軟に行う必要があり、言い換えればよい意味で民間の活動に「巻き込まれる」ことをいとわないことも必要である。それによって、連携が機能し、その機能した連携の上に支援を行うことが、今以上の生活支援を行うものとなるだろう。

　さらにいえば、協働とは「協働すること」が目的ではなく、課題に対し、行政、民間資源、住民等が相互理解を深め、業務を推進するプロセスにもそのポイントがある。

⑵　地域福祉の主体とは

　現実問題としてすべての住民がすべての活動に参加できるわけではない。三浦文夫は、住民参加について以下のように述べている[4]。

　　住民はたくさんの面をもっている。したがって住民参加という場合には、住民の立場と役割を明らかにして、住民参加の必要性、場面、方法などが具体的に検討されることが必要となる。また参加の形態としては様々なものがあることも看過することができない。すなわち参加には、連絡、協力、連携、参画、協働、統合という方式があり、場面によっては協力・協働と

は逆の批判、反対、抵抗などの方式がある。そしてこれらの「逆参加」の方向を含めて、より高い次元での参加、参画が求められることも検討がある。

　まずは住民自身が自分たちの問題として自分の住む地域に関心を寄せることから始めるということになる。その関心を喚起させる役割がコミュニティソーシャルワーカーなどの福祉専門職である。言い換えれば、「住民をその気にさせるのが地域福祉の第一歩」ということであろう。主役はあくまで住民であることを忘れてはならない。

【引用文献】
1）厚生労働省「社会福祉法人制度改革について」
　　https://www.mhlw.go.jp/file/06-Seisakujouhou-12000000-Shakaiengokyoku-Shakai/0000155170.pdf
2）中田実『地域分権時代の町内会・自治会』自治体研究社　2007年　p.55
3）経済産業省関東経済産業局ウェブサイト「コミュニティビジネス」
　　https://www.kanto.meti.go.jp/seisaku/cb/index.html
4）三浦文夫「在宅福祉と地域福祉の展開と課題」福祉士養成講座編集委員会編『新版　社会福祉士養成講座7　地域福祉論』中央法規出版　2007年　p.293

【参考文献】
・谷口政隆「地域社会の福祉力とは何か―地域創生のエネルギーを生み出していくために―」社会保障研究所『季刊　社会保障研究』vol.99　鉄道弘済会社会福祉部　2007年
・武川正吾『地域福祉の主流化―福祉国家と市民社会―』法律文化社　2006年
・川村匡由編『市町村合併と地域福祉―「平成の大合併」全国実態調査からみた課題―』ミネルヴァ書房　2007年
・牧里毎治・野口定久編『協働と参加の地域福祉計画―福祉コミュニティの形成に向けて―』ミネルヴァ書房　2007年
・三浦文夫・右田紀久恵・大橋謙策編『地域福祉の源流と創造』中央法規出版　2003年
・大山博史・大野裕・渡邉洋一編『自殺対策のソーシャルワーク―精神保健と地域福祉の協働と、社協活動への期待』相川書房　2006年
・渡邉洋一『コミュニティケアと社会福祉の展望』相川書房　2005年
・右田紀久恵『自治型地域福祉の理論』ミネルヴァ書房　2005年
・広井良典・小林正弥編『コミュニティ』勁草書房　2010年
・東京都社会福祉協議会　社会貢献事業検討委員会「東京都における社会福祉法人の連携による地域公益活動について『報告書』」2016年
　　https://www.tcsw.tvac.or.jp/kokenshien/documents/201605-koueki-houkokusho.pdf

社会福祉協議会の組織と役割

● 本章のねらい

> 2000（平成12）年の社会福祉法制定から、社会福祉に関する施策は地域福祉を進めていくようになり、地域包括ケアの推進、今日は地域共生社会の実現に向けて、地域福祉の推進主体は多様化している。その中で社会福祉協議会（以下「社協」）は、戦後から地域福祉の推進に向けて、福祉関係者が集まり、福祉実践に取り組む組織として中核的な役割を果たしている。社協は、社会福祉法の「地域福祉の推進」を図ることを目的とした、全国、都道府県・指定都市、市区町村に設置される民間の非営利組織である。
>
> わが国の地域福祉の体系化の歩みに関わり、地域福祉の施策や住民主体の実践で役割を担ってきた社協を知ることは、地域福祉を理解する上で大切である。本章では、地域福祉を推進する社協の組織と役割について理解する。

● プロローグ

　市町村社協の法制化が行われ、住民参加型在宅福祉サービスの推進、福祉ボランティアのまちづくり事業、ふれあいのまちづくり事業等、地域福祉や在宅福祉サービスにおける社協の役割が明確になった。こうした事業が拡充される時期に筆者は、福祉活動専門員として働くことができた。社協で多様な人や組織・団体との関係を築き、創造的に地域福祉を実践してきたことが自分のバックボーンになっている。

　生活福祉資金等の貸付業務を生活支援につなぐ。小地域福祉活動として見守りネットワークの充実や地区社協を設立する。学校と地域における福祉教育プログラムの推進と青少年ボランティアグループの組織化と育成をする。高齢者や障害者の在宅福祉を支えるボランティアグループを育成する。当事者活動の組織化やネットワークづくりをする。社会福祉施設と協働して障害児者の在宅生活を支える社会資源の開発をする。地域福祉活動計画の策定と進行管理をする。こうした事業に携わり、社協や行政の仕事から地域福祉を実践するやりがいと大切さを学んだ。

　本章から、地域福祉の担い手として、社協の仕事に興味や関心をもっていただく機会になれば幸いである。

1. 地域福祉推進の中核的な組織としての社会福祉協議会

(1) 社会福祉協議会の法的位置づけ

　1950年代から市区町村単位で住民参加の必要性を謳い、福祉でまちづくりに取り組んできたのが、行政機関ではない民間非営利組織の社会福祉協議会（以下「社協」）である。

　1990（平成2）年の福祉関係八法改正*¹で地域福祉の必要性が示された。その後、社会福祉基礎構造改革*²が推進され、2000（同12）年の社会福祉法制定において、地域福祉が社会福祉の目的と記され、第4条に地域福祉の推進が明文化された。地域福祉計画の策定をはじめ、住民が暮らす市町村域を基盤とする自治体ごとの地域福祉の推進が実施されるようになった。

　そして、地域福祉の推進を図ることを目的とする団体として、社会福祉法に「市町村社会福祉協議会及び地区社会福祉協議会」（第109条）、「都道府県社会福祉協議会」（第110条）、「社会福祉協議会連合会」（第111条）が規定されている。

　第109条は以下の通り、地域福祉を推進する上で最も住民に身近な市町村社協と地区社協に関して規定されている。また、社協は、社会福祉に関わる地域の住民組織やボランティア、NPO、公私の社会福祉、保健・医療・教育、企業など、地域の幅広い関係者で構成されることが記されている。そして、住民主体の理念に基づき、地域で起きている様々な福祉課題を地域全体の課題として受け止め、様々な関係者とともに考え、協力して解決に向けて取り組めるよう各種事業を展開している。住民の福祉活動の組織化、社会福祉を目的とする事業の連絡調整や事業の企画・実施など、条文には市町村社協の事業が4つ掲げられており、具体的な事業は各市町村で共通するものも多いが、地域特性による独自事業も少なくない。

> **社会福祉法（市町村社会福祉協議会及び地区社会福祉協議会）**
> **第109条**　市町村社会福祉協議会は、1又は同一都道府県内の2以上の市町村の区域内において次に掲げる事業を行うことにより地域福祉の推進を図ることを目的とする団体であつて、その区域内における社会福祉を目的とする事業を経営する者及び社会福祉に関する活動を行う者が参加し、かつ、指定都市にあつてはその区域内における地区社会福祉協議会の過半数及び社会福祉事業又は更生保護事業を経営する者の過半数が、指定都市以外の市及び町村にあつてはその区域内における社会福祉事業又は更生保護事業を経営する者の過半数が参加するものとする。
> ①　社会福祉を目的とする事業の企画及び実施

＊1　福祉関係八法改正
厚生省（当時）は、高齢化社会に向けて、住民に身近な市町村で在宅福祉サービスと施設サービスが一元的で計画的に提供される体制づくりが進められるように、「老人福祉法等の一部を改正する法律」として8つの法律の一部を改正した。その8つとは、老人福祉法、身体障害者福祉法、精神薄弱者福祉法（当時）、児童福祉法、母子及び寡婦福祉法（当時）、社会福祉事業法（当時）、老人保健法（当時）、社会福祉・医療事業団法である。

＊2　社会福祉基礎構造改革
1998（平成10）年に中央社会審議会社会福祉構造改革分科会でまとめられた。具体的な改革の方向として、地域での生活を総合的に支援するための地域福祉の充実が示された。翌年の社会福祉事業法等一部改正案大綱に地域福祉の推進に関する規定を設けるとし、これを受けて社会福祉事業法は地域福祉を法律に明文化する社会福祉法に改正された。

　　② 　社会福祉に関する活動への住民の参加のための援助
　　③ 　社会福祉を目的とする事業に関する調査、普及、宣伝、連絡、調整及び助成
　　④ 　前３号に掲げる事業のほか、社会福祉を目的とする事業の健全な発達を図る
　　　　ために必要な事業
　２ 　地区社会福祉協議会は、１又は２以上の区（地方自治法第252条の20に規定す
　　　る区及び同法第252条の20の２に規定する総合区をいう。）の区域内において前項
　　　各号に掲げる事業を行うことにより地域福祉の推進を図ることを目的とする団体
　　　であつて、その区域内における社会福祉を目的とする事業を経営する者及び社会
　　　福祉に関する活動を行う者が参加し、かつ、その区域内において社会福祉事業又
　　　は更生保護事業を経営する者の過半数が参加するものとする。
　３ 　市町村社会福祉協議会のうち、指定都市の区域を単位とするものは、第１項各
　　　号に掲げる事業のほか、その区域内における地区社会福祉協議会の相互の連絡及
　　　び事業の調整の事業を行うものとする。
　４ 　市町村社会福祉協議会及び地区社会福祉協議会は、広域的に事業を実施するこ
　　　とにより効果的な運営が見込まれる場合には、その区域を越えて第１項各号に掲
　　　げる事業を実施することができる。
　５ 　関係行政庁の職員は、市町村社会福祉協議会及び地区社会福祉協議会の役員と
　　　なることができる。ただし、役員の総数の５分の１を超えてはならない。
　６ 　市町村社会福祉協議会及び地区社会福祉協議会は、社会福祉を目的とする事業
　　　を経営する者又は社会福祉に関する活動を行う者から参加の申出があつたときは、
　　　正当な理由がないのにこれを拒んではならない。

　2020（令和２）年、地域共生社会の実現のための社会福祉法等の一部改正により、地域づくりを含む重層的支援体制整備事業[*3]等、自治体ごとにさらなる地域福祉の充実が求められている。これまで地域住民を主体に福祉課題の解決に向けて、公私の様々な関係者と連携・協働してきた社協への期待が一層高まっているといえる。

(2) 　社会福祉協議会の性格と構成

　2019（平成31）年４月現在、市区町村社協1,839か所の連合組織として、都道府県・指定都市社協67か所があり、その連合組織として全国社会福祉協議会（以下「全社協」）が１か所設置されている[1]。大半が社会福祉法人格を有し、全国に網羅され、ネットワークによってつながっているが、それぞれは独立した組織であり、地方自治体と連携しながら活動している。

　全社協は、1962（昭和37）年に「社会福祉協議会基本要項」を策定し、社協が「住民主体の原則」に基づき、地域組織化活動等に取り組む機関であると示した。住民主体の原則を継承し、1992（平成４）年４月、「新・社会福祉協議会基本要項」が策定され、社協の性格を以下のように記している。

＊３　重層的支援体制整備事業
市町村において、地域住民の複合化・複雑化した支援ニーズに対応する断らない包括的な支援体制を整備するため、❶相談支援（包括的相談支援事業、多機関協働事業、アウトリーチ等を通じた継続的支援事業）、❷参加支援事業、❸地域づくり事業を一体的に実施する事業として創設された。第12章参照。

> 　社会福祉協議会は、①地域における住民組織と公私の社会福祉事業関係者等により構成され、②住民主体の理念に基づき、地域の福祉課題の解決に取り組み、誰もが安心して暮らすことのできる地域福祉の実現をめざし、③住民の福祉活動の組織化、社会福祉を目的とする事業の連絡調整および事業の企画・実施等を行う、④市区町村、都道府県・指定都市、全国を結ぶ公共性と自主性を有する民間組織である。

　社協の構成要件や事業については社会福祉法に規定されているが、社会福祉法人として組織運営を行うため、社協で定める「定款」がある。また、事業を円滑に進めていくための「諸規程集」がある。社協の組織構成について、「市区町村社協経営指針」[2] には以下のように構成員が記されている。

①住民組織
　　○住民会員、地域福祉推進基礎組織*4、住民自治組織等
　　○当事者等の組織
②公私の社会福祉事業者及び社会福祉関係団体等
　　○民生委員・児童委員またはその組織
　　○社会福祉法人・福祉施設、社会福祉団体
　　○更生保護事業施設・更生保護事業団体
　　○福祉（介護・保育）サービス事業者
　　○社会福祉行政機関
　　○保健・医療、教育等の関係機関・団体
③社会福祉に関する活動を行う団体
　　○ボランティア団体
　　○NPO等の市民活動団体
　　○企業、労働組合、経済団体
　　○その他の社会福祉に関する活動を行う団体
　　　※農協、生協は基本的にはこれに該当する
④地域福祉推進に必要な地域の主要な団体
　　○まちづくり、住宅、環境、労働、経済等の生活関連領域の関係団体
　　○その他法曹、金融関係等の地域福祉の推進に必要な団体等

*4　地域福祉推進基礎組織
地区社協、校区福祉委員会、自治会の福祉部会、まちづくり協議会福祉部会等の地縁組織を基盤とする住民が参加する地域福祉活動に取り組む基礎的な組織をいう。

　この指針には、「地域福祉は地域で暮らす住民を主体とした実践であり、住民会員制度は、社協事業を地域住民の参加・協力・支持によって進めるために必要な基本的制度として推進を図るもの」[3] と記され、87％の市区町村社協が住民会員制度をとっている[4]。

　法人としての社協の意思決定は「評議員会」と「理事会」で行われる。議決機関の「評議員会」、そこから理事が選出されて「理事会」が執行機関になり、その代表が会長になる。実務を担うのは職員が配置される事務局である。

(3)　社会福祉協議会の活動原則と機能

　社協は、設置当初から住民が主体的に地域福祉に関心をもって、自ら活動に取り組めるように支援をしてきた。そして、制度だけでは支援しきれないニーズに応え（柔軟性）、在宅福祉サービス等の新たな事業を創出（開拓性）し、即応性を示してきた。社協は、こうした民間性を生かし、住民やボランティア、福祉関係団体や行政等、公私の多様な関係機関・団体と協働し、地域福祉の推進の担い手組織として、組織化、調査、計画等の専門性を発揮していく必要がある。

　こうしたことから、新・社会福祉協議会基本要項では、「住民ニーズ基本の原則」「住民活動主体の原則」「民間性の原則」「公私協働の原則」「専門性の原則」という 5 つの活動原則を示した。そして、この原則を踏まえ社協は、地域福祉推進の中核組織として、❶住民ニーズ・福祉課題の明確化及び住民活動の推進機能、❷公私社会福祉事業等の組織化・連絡調整機能、❸福祉活動・事業の企画及び実施機能、❹調査研究・開発機能、❺計画策定、提言・改善運動機能、❻広報・啓発機能、❼福祉活動・事業の支援機能を発揮するとした。

(4)　社会福祉協議会の財源

　社協の財源について新・社会福祉協議会基本要項では、財源確保の基本姿勢は、民間財源を基盤に公費の導入を図るよう記されている。

　社協の財源は補助金、委託金によるところが大きかったが、年々地方自治体の財政も厳しくなり縮減されてきている。2000（平成12）年に介護保険事業が始まったことで社協の多くが指定事業者になり、2012（同24）年、支援費制度施行（現：障害者の日常生活及び社会生活を総合的に支援するための法律［障害者総合支援法］）により障害者サービスも含め、事業収入として市区町村社協の新たな主要な財源になった（図 3 - 1）。

　「市区町村社協経営指針」の財務管理の項には、「市区町村社協は、構成員会費、住民会費、寄付金、共同募金配分金、地域福祉基金等各種基金等の『民間財源』、補助金、委託費、指定管理料等の『公費財源』、介護報酬等の『事業収入財源』を財源とし運営する」と記されている。そして、「継続的・安定的に事業が継続できるよう自治体との間で補助・委託等の決定等の公費確保のルール化を図る」「地域の実情に応じた多様な財源（民間財源、公費財源等）の確保・活用（ファンドレイジング）を検討・実施する」[5] としている*5。

＊5　ファンドレイジング
NPOをはじめとする地域福祉活動を行う団体が、自主財源の確保ができるように、社会活動の資金を調達するための寄付等の行いを意味する。

図3-1　市区町村社協の財源構成の推移

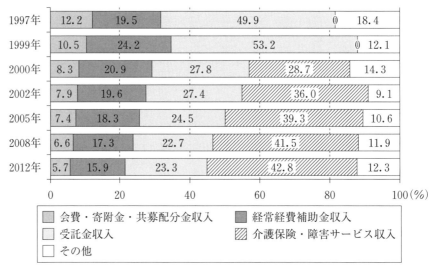

	会費・寄附金・共募配分金収入	経常経費補助金収入	受託金収入	介護保険・障害サービス収入	その他
1997年	12.2	19.5	49.9	0	18.4
1999年	10.5	24.2	53.2	0	12.1
2000年	8.3	20.9	27.8	28.7	14.3
2002年	7.9	19.6	27.4	36.0	9.1
2005年	7.4	18.3	24.5	39.3	10.6
2008年	6.6	17.3	22.7	41.5	11.9
2012年	5.7	15.9	23.3	42.8	12.3

出典：和田敏明編『改訂概説社会福祉協議会』全国社会福祉協議会　2018年　p.146

＊6　地域福祉コーディネーター
2008（平成20）年、厚生労働省「これからの地域福祉のあり方に関する研究会」報告書で「地域福祉のコーディネーター」と示されたことに始まる。住民の地域福祉活動支援のために、市町村が一定の圏域に整備し、その役割は、専門的な対応が必要な事例への対応、ネットワークづくり、地域に必要な資源の開発とされた。2012（同24）年、全社協「社協・生活支援活動強化方針」では、生活や福祉の課題を抱える家庭や地域住民の相談援助を行い、行政や支援機関等への橋渡しや、地域住民による福祉活動等をコーディネートする専門職として、アウトリーチを徹底するところで、コミュニティソーシャルワーカーと同義に捉え、確保・育成が記された。

＊7　生活支援コーディネーター
「地域支え合い推進員」ともいわれる。高齢者の生活支援や介護予防サービスの体制整備を推進することを目的としている。地域で、それらのサービスの提供体制の構築に向けたコーディネート機能（資源開発やネットワーク構築）を果たす者とされている。

(5)　社会福祉協議会の職員

　2019（平成31）年3月現在の市区町村社協職員の合計は12万2,104人である。近年は、非正規職員が増え、正規職員の18.0%は業務を兼務している（表3-1）。以前は、人事管理を担う事務局長等は行政出向者が多かったが、自治体における行財政改革により、近年は見直されてきている。

　当初、国庫補助により進められてきた社協の専門職員の配置も、今日は一般財源化されている。全社協は「企画指導員」、都道府県社協は「福祉活動指導員」、市町村社協は「福祉活動専門員」と、職員の名称は組織によって異なるものの、いずれもが社協組織の強化を促進させてきた。

　職員について、一般業務職員は、表3-1の2〜5に該当する職員2万9,968人（24.5%）、経営事業職員は、同表の6〜10に該当する職員9万579人（74.2%）である[6]。

　地域福祉コーディネーター[＊6]は、住民が困ったときに地域の支え合いや各種専門職につなぎ、関係者とのネットワークづくりを担い、住民の地域福祉活動を支える。地域福祉コーディネーターについて、専任で配置している社協は13.4%、他業務との兼任は43.4%、合わせて56.8%の社協で配置されている。この兼任状況をみると、生活支援コーディネーター[＊7]との兼任が51.5%と最も多い。次いでコミュニティワーカー（地域支援担当）との兼任が48.5%、ボランティアコーディネーターとの兼任が41.2%、日常生活自立

支援事業の専門員との兼任が33.8％とある[7]。

　これから地域共生社会の実現に向けて、専門的な対応が必要になる多様な問題を抱える人に対し、アウトリーチを心がけ、解決に向けて様々な専門職や関係者との連携を図り、包括的に支援していくワーカーとして地域福祉コーディネーターの活躍が期待される。しかし、一人で抱え込むのではなく、地域住民の多様な地域福祉活動や多職種協働によるネットワークをつくり、社会資源の活用・調整、新たな活動の開発を心がけることが大切になる。

　地域福祉の推進に向けて、社協の役割は増え、専門性も求められ、事業拡大により職種や雇用形態は多様になってきている。様々な事業を多様な職員で運営するようになり、社協職員一人ひとりが社協の使命を自覚して、業務に取り組めるよう職場研修の体系化を図る必要がある。職場内研修、都道府県の福祉人材センター、全国レベルでの研修を活用し、各職員の経験や階層に応じて人材育成を実施していく必要がある。

表3－1　市区町村社協職員設置状況の内訳

	正規職員		非正規職員		合計
		兼務者数	常勤	非常勤	
1．事務局長（事務局組織全体を代表する方）	1,067	222	447	43	1,557
2．法人運営部門職員	4,520	1,156	1,568	651	6,739
3．地域福祉活動専門員等の地域福祉推進部門職員	4,883	2,573	1,847	1,648	8,378
4．ボランティア・市民活動センター職員	1,105		520	343	1,968
5．福祉サービス利用支援部門職員（①＋②）	4,984	1,020	3,166	4,733	12,883
①日常生活自立支援事業、地域包括支援センター、障害者相談支援事業、生活困窮者自立支援事業等 ②1以外の相談担当	4,622	944	2,907	4,387	11,916
	362	76	259	346	967
6．介護保険サービス担当職員	14,958	1,353	11,822	26,259	53,039
7．障害福祉サービス担当職員	2,566	354	2,505	4,160	9,231
8．6．7．以外の在宅サービス事業担当	3,208	149	5,227	12,754	21,189
9．会館運営事業担当職員	198	61	572	1,462	2,232
10．その他の職員	1,496	116	1,414	1,978	4,888
合計	38,985	7,004	29,088	54,031	122,104

注：社協数：1,846　回答社協数：1,568（2019［平成31］年3月31日現在）
出典：全国社会福祉協議会・地域福祉推進委員会・全国ボランティア・市民活動振興センター「社会福祉協議会活動実態調査等報告書2018」2020年　p.114

2. 社会福祉協議会のこれまでの歩み

(1) 福祉に欠ける状態を克服するよう地域組織化をめざす

　社協の源流は、1908（明治41）年に渋沢栄一を初代会長として設立された中央慈善協会である。その後、改称、合併等を経て、戦後の占領政策における民間社会事業組織が再編された。「社会福祉協議会組織の基本要綱」（1950〔昭和25〕年）の策定等がなされ、日本社会事業協会、全日本民生委員連盟、同胞援護会の3団体統合により、1951（同26）年1月に中央社会福祉協議会が設立された。そして同年12月、全国すべての都道府県社協が結成された。1952（同27）年、厚生省は、当時の郡市町村社協に対する「小地域社会福祉協議会組織の整備について」を都道府県知事に通知し、コミュニティ・オーガニゼーション（CO）*8により地域課題を解決する組織として結成を促進した。中央社会福祉協議会は、1955（同30）年4月、全社協に改組された。

　1950年代は、各地で子ども会、母親クラブ、老人クラブの組織化、地域衛生組織活動、新生活運動、蚊とハエのいない生活実践運動等の様々な地区組織活動が展開されるようになった。そして、1957（昭和32）年、全社協は地域組織推進委員会をつくり、市区町村社協が行事中心だけでなく、「福祉に欠ける状態」の克服を掲げ、地域組織化活動に取り組むよう「市区町村社協当面の活動方針」を策定した。

(2) 住民主体の原則で地域福祉を推進し在宅福祉サービスを担う

　全社協は社協創設の10年間の活動を踏まえ、1962（昭和37）年4月、「住民主体の原則」を掲げた「社会福祉協議会基本要項」を策定した*9。社協組織の整備が進むようになり、1966（同41）年には市区町村社協に国庫補助による福祉活動専門員が設置されるようになった。1967（同42）年、行政管理庁の共同募金に関する勧告により、社協の事務費、人件費に共同募金を使用することができなくなり、社協は財源的に厳しくなったため、行政の補助金や委託事業に依存するようになっていった。

　1970年代になると、高度経済成長より一転して低成長経済となり、多様な福祉問題が多発し、住民運動が展開されるようになった。それを受け全社協は1973（昭和48）年、小地域の住民福祉運動の推進等をめざす「市区町村社協活動強化要項」を策定した。コミュニティケア、地域福祉の必要性がいわれるようになり、ボランティアが活発化し、施設の社会化、在宅福祉サービ

*8 コミュニティオーガニゼーション
アメリカを中心として理論や実践が進んでいたコミュニティオーガニゼーション論に基づき、社協の普及を行ってきた経緯がある。全社協は基本要項において、社協の機能について「社会福祉協議会の基本的機能はコミュニティオーガニゼーションの方法を地域社会にたいして総合的に適用することである」と記し、地域組織化活動として社協の仕事に生かされてきた。第4章p.74参照。

*9 1960（昭和35）年に開かれた都道府県社協組織指導職員研究協議会（山形会議）が、要項取りまとめの礎となった。

スが注目されるようになった。1977（同52）年、福祉教育実践として、国庫補助事業「学童・生徒のボランティア活動普及事業」が小・中・高校で促進された。

　1979（昭和54）年、全社協が「在宅福祉サービスの戦略」を報告した。ここでは市町村社協が直接サービスを担うことが期待され、1982（同57）年、全社協の「社協基盤強化の指針」で社協活動として明確化された。翌1983（同58）年、議員立法（社会福祉事業法の改正）により、市町村社協の法制化が行われ、行政の社協への助成に対する根拠となり、在宅福祉サービスの運営主体になった。1984（同59）年、全社協は『地域福祉計画―理論と方法―』を刊行し、市町村社協で計画的に地域福祉を推進する必要性を示した。

(3)　地域福祉活動を計画的・総合的に推進する事業体として

　1990（平成2）年6月、福祉関係八法改正により、社協が在宅福祉サービス等の直接サービス事業の実施主体として法的に位置づけられ、市区町村社協が社会福祉を目的とする事業を企画・実施するよう努めることが明記された。

　1991（平成3）年、総合相談と個別支援と地域支援をつなぐ体制づくりに向けて国庫補助事業「ふれあいのまちづくり事業」が開始され、地域福祉活動コーディネーターが配置された。同事業は、今日の地域共生社会の実現に向けた取り組みの推進につながっている。1985（昭和60）年には、「福祉ボランティアのまちづくり事業（ボラントピア事業）」*10が実施され、社協のサービス事業が広がる中、1991（平成3）年、全社協は「ボランティア活動推進7か年プラン」構想を示し、ボランティアによる住民参加を促進した。

　1992（平成4）年、全社協は、社会福祉改革に対応するため、「新・社会福祉協議会基本要項」を策定し、社協は地域福祉を総合的に推進する事業体としての役割が促進されるようになった。翌年、新基本要項を踏まえて地域福祉を推進する社協発展・強化計画として「ふれあいネットワークプラン21」を策定し、その後、「事業型社協」*11が提案された。

(4)　多様な関係者と包括的な支援体制における協働の中核を担う

　2000（平成12）年、社会福祉法に地域福祉を進める団体として社協が位置づけられ、行政計画として地域福祉計画の策定が示されたことを受け、2003（同15）年、全社協は「地域福祉活動計画策定指針」を策定した。

　2008（平成20）年、厚生労働省より発表された「これからの地域福祉のあり方に関する研究会報告書」において、社会的孤立等、福祉制度の狭間の問

*10　福祉ボランティアのまちづくり事業（ボラントピア事業）
ボランティア活動の基盤整備と、地域において活動が自主的に展開できるように市区町村社協にボランティアコーディネーターの配置が進められた。人材の登録斡旋、住民への啓発活動、養成研修、ボランティアの組織化等が取り組まれた。

*11　事業型社協
ふれあいのまちづくり事業を踏まえ、1994（平成6）年、全社協は「事業型社協推進事業」の指針を公表した。各種公的福祉サービスを積極的に受託し、民間の立場で柔軟に運営しつつ、それだけでは対応できない多様なニーズにも即応できる事業を開発し、問題解決につなげていくことが提案された。

題に対応できるように、地域における「新たな支え合い」を求めて、住民と行政の協働による新しい福祉の必要性が示された。これにより、自治体が地域福祉コーディネーターの確保を支援することが期待された。そこで全社協は、2010（同22）年、「全社協福祉ビジョン2011」を策定し、制度外の福祉サービス・活動への取り組み強化を提案し、2012（同24）年には、「社協・生活支援活動強化方針」を策定して、生活課題の解決や孤立防止に向け、生活困窮者支援に取り組むとした。

　2013（平成25）年、社協は、生活困窮者自立促進支援モデル事業を国から受託し展開に取り組んだ。さらに、新しい地域支援事業に向けて、全社協をはじめ14団体で新地域支援構想会議を発足した。同年には生活困窮者自立支援法が制定され、介護保険や社会福祉法人制度の見直し等、新たな地域福祉施策の再編に対応するため、2017（同29）年、「社協・生活支援活動強化方針」のアクションプランを見直した。そして、「あらゆる生活課題への対応」と「地域のつながりの再構築」を強化方針の柱に「第2次アクションプラン」をまとめた。2018（同30）年、改正社会福祉法が施行され、地域共生社会の実現に向けた社協の事業・活動の展開を図り、包括的な支援体制における協働の中核を担う組織として、社協の役割と機能を示せるように同プランを一部改定した。

　そして、2020（令和2）年、国で進める「地域共生社会」と、国際的に進められる「誰一人取り残さない持続可能で多様性と包摂性のある社会」（持続可能な開発目標［SDGs］）の実現の2つの方向性で、「ともに生きる豊かな地域社会」の実現をめざす「全社協福祉ビジョン2020」を策定した。

3．市区町村社会福祉協議会の役割

(1)　市区町村社会福祉協議会の活動や事業の内容

①社会的孤立の防止に向けて

　少子高齢化、核家族化、人口減少、働き方や生活スタイルの多様化等により地域社会のあり方は変わってきた。近年、孤立死、老々（認々）介護、認知症高齢者、老障介護、ひきこもり、8050問題、ダブルケア、生活困窮、虐待、ゴミ屋敷等の近隣トラブル等、いくつもの課題が地域で生じている。しかし、こうした課題を抱える人の多くは、身近に相談相手がいない。自ら「助けて」の声があげられず、地域社会から孤立し支援につながらない。早期に発見され対応できれば深刻にならずにすむかもしれないが、放っておくとセ

ルフネグレクト（自己放任）になりかねず、周りが気づいたときは厳しい状況になっていることも少なくない。こうした「社会的孤立」を防ぐために、声かけや見守り、居場所づくり等を通じて、地域でつながることが求められ、困ったときに支え合う関係づくりが期待されている。しかし、身近なところで解決できないときには、様々な分野の専門職につなぐことも必要になる。簡単なことではないが、こうした課題の解決に向けて個別支援と地域支援を総合的に実践し、誰もが安心して地域で暮らし続けられるように取り組んでいるのが社協である。これまでも「一人の不幸を見逃さない」と民生委員等とともに地域福祉実践をしてきているが、近年は、多様化する課題解決のために公私の連携と協働がより必要になってきている。

②連携・協働の要となる市区町村社協の事業内容

2018（平成30）年、社会福祉法第４条が改正され、地域住民や福祉関係者等は、支援を要する地域住民及びその世帯が抱える福祉、介護、介護予防、保健医療、住まい、就労及び教育に関する課題等の「地域生活課題」を把握し、その解決に向けて支援関係機関と連携して解決を図ることが記された。

地域住民が暮らす身近な市区町村には、自治会・町内会の「地縁組織」がある。また、女性会、老人クラブ、青年団等の「地縁型組織」と、地区社協や自治会・町内会の福祉部会等の「地域福祉推進基礎組織」がある。また、ボランティアやNPO法人等の地縁ではなく地域課題に対応していく「テーマ型組織」がある。

社協は、地域の様々な関係者と連携・協働する組織であり、こうした地域のインフォーマルな組織と、各分野の専門職のフォーマルなネットワークをつなぐ橋渡しの役割がある。そして、連携・協働の場としてプラットフォームをつくり、先述した多様化する諸課題の解決を図り、住民が安心して地域で暮らし続けられるよう支える。社協は、共同募金の支会・分会や生活福祉資金の貸付等、各市区町村で共通する業務もあるが、地域の実情に応じて多様な活動や事業を実施しており、それぞれの地域によって異なる。主な取り組みについて以下のように整理する。

共同募金

市民が主体の民間運動として始まり、社会福祉法に定められた地域福祉の推進を目的とする募金運動で、第一種社会福祉事業である。各都道府県に共同募金会があり、市町村ごとに内部組織として、支会・分会等と呼ばれ、おおむね社会福祉協議会に設置され、自治会・町内会等の協力を得ながら募金活動を実施している[*12]。

*12
第１章 p.36参照。

生活福祉資金貸付制度

本制度は1995（昭和30）年に世帯更生資金貸付制度として発足し、社会・経済情勢の変化とともに見直しを繰り返しながら運用されている。低所得者や高齢者、障害者の生活を経済的に支え、その在宅福祉や社会参加の促進を図ることを目的としている。

都道府県社協が実施主体で、市区町村社協が窓口となり、総合支援資金、福祉資金、教育支援資金、不動産担保型生活福祉資金の貸付を実施している。

小地域福祉活動の実施

地区社協の組織化や地域福祉推進基礎組織の活動支援、ふれあい・いきいきサロンの設置、見守りや声かけ、話し相手、生活の中でのちょっとした困りごとの相談やお手伝いをする小地域ネットワーク活動づくり等。

学校や地域における福祉教育・ボランティア学習の実施

子どもからお年寄りまであらゆる住民への福祉理解と具体的な実践活動への体験参加等の促進、学習や研修、広報等。

在宅福祉活動の実施

下記に記す制度に基づくサービスではなく、住民参加型在宅福祉サービスとして、ペットの世話や家周りの手入れ等の支援や、子ども、障害児者、高齢者、生活困窮者を対象とする制度外の生活支援（日用生活品や食品等の物品支援、子ども食堂、食事や移動サービス、買い物支援サービス）等。

ボランティア・NPO活動支援の実施

ボランティアセンター機能による需給調整、活動の普及や支援、災害ボランティアセンターと要援護者支援等。

心配ごと相談を含む総合相談事業の実施

民生委員等の相談員が対応するものから、専門職の法律相談をはじめ、生活福祉資金の貸付や法外援護資金の貸付・給付、自立相談支援事業、権利擁護としての日常生活自立支援事業や法人後見事業等の制度に基づく相談業務を総合的に支援。

地域福祉活動計画策定の実施

地域福祉計画策定に向けた自治体との協働や、地域福祉活動計画と地域住民等による小地域（地区）福祉活動計画の策定、社協発展・強化計画等。

児童福祉法や子ども・子育て支援新制度、介護保険法や障害者総合支援法等の制度に基づくサービスの実施

訪問介護、訪問入浴介護、訪問型サービスA、通所介護、通所型サービスA、地域包括支援センター、生活支援コーディネーターや協議体の受託、居宅介護、重度訪問介護、同行援護、就労継続支援B型、放課後児童クラブ、

児童館・児童センターの運営、ファミリーサポート事業等。
当事者や地域福祉に関わる団体等の支援の実施

　身体障害児者の会、知的障害児者の会、ひとり親家庭の会等の当事者組織の組織化や運営支援、共同募金の支会・分会、老人クラブ連合会、障害者団体、日本赤十字社地区・分区、民生委員児童委員協議会等の団体の事務局等。

(2)　市区町村社会福祉協議会の事業体制

①市区町村社協経営指針

　「市区町村社協経営指針」には、「地域福祉を推進する中核的な団体として、地域住民及び福祉組織・関係者の協働により地域生活課題の解決に取り組み、誰もが支え合いながら安心して暮らすことができる『ともに生きる豊かな地域社会』づくりを推進する」ことが市区町村社協の使命と記されている。そして、地域の実情に応じて、❶法人経営部門、❷地域福祉活動推進部門、❸相談支援・権利擁護部門、❹介護・生活支援サービス部門の４つの部門（図３－２に内容記載）で事業体制を確立するとしている[8]。

　また、社協は、事業の推進において、地域の様々な立場の意見を反映し、住民参加と協働による地域福祉の推進が図れるように、ボランティアセンター運営委員会や地域福祉活動計画策定委員会等、課題別委員会や部会、連絡会等を必要に応じて設置している。

　法人経営部門に記されている「社協発展・強化計画」を策定している社協は21.2%[9]であり、社協において進んでいない事業も少なくない。つまり社協事業は、「地域の実情に応じて」とあるように、４部門の全ての事業が実施されているわけではなく、担うことを求められる事業が示されている。

　しかし、生活困窮者やひきこもりを対象とする制度外の支援事業について、「日用生品や食品等の物品支援」を実施している社協は51.0%あり、次いで「法外援護資金貸付・給付」は35.1%が取り組んでいる[10]。また、生活支援体制整備事業[*13]の生活支援コーディネーターを「受託している」社協は67.3%になっている[11]。

②地域福祉推進の中核としての取り組み

　このように社協は民間性を生かし、地域の実情や社会状況に応じて変化する福祉ニーズや生活課題を見過ごさず、必要に応じて開拓性をもって即応してきた。社協は、「活動原則」と機能を生かし、地域の特性を踏まえながら創意工夫をして独自に事業に取り組んでいる。身近な地域での支え合いや、医療・福祉・介護等の支援を機能させていくためにも、小地域福祉活動につながる生活支援コーディネーターの役割は、社協の地域支援を生かせるもの

*13　生活支援体制整備事業
　2015（平成27）年、介護保険制度改正により、高齢者が住み慣れた地域で自分らしく生きがいを持って暮らし続けることができるよう、高齢者を支える地域づくりを進めるというもの。具体的には地域住民や各種関係団体等と連携しながら、「生活支援・介護予防・社会参加」の促進と充実を図っていくために、「生活支援コーディネーター」と「協議体」を設置する。

図3-2　市社会福祉協議会の組織図（本章における例示として）

会員（住民会員制度、構成員組織［団体］会員制度、賛助会員［特別会員］制度）
それぞれの地域の実情に応じて会員規程等によって会員を規定し、会員制度を整備している。

評議員会（社協の意思決定を行う議決機関）
構成員の組織・団体は町内会・自治会、民生委員児童委員（協議会）、地域福祉推進基礎組織、当事者及び家族の団体、ボランティアグループ、社会福祉法人、女性団体・青年団体等の代表や、学識経験者、福祉関係行政職員等。評議員の数は、理事の員数を超える数とされている（定数は、地域の実情や事業規模等を勘案して適切な数）。

各種委員会
事業の推進に向けて、地域の実情や社協の事業内容に応じて課題別等、さまざまな委員会や部会が設置されている。
○評議員選任・解任委員会
○地域福祉活動計画策定委員会
○社協発展・強化委員会
○ボランティア・市民活動センター運営委員会
○苦情解決第三者委員会
○権利擁護センター運営委員会
○助成金審査委員会
○社会福祉法人・福祉施設連絡会
○ボランティア団体連絡会
○生活福祉資金貸付調査委員会
　　　　　　　　　　　　　等

監事（理事の業務執行状況や社協財産状況の監査）
監事は、社協の役職員との兼務はできず、社会福祉事業や財務管理について識見を有する者を含み、2名以上とされている。独立した第三者の立場からの監査の実施検討が求められている。

理事会（社協の業務執行を決定する執行機関）
主要な構成員組織・団体から選出される理事（学識経験者、民生委員児童委員［協議会］、町内会・自治会、地域福祉推進基礎組織等）、会長、常務理事（業務執行理事）等の社協経営に専念する理事及び行政職員等で構成される。社協の業務全体に精通する事務局長の役割を重視し、事務局職員の理事への参画検討が求めらる。理事定員は6名以上だが、実質的に組織経営についての判断や議論ができる定数を社協の事業規模に応じて決定する。

事務局（社協の業務を運営）
事務局長

地区社会福祉協議会連絡会

地区社会福祉協議会（小学校区あるいは中学校区ごとに設置）
全社協では、地区社協について「地域福祉推進基礎組織」として総称している。地区社協とは、小・中学校等の区域を範囲として、地域の福祉課題に対して住民等福祉関係者（自治会・町内会、民生委員児童委員、ボランティア、NPO、当事者団体、社会福祉施設等）、その他既存の地域組織が協働して地域福祉活動を実践する住民主体の組織として運営されている。各地域において、「地区社協」「校区社協」「校区福祉委員会」等、様々な名称で使用されている。

総務担当の部・課・係（法人経営部門）
適切な法人運営と効率的な事業経営を行う業務を担当し、財務・人事管理、組織全体に関わる総合的な企画や、各部門間の調整等を行う社協事業全体のマネジメント業務にあたる部門を担当する。
○理事会、評議員会等の運営　○財務運営・管理　○計画的な採用・異動・人事考課等の人事管理
○労働法制に基づいた労務管理　○所轄庁への届出や対外的な法的対応を行う法務に関する業務
○研修・能力開発等の計画的な人材育成　○「社協発展・強化計画」の策定等の将来ビジョンの検討と進行管理　○広報活動・広報戦略　○自主財源確保に向けた資金調達担当者の設置や体制づくり　等

地域福祉担当の部・課・係（地域福祉活動推進部門）
地域住民やボランティア、各種団体・機関と連携・協働して、地域生活課題を把握し、課題の解決や地域づくりに向けた取り組みを計画的・総合的に推進するとともに、福祉教育・ボランティア活動を通じて地域福祉への関心を高め、地域住民の主体形成、地域の組織・関係者の協働を図る部門を担当する。
○地域福祉計画策定への参画、地域福祉活動計画の策定、小地域福祉活動計画の策定支援　○地区社協等の地域福祉推進基礎組織の活動の推進・支援　○小地域ネットワーク活動の推進・支援　○ふれあい・いきいきサロン、子育てサロン等の推進・支援　○住民主体の福祉活動、生活支援サービスの推進・支援（住民参加型在宅福祉サービス事業、食事・移送・買い物支援等）　○ボランティア・市民活動センターの運営　○福祉教育・ボランティア学習の推進　○当事者組織の育成・支援　○地域福祉財源の造成、助成事業の実施　○共同募金委員会と連携した共同募金・歳末たすけあい運動の実施　○災害ボランティアセンターの運営、仮設住宅等における見守り支援、コミュニティ再建支援　等

相談支援・生活支援担当の部・課・係（相談支援・権利擁護部門）
地域住民のあらゆる地域生活課題を受け止め、地域での生活支援に向けた相談・支援活動、資金貸付、手続代行、金銭管理、情報提供等の業務を通じて、高齢者、障害者、生活困窮者等を支援し、権利を擁護する部門を担当し、地域福祉活動推進部門と連携・協働することも重要である。
○総合相談事業（心配ごと相談事業を含む）　○生活困窮者自立支援事業　○日常生活自立支援事業
○権利擁護支援に関する事業（成年後見制度の利用促進のための中核機関や権利擁護センター等の運営、法人後見の実施等）　○生活福祉資金貸付事業や小口資金貸付等　○地域包括支援センター事業　○地域活動支援センター、基幹相談支援センター事業　○地域の相談支援機関の連絡会、福祉及び関連領域専門職の研修事業　等

在宅福祉サービス担当の部・課・係（介護・生活支援サービス部門）
介護保険サービスや障害福祉サービスのほか、市区町村からの受託による介護・生活支援サービス等を法令や契約に基づき運営するとともに、上乗せ横出しサービスの実施等により制度の狭間の地域生活課題にも対応する部門を担当する。
○介護保険法に基づく事業（地域包括支援センター、訪問介護事業、居宅介護支援事業、通所介護事業所等）　○障害者総合支援法に基づく事業（障害者居宅介護・重度訪問介護事業、移動支援事業等）　○児童福祉法に基づく事業（ファミリーサポート事業、放課後児童健全育成事業等）　○その他行政からの委託・補助で行う配食サービス事業、移動支援事業　等

出典：全国社会福祉協議会地域福祉推進委員会「市区町村社協経営指針第2次改定」2020年をもとに筆者作成

であり、多くの社協が取り組みはじめている。「全社協福祉ビジョン2020」では、市区町村社協の役割として、地域の福祉関係者とともに、多様な組織や関係者をつなぎ、地域生活課題の解決に向けた支援を創造する「連携・協働の場」になることをめざす必要性を示している。

　しかし、暮らしの中で生じる地域生活課題の全てがサービスにつながるものではない。孤立防止においても、近隣をはじめとする身近な人間関係を築き、支え合える環境基盤を整えていくことも大切である。社協は、こうした住民同士の支え合いのネットワークづくりを支えながら、多様なフォーマルの社会資源とのつながりを築き、公私の社会資源が連携・協働できるよう地域福祉推進のプラットフォームとして中核を担う役割がある。本章でこれまで記してきたことを踏まえ、市社協の組織構成図の1つの例を記す（図3－2）。

4．都道府県社会福祉協議会と全国社会福祉協議会の役割

(1)　都道府県社会福祉協議会の役割

　都道府県社協は、市町村社協や社会福祉事業関係者の参加により組織され、市区町村社協や福祉関係者との連絡調整、支援及び組織強化を担い、県域での地域福祉の充実をめざした活動を実施している。社会福祉施設の種別協議会の活動支援をはじめ、福祉関係者に対する専門的な研修事業、福祉理解を進めるための学校や地域における福祉教育の推進、市区町村社協ボランティアセンターとの連携によるボランティア活動の振興、災害時に必要に応じて災害ボランティアセンターの立ち上げや被災地支援に取り組んでいる。

　2020（令和2）年、新型コロナウイルス感染症による経済への影響を踏まえ、収入減少があった世帯の資金需要に対応するため、都道府県社協を実施主体とする「生活福祉資金貸付制度」の特例貸付として、緊急小口貸付、総合支援資金を実施した。

　また、都道府県社協は、1999（平成11）年「地域福祉権利擁護事業」として制度が開始され、2007（同19）年「日常生活自立支援事業」に改称された、福祉サービス利用援助事業*14の実施主体でもある。これらの事業について市区町村社協と連携して実施している。また、都道府県知事の指定を受けて「福祉人材センター」を設置し、1993（同5）年に全都道府県にセンター設置が完了し、福祉の仕事に関する求人・求職情報の提供等を実施している。

　2000（平成12）年には、社会福祉法に基づき都道府県社協に「運営適正化

*14　福祉サービス利用援助事業
2000（平成12）年、社会福祉法に第二種社会福祉事業として位置づけられ、認知症高齢者や知的障害者、精神障害者等で判断能力に不安のある人を対象に福祉サービスの利用援助や日常的な金銭の管理等を一体的に行う事業である。

委員会」が設置され、公正中立な立場で福祉サービスに関する苦情を適切に解決し、サービス事業者の適正な事業運営と、サービス利用者の支援に向けて取り組んでいる。このように福祉サービスの質の向上を図ることを通じ、サービス利用者の安心と満足を実現するための「福祉サービス第三者評価事業」に都道府県社協も取り組んでいる。

2015（平成27）年には、介護福祉士修学資金等貸付制度、保育士修学資金等貸付制度、ひとり親家庭高等職業訓練促進資金貸付事業、児童養護施設退所者等に対する自立支援資金貸付制度の4種類の貸付事業が創設された。実施主体は都道府県だが、多くが都道府県社協へ委託されている。

指定都市においては、指定都市社協が市内の区社会福祉協議会と連携を図りながら、都道府県社協に準じた活動を実施している。

⑵　全国社会福祉協議会の役割

全社協は、47都道府県社協と20指定都市社協の連合会として、社会福祉の分野別の全国団体（15種別協議会・3団体連絡協議会）[12] を内部組織として、全国単位の社協として設置されている。全国各地の社協とのネットワークにより、福祉関係者や福祉施設等事業者の連絡・調整や活動支援を行うとともに、福祉サービスの質や専門性の向上をめざし、様々な組織・団体と連携・協働して事業を推進する。

全社協事業の運営及び調査・研究等を目的に、事業運営委員会、調査研究委員会、政策委員会等を設置している。社会保障政策、福祉制度に関する提言・要望等を政策委員会やその構成組織から厚生労働省等へ提出する等、社会福祉の各種制度の改善や、よりよい福祉制度の実現に向けた取り組みを行っている。

また、社会福祉に関する広報活動や図書・書籍の刊行により福祉理解の促進を図り、生活困窮者支援に携わる相談支援員の養成等、福祉に関わる人材の養成と研修の事業を実施し、知識・技術の向上、資格取得の促進とともに社会福祉の増進に努めている。さらに、アジア各国の福祉人材育成と国際的な交流・支援活動にも取り組んでいる。

5．社会福祉協議会の使命と特徴を生かす地域共生社会の実現に向けて

本章でこれまで記してきたように、社協は、住民主体の理念に基づき、地域住民や福祉関係者と協働し、地域の生活課題の解決に取り組み、誰もが安

心して暮らすことができるよう支え合いながら「ともに生きる豊かな地域社会」づくりを推進することを使命にしている。そして、制度やサービスに位置づけられない制度外、制度の狭間の問題に、地域の住民組織やボランティア・NPO等、様々な社会資源や、公私の福祉・保健・医療・教育関係機関とのネットワーク、地域福祉活動の基盤をつくり、地域の福祉課題の解決に取り組む柔軟で機動力のある組織である。また、総合相談等を通じて、制度に位置づけられる生活福祉資金貸付事業、介護保険法や障害者総合支援法の在宅福祉サービス等にも取り組んでいる。そして、日常生活自立支援事業、法人後見事業、生活困窮者支援制度の自立相談支援事業や家計相談事業等、一人ひとりの権利を擁護する生活支援を行っている。

　このように社協は、制度外と制度に基づくものを含め、個別支援と地域支援を総合的に展開してきており、今後ますますこの役割が求められている。

　2015（平成27）年、介護保険法改正により、生活支援体制整備事業が始まり、市町村の日常生活圏域ごとに生活支援コーディネーターと協議体が配置され、住民の支え合い活動が促進されている。これらの活動は先述したように、従来からの社協の地域福祉活動と重なる。本事業の委託を受けた社協は、地域福祉を推進する地域福祉コーディネーターと兼務することで、高齢者とともに、子どもから障害児者も含め対象を限定せずに、個別支援も視野におきながら地域づくりを実践している。2016（同28）年には、社会福祉法改正で社会福祉法人の「地域における公益的な取組」が規定された。社会福祉施設の機能を生かして、子ども食堂や学習教室の実施、相談窓口を開設し、地域で困りごとを抱える人の支援に取り組んでいるところもある。社協は、こうした地域の様々な福祉関係者と協働して地域福祉の推進に取り組めるようになってきている。

　社協は様々な事業展開を生かし、生活困窮、社会的孤立、介護、虐待等、多様化・複雑化した地域住民の生活課題や、「助けて」といえない人の潜在的ニーズを地域に出向いて聴き取る（アウトリーチ）ことが求められている。そして、地域を基盤に解決につなぐ支援や、その仕組みを様々な地域の関係者と連携・協働してつくることが必要になっている。地域住民の多様なニーズに対応する市町村の包括的な支援体制構築の支援に向けて、2020（令和2）年、社会福祉法第4条地域福祉の推進に、「地域共生社会の実現をめざすこと」が明文化された。第106条の4には「重層的支援体制整備事業」が新設され、「地域共生社会の実現にむけた包括的支援体制構築事業」は拡充された。しかし、この実現に向けた地域づくり支援の強化の取り組みには、自治体だけでなく、幅広く多様なネットワークをもち、新たなつながりを紡ぐこともできる社協

との連携・協働が必要になる。これからの社協は、地域福祉の推進における
これまでの実績を基盤として生かし、ともに生きる豊かな地域社会づくりに
向けて役割を果たしていく必要がある。

【引用文献】
1）厚生労働省『平成30年版厚生労働白書』2019年　p.194
2）全国社会福祉協議会地域福祉推進委員会「市区町村社協経営指針」（令和2年7月第
　　2次改定）2020年　pp.28-29
3）同上書　p.30
4）全国社会福祉協議会地域福祉推進委員会全国ボランティア・市民活動振興センター
　　「社会福祉協議会活動実態調査等報告書2018」2020年　p.31
5）前掲書2）　p.40
6）前掲書4）　p.115
7）前掲書4）　pp.50-51
8）前掲書2）　pp.12-24
9）前掲書4）　p.45
10）前掲書4）　p.106
11）前掲書4）　p.122
12）全国社会福祉協議会「ANNUAL REPORT年次報告書2018-2019」p.20

【参考文献】
・三浦文雄・右田紀久恵・大橋謙策編『地域福祉の源流と創造』中央法規出版　2003年
・和田敏明・渋谷篤男編『概説社会福祉協議会』全国社会福祉協議会　2015年
・社会福祉士養成講座編集委員会『新・社会福祉士養成講座9　地域福祉の理論と方法
　　第3版』中央法規出版　2015年
・稲葉一洋『新地域福祉の発展と構造』学文社　2016年
・和田敏明編『改訂 概説 社会福祉協議会』全国社会福祉協議会　2018年
・上野谷加代子・松端克文・永田祐編『新版 よくわかる地域福祉』ミネルヴァ書房
　　2019年

第4章

地域福祉の基本的な視点

● 本章のねらい

　本章では、地域福祉の基本的な考え方や視点を学習することを目的とする。はじめに、地域福祉の概念について、これまでに地域福祉の研究者がどのように概念化・理論化してきたかを概説する。次に、地域福祉の理念として根づいている基本的な思想やその展開について整理する。最後に、2000（平成12）年の社会福祉法制定後から、現在の地域共生社会の実現に向けた動きまでを説明する。地域福祉の基本的な視点を総論的に理解し、他章における各論と関連づけて学習していただきたい。

● プロローグ

　筆者は、大学の教員として、学生や住民の方々に「地域福祉とは何か」ということを説明する機会がよくある。その際に、どこから説明するか、何を強調して伝えるかという点が悩みどころである。一般的には、地域福祉に関する実際の活動例から説明する方が理解してもらいやすいように感じる。しかし、地域福祉を実践している専門職員の方々の中には、基本的な理論や歴史などの説明を受けて、「自分たちが行っていることに、そういう意義や背景があったのか」といった発見をし、さらなる関心をもつということもある。

　本章で学習する「概念」や「理念」は、取っ付きにくい印象をもつ方も多いかもしれない。そのような場合は、実践事例や、地域福祉の構成要素、つまり本書でいえば他章を先に学習するとよいだろう。その上で「概念」や「理念」を学ぶと、「これまでにたくさんの人々が様々に考えて、いまの地域福祉があるのだなあ」と感じ、興味をもてるのではないかと思う。

1. 地域福祉の概念

　地域福祉とは何なのか。社会福祉についてある程度学習をしていけば、「何となくこういうものが地域福祉だ」というイメージをもつことはできるが、いざ明快に言葉で説明しようとするとなかなか難しい。地域福祉というものがもっている共通の性質や一般的な性質を整理することができれば、それが「地域福祉の概念」として認識できるわけだが、わが国の地域福祉は、海外の理論、思想、政策を導入しつつ、独自の社会的な構造や文化の中で歴史的な展開を経ており、どの視点から捉えるかによって、その説明の仕方や強調点が異なってくる。本節では、これまでの地域福祉研究における概念化・理論化について代表的なものを紹介していくこととする。

(1) 「地域福祉」のはじまり

　地域社会における相互扶助のような地域福祉的な人々の支え合いの活動は古代から存在していたと考えられる。しかし、「地域福祉」という認識をもつためには、社会福祉という制度・政策が存在することが前提となる。地域福祉を社会福祉制度・政策の一部として捉えるにしても、あるいは制度・政策を越える実践や活動として捉えるにしても、社会福祉制度・政策の存在が必要となるからである。そのため、現代の社会福祉制度・政策が形づくられた第二次世界大戦後の動向からみていくことにする。

　1951（昭和26）年に中央社会福祉協議会（後の全国社会福祉協議会）が設立され、同年成立の社会福祉事業法による法定化を経て、都道府県社会福祉協議会（以下、社会福祉協議会を「社協」とする）、市町村社協が、全国に設立されていった。その際に理論的な基盤となったのは、谷川貞夫や牧賢一などによって移入されたアメリカのコミュニティ・オーガニゼーション[1]（Community Organization：以下「CO」）であった。

　その社協が自らの性格や機能等を示したものが1962（昭和37）年の「社会福祉協議会基本要項」である。その中で、社協は「住民が主体」となって、「地域の福祉に欠ける状態」を明らかにし、計画化、地域住民の協働促進、関係機関・団体・施設の連絡・調整、社会資源の育成などの組織的な活動を行うことをその機能としている。まさに、COを意味しており、当時の地域福祉はCOと同義であったといえる。なお、「地域福祉」という用語が使用されるようになったのは1960年代であり、「要項」の中では、単独で「地域福祉」は使用されていないものの、「地域福祉計画」という用語が登場している。

*1
ケースワークやグループワークと並ぶソーシャルワークの専門的方法の一つとしてアメリカで発展した。地域社会における住民に共通する生活課題に対して、地域社会自らが組織的に解決するように、ワーカーが側面的に援助する技術過程を意味する。

(2)　地域福祉の構造と機能

　地域福祉の概念化・理論化は、1960年代から始まり、1970年代から本格化してくる。牧里毎治は1980年代に、それまでの地域福祉の概念・理論を「構造と機能」という観点から次のような整理を行った。

　地域福祉の構造的側面に焦点を当てるものを構造的アプローチ、機能的側面に焦点を当てるものを機能的アプローチと名づけた。構造的アプローチは「地域福祉を政策としてとらえる」[1] という特徴があり、機能的アプローチは「地域福祉を社会的ニードを充足する社会サービスおよび社会資源の供給システムとおさえる」[2] ところに特徴があるとしている。

　さらに、構造的アプローチは、右田紀久恵らによる政策制度論的アプローチ、真田是らによる運動論的アプローチに分けることができ、機能的アプローチは、岡村重夫らによる主体論的アプローチ、三浦文夫や永田幹夫による資源論的アプローチに分けられる。

　次に、上記の代表的な研究者による概念・理論を紹介する。

(3)　地域福祉の概念化・理論化－1980年代まで－

①右田紀久恵（政策制度論的アプローチ）

　右田は地域福祉について、1973（昭和48）年に「地域住民が担わされて来た生活問題を、生活原則・権利原則・住民主体原則に立脚して軽減・除去し、または発生を予防し、労働者・地域住民の主体的生活全般にかかわる水準を保障し、より高めるための社会的施策と方法の総体」[3] と概念化している。住民主体を原点としながら、生活問題への社会的施策の必要性を主張したことが特徴といえる。右田の理論は、この後1990年代に「自治型地域福祉論」として展開していくことになる。

②真田是（運動論的アプローチ）

　真田は、社会福祉を対象－運動－政策という「三元構造」として理論化している。社会福祉は「対象」が生み出されるから登場し、対象への対応は社会的・市民的活動による「運動」があってから、公的機関による対応、すなわち「政策」がつくられるという考え方である[4]。そして、地域福祉の対象を「地域住民生活」というトータルな生活問題として捉え、分化された行政的対応を対象とする社会福祉よりも、対象の範囲を広く捉えている[5]。このように、地域福祉の対象を地域社会における生活問題として広く捉えたこと、住民の自主的な運動（参加）を構成要件として規定したことが真田の理論の特徴である。

③岡村重夫（主体論的アプローチ）

　1974（昭和49）年に岡村が著した『地域福祉論』では，地域福祉概念を構成する要素を❶地域組織化活動、❷コミュニティケア、❸予防的社会福祉の3つに整理した。そして、コミュニティケアを可能にするにはコミュニティづくり、すなわち地域組織化活動が必要であり、また予防的社会福祉を配慮しないコミュニティケアは、「単なる思いつきの『親切運動』になりかねない」という見解を示している[6]。

　この地域組織化活動は、「一般的地域組織化活動」と「福祉組織化活動」という2本の柱をもつとしている。一般的地域組織化活動は、「地域福祉のための基礎的条件としての一般的なコミュニティづくり」のことをいい、福祉組織化活動は、生活困難の当事者及びその同調者や代弁者、そして福祉サービスを提供する機関・団体・施設によって構成される「福祉コミュニティ」づくりのことをいう[7]。

　アメリカのCO理論に基づく地域支援（組織化活動）と、イギリスのコミュニティケアによる個別支援とを一体化させた地域福祉概念を構成し、さらに、住民の主体的で組織的な問題解決プロセスを重視したことが、岡村の理論の特徴である。

④三浦文夫（資源論的アプローチ）

　1976（昭和51）年、全社協は三浦を中心にして在宅福祉サービス研究委員会を組織し、その成果として1979（同54）年に『在宅福祉サービスの戦略』を刊行した。三浦は、1970年代中頃からのいわゆる「福祉見直し」の中で、「貨幣的ニード」から、「非貨幣的ニード」への対応が課題となっていると主張した[8]。すなわち、現金給付では解決することが困難なニーズの充足が社会福祉にとって重要な課題となっているということである。そして、このニーズの変化への対応と高齢化社会の到来という社会福祉の転換のもとで、在宅福祉サービスの推進を具体的な課題とした地域福祉理論を展開した。

⑤永田幹夫（資源論的アプローチ）

　三浦と同じく永田も在宅福祉を中核とした地域福祉理論を展開した。永田は、地域福祉の構成要素として、❶在宅福祉サービス、❷環境改善サービス、❸組織活動を挙げている。このうち、在宅福祉サービスについては、専門的ケアやインフォーマルな在宅ケアを狭義の在宅福祉サービスであるとして、予防的サービス、福祉増進サービス（要援護者に限らない高齢者の社会参加、生きがい対策等）を含むものが広義の在宅福祉サービスとしている[9]。

　三浦や永田による資源論的アプローチに共通することは、在宅福祉サービスを中心とした地域福祉の展開を想定していたことである。牧里は、こうし

たアプローチについて、「地域住民主体の福祉問題解決というよりは、要援護者層に対して社会資源をいかに効果的・効率的に調達・動員するかという点に重心がかけられている」と評し、その課題としては「地域福祉が在宅福祉と同義語のように誤解を招きやすい」ことを指摘した[10]。そうした課題がありながらも、高度経済成長の破綻と低成長、高齢化社会の到来という時代を迎える中で、在宅福祉サービスを軸とした地域福祉を推進していくことが政策上の重要な目標として位置づけられ、1990（平成2）年の福祉関係八法改正へとつながっていくことになった。

⑷　自治型地域福祉論と参加型地域福祉論−1990年代から−

①自治型地域福祉論

　右田紀久恵は、1970年代における地域福祉の概念化から発展させた「自治型地域福祉論」を1990年代に展開した。右田の主張として重要なことは、地域福祉は「単に地域に視点をおいた、地域における福祉ではなく、社会福祉の制度論と方法論の統合がそこにある」[11]ということである。すなわち、「地域福祉は社会福祉の一分野というよりも、あらたな社会福祉である」[12]と主張する。そして、1980年代からの地方分権化、より直接的には1990（平成2）年の福祉関係八法改正という社会状況の変化の中で、自治概念と地域福祉の方法論を接合・展開させることを理論的課題とした。

　さらに、「自治」については、「これまでの行政法分野での住民自治権等と異なるレベルの課題」であって、「生活主体論を原点」として問うことに意義があるとする[13]。そのためには、住民の個のレベルの「内発性」が不可欠となり、地域住民の主体的な参加や公私協働が求められることになる[14]。

②参加型地域福祉論

　右田のいうところの「内発性」と同様の観点である「地域福祉の主体形成」を主軸とした地域福祉論を主張したのが大橋謙策である。大橋は1990年代に「地域福祉とは、自立生活が困難な個人や家族が、地域において自立生活できるようネットワークをつくり、必要なサービスを総合的に提供することであり、そのために必要な物理的、精神的環境醸成を図るため、社会資源の活用、社会福祉制度の確立、福祉教育の展開を統合的に行う活動」[15]と整理した。特に、「地域福祉の主体」を形成するための福祉教育を重視している。福祉関係八法改正によって「地域福祉の計画的な推進の時代」を迎え、地域住民の理解と協力を得ることが社会福祉事業法に規定されたことでより重要になったと述べている。そして、福祉教育の課題として、❶地域福祉計画策定主体の形成、❷地域福祉実践主体の形成、❸社会福祉サービス利用主体の形

成、❹社会保険制度契約主体の形成を挙げている[16]。

　この福祉教育実践には、地域において生涯にわたる総合的統合的な福祉教育の展開が求められる。この考えは、1990年代において、ボランティアや市民活動の動きと連動していくことになる。1992（平成4）年には文部省（現：文部科学省）が生涯学習審議会の答申において、「生涯学習とボランティア活動」の関係の重要性を指摘している。1993（同5）年には厚生省（現：厚生労働省）が、「国民の社会福祉に関する活動への参加の促進を図るための措置に関する基本的な指針（福祉活動参加指針）」を告示している。さらに、1995（同7）年の阪神淡路大震災におけるボランティア活動が、ボランティア活動のイメージを一変させ、「ボランティア元年」と称されるようになった。

　このようにして、参加型地域福祉論が、ボランティア・市民活動論との結びつきを強めることになったことが1990年代の特徴といえる。

⑸　新たな地域福祉理論－2000年以降－

①社会福祉基礎構造改革と地域福祉の主流化

　2000（平成12）年の社会福祉法成立によって様々な変化があった。従来、措置制度のもとにあった福祉サービスの多くが契約による利用制度化された。また、社会福祉法の中で「地域福祉の推進」が明記された。第4条において、地域住民や社会福祉関係者が「地域福祉の推進に努めなければならない」と規定され、「第10章　地域福祉の推進」においては、市町村地域福祉計画（第107条）及び都道府県地域福祉支援計画（第108条）が法定化された。

　武川正吾は、こうした社会福祉の転換に対して、「老人福祉、児童福祉、障害者福祉のような縦割りではなくて、領域横断的な地域福祉の考え方が社会福祉の世界で重視されるようになってくる状況」を「地域福祉の主流化」と呼び、新たな地域福祉の概念構成を示した[17]。地域福祉概念については、その歴史的展開を振り返って、1960〜70年代の「地域組織化」、1980年代の「在宅福祉」、1990年代前半の「住民参加型福祉」に加え、1990年代後半に「利用者主体」が登場し、これら4つの政策理論の累積的複合体として21世紀初頭の地域福祉が成立するとしている[18]。「利用者主体」の意味するところは、利用者がサービス利用の契約の主体となったことと、それによって新たにエンパワメントや権利擁護が課題となったことを挙げている。

　そして、これからの地域福祉の構成要素としては、❶コミュニティ・ソーシャルワーク、❷地域トータルケアシステム、❸住民の主体性・自発性、❹利用者中心・利用者主体性を挙げ、これらを地域福祉計画の策定によって実現していく方向性を示している[19]。

②これからの地域福祉

　2000年代以降の社会状況に目を向けると、依然として進展する少子高齢化とそれに伴う人口減少や地方の過疎化、低経済成長による貧富の差の拡大や巨額の財政赤字、また、1990年代後半から続く社会的排除の問題など、対応が求められる課題が数多く存在している。

　そのような時代における新たな地域福祉について、現在までに十分に体系化された概念化がなされていない状況であるが、野口定久は「これからの地域福祉のかたち」として、地域福祉の政策の2つの視点を示している[20]。一つは、地域コミュニティの視点である。家族が個人化し、生活問題が社会化する傾向が強まる一方で、「国民国家（中央政府）」「市民社会（市場）」による供給システムが破綻をみせている。そこでメゾ領域としての地域コミュニティの再生に向けた取り組みが求められることになる。もう一つは、「国民国家によるナショナル・ミニマム、セーフティネットの基盤形成、と市民社会による役割と参加の場の創出」を挙げている。

　さらにこれからの地域福祉について、「❶グローバリズムとローカリズム*2のなかの地域福祉を問題の生成と解決の文脈で捉える、❷マクロ・メゾ・ミクロレベルで関係性を捉える、❸政府・市場・地域・家族の要素を公助・

*2　グローバニズムとローカリズム
経済、政治、文化などについて、国境を越えて地球規模で拡大させる考え方をグローバニズム、各地域の独自性や自律性を高めようとする考え方をローカリズムという。

図4-1　地域福祉のかたち－政府・市場・地域・家族

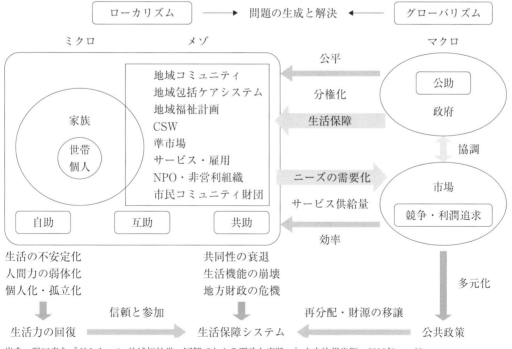

出典：野口定久『ゼミナール 地域福祉学－図解でわかる理論と実践－』中央法規出版　2018年　p.20

共助・互助・自助の役割と相対化してみる」[21] ことを挙げている（図4－1）。

2．地域福祉の理念

　ここでは地域福祉の理念、すなわち地域福祉の根底にある基本的な考え方について述べる。

(1)　共生社会の思想

　近年、社会福祉のみならず教育分野などを含めた社会全体の目標として「共生社会の実現」が主張されている。その根拠となる思想には、ノーマライゼーションやソーシャル・インクルージョンといったものがあり、これらはわが国の地域福祉に影響を与え、現在の地域福祉に関する施策や活動において基盤となる考え方として定着しているといえる。

①ノーマライゼーション

　ノーマライゼーション（normalization）は、1950年代末にデンマークのバンク・ミケルセン（N. E. Bank-Mikkelsem）が知的障害者をもつ親の会の運動に関わる中で提唱し、その理念が盛り込まれた「1959年デンマーク法」が制定されたことで、世界的に注目されるようになった。バンク・ミケルセンは、障害のある人々に対して「ノーマルな人にする」のではなく、「ノーマルな生活条件を提供する」ことを目的とすべきと主張した。

　その影響を受けたスウェーデンのニィリエ（B. Nirje）は、ノーマルな社会生活の条件を❶1日のノーマルなリズム、❷1週間のノーマルなリズム、❸1年間のノーマルなリズム、❹ライフサイクル、❺ノーマルな理解と尊重、❻ノーマルな相互関係、❼一般市民と同じ経済的条件の適用、❽ノーマルな住宅環境の提供という8項目にまとめた。

②ソーシャル・インクルージョン

　ソーシャル・インクルージョン（social inclusion：社会的包摂）は、ソーシャル・エクスクルージョン（social exclusion：社会的排除）に対する政策として登場している。ソーシャル・エクスクルージョンは、1980年代にフランスで使われ始めた言葉である。1970年代のオイルショックを契機として、移民層や若者の長期失業や非正規雇用、ホームレスが拡大したが、彼らは社会保険や社会扶助の恩恵を十分に受けられなかった。そのような、社会制度に組み入れられず、社会の周縁に追いやられているという「新しい貧困」をソーシャル・エクスクルージョンと呼ぶことになった。この概念が同様の社会的状況にあったEU諸国に広まり、それを除去緩和するソーシャル・イン

クルージョンの政策が各国で取り組まれるようになった。

　わが国の社会福祉においてソーシャル・インクルージョンは、2000（平成
12）年の「社会的な援護を要する人々に対する社会福祉のあり方に関する検
討会報告書」において取り上げられ、「今日的な『つながり』の再構築を図り、
全ての人々を孤独や孤立、排除や摩擦から援護し、健康で文化的な生活の実
現につなげるよう、社会の構成員として包み支え合う（ソーシャル・インク
ルージョン）ための社会福祉を模索する必要がある」[22]とした。また、これ
からの社会福祉の対象となる問題を図4－2のように提示し、社会福祉の対
象の拡大を提起した。こうした考えが、のちの地域包括ケアシステムや地域

図4－2　現代社会の社会福祉の諸問題

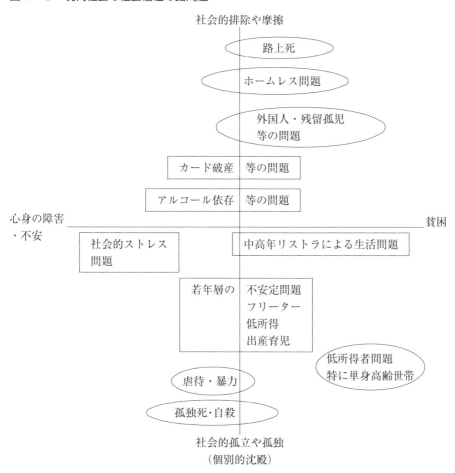

※　横軸は貧困と、心身の障害・不安に基づく問題を示すが、縦軸はこれを現代社会との関連でみた問題
　　性を示したもの。
※　各問題は、相互に関連し合っている。
※　社会的排除や孤立の強いものほど制度からも漏れやすく、福祉的支援が緊急に必要。
資料：厚生労働省「社会的な援護を要する人々に対する社会福祉のあり方に関する検討会」報告書　2000
　　　年

共生社会の実現という政策目標につながっていくことになる。

⑵　バリアフリーとユニバーサルデザイン

　共生社会の思想と関連し、主として物理的環境、社会的環境の面で取り組まれているものがバリアフリーやユニバーサルデザインという理念である。

①バリアフリー

　バリアフリーは、わが国の社会福祉においては1970年代に始まる「福祉のまちづくり」運動とともに全国展開するようになった。

　障害者基本計画（2002［平成14］年12月24日閣議決定）において、バリアフリーは「障害のある人が社会生活をしていく上で障壁（バリア）となるものを除去するという意味で、もともと住宅建築用語で登場し、段差等の物理的障壁の除去をいうことが多いが、より広く障害者の社会参加を困難にしている社会的、制度的、心理的なすべての障壁の除去という意味でも用いられる」[23]と整理されている。

②ユニバーサルデザイン

　障害者基本計画においては、「ユニバーサルデザインの観点から、すべての人にとって生活しやすいまちづくり、ものづくりを推進する」[24]ことも示されており、ユニバーサルデザインについては、「バリアフリーは、障害によりもたらされるバリア（障壁）に対処するとの考え方であるのに対し、ユニバーサルデザインはあらかじめ、障害の有無、年齢、性別、人種等にかかわらず多様な人々が利用しやすいよう都市や生活環境をデザインする考え方」[25]と整理している。

　ユニバーサルデザインは、アメリカ・ノースカロライナ州立大学のロナルド・メイス（Ronald L. Made）によって提唱されたもので、「できるだけ多くの人が利用可能であるように製品、建物、空間をデザインすること」と定義し、そのために、❶公平な利用、❷利用における柔軟性、❸単純で直感的な利用法、❹わかりやすい情報、❺間違いに対する寛大さ、❻軽い身体的負担、❼接近や利用に容易なサイズという7つの原則を挙げている[26]。

③バリアフリーやユニバーサルデザインに関する法制度

　わが国におけるバリアフリーの推進に関する法制度は、1994（平成6）年に建築物に関して「高齢者、身体障害者等が円滑に利用できる特定建築物の建築の促進に関する法律」（ハートビル法）が、2000（同12）年に交通機関や旅客施設等を対象にした「高齢者、身体障害者等の公共交通機関を利用した移動の円滑化の促進に関する法律」（交通バリアフリー法）が制定された。

　2005（平成17）年には国土交通省が「ユニバーサルデザイン政策大綱」を

定め、「今後、身体的状況、年齢、国籍などを問わず、可能な限り全ての人が、人格と個性を尊重され、自由に社会に参画し、いきいきと安全で豊かに暮らせるよう、生活環境や連続した移動環境をハード・ソフトの両面から継続して整備・改善していく」[27] という理念に基づいた政策目標を示した。これに基づき、2006（同18）年に、高齢者、障害者等が自立した日常生活や社会生活を営むことができる生活環境整備をめざして、ハートビル法と交通バリアフリー法を発展的に統合した「高齢者、障害者等の移動等の円滑化の促進に関する法律」（バリアフリー新法）を制定している。

2018（平成30）年には、「ユニバーサル社会の実現に向けた諸施策の総合的かつ一体的な推進に関する法律」（ユニバーサル社会実現推進法）が制定された。この中でユニバーサル社会とは「障害の有無、年齢等にかかわらず、国民一人一人が、社会の対等な構成員として、その尊厳が重んぜられるとともに、社会のあらゆる分野における活動に参画する機会の確保を通じてその能力を十分に発揮し、もって国民一人一人が相互に人格と個性を尊重しつつ支え合いながら共生する社会」（第2条）と定義している。

物理的な障壁の除去という取り組みから始まったバリアフリーは、ユニバーサルデザインという考えを取り入れ、さらにはすべての人が参加し、相互に支え合う共生社会の実現へと発展することになった。

(3)　自立生活とその支援－エンパワメント・権利擁護－

共生社会の実現に向けて、個人の生活という観点から考えると、自立生活の実現ということがキーワードとなる。

①自立生活

2000（平成12）年に制定された社会福祉法では、第3条において、福祉サービスは「個人の尊厳の保持を旨とし、その内容は、福祉サービスの利用者が心身ともに健やかに育成され、又はその有する能力に応じ自立した日常生活を営むことができるように支援するもの」と規定された。

ここでいう「自立」とは何か。古くからある自立の考え方は、「他の力を借りないで生きていくこと」あるいは「ひとり立ちすること」であって、日常生活において必要なことを自分で行うことを意味し、経済的な面で自立することも含まれると解される。しかし、この考え方によると、身辺的な自立が困難な障害者などは自立困難な存在となってしまう。

これに対して、新たな自立観を示したのが自立生活運動であった。自立生活運動は、1960年代のアメリカ・カリフォルニア大学バークレイ校において、障害のある学生の運動から始まった。そこで示された考えは、「人の助けを

借りて15分かかって衣服を着、仕事に出かけられる人間は、自分で衣類を着るのに2時間かかるため家にいるほかはない人間よりも自立している」[28] というものであった。すなわち、他者からの支援を受けながら、社会に参加し、自己実現をめざしていくということを自立として捉えたのである。そして、そのためには自己決定権や自己選択権が確保されていることが要件となる。

　このような自己決定のできる自立した生活を支援することが地域福祉の理念として位置づけられる。そして、そのための視点や方法としてエンパワメントと権利擁護が挙げられる。

②エンパワメント

　エンパワメントは、アメリカにおける1976年のソロモン（B. Solomon）の著書『黒人のエンパワメント』によって重要性が指摘された。援助の対象となる者の病理や弱さの側面を重視する考え方から、対象者の健康や強さの側面を重視する考え方への転換が示されることになった。当事者の主体性を尊重したセルフヘルプグループによる活動実践などもこの考えに基づくものである。こうした人々の主体性や強さを主軸とする考えは、その後にサリービー（D. Saleebey）らが提唱したストレングス・アプローチとともに、ソーシャルワークのアプローチの根幹となっている。地域福祉においては、個人に対するエンパワメントのみならず、地域社会や地域住民のもつ主体性や強さを発見し、それを生かしていくという発想も重要となる。

③権利擁護（アドボカシー）

　近年重視されていることが権利擁護（アドボカシー）である。2000（平成12)年の社会福祉法制定につながる社会福祉基礎構造改革において、福祉サービスの利用が措置制度から契約による利用制度に移行することにともない、特に強調されるようになり、そのための制度化が進められた。具体的には、都道府県社協が実施主体となる日常生活自立支援事業や、民法に規定された成年後見制度である。これらによって、いわゆる「判断能力が十分でない」人々の権利を保障し、自立生活の実現につなげていく。

　このように、エンパワメントや権利擁護のための施策や活動を通して、地域における自立生活を実現していくことが地域福祉の重要な理念である。

(4)　住民参加と公私協働

　地域福祉に関する重要な理念として住民参加や公私協働がある。地域福祉を誰が推進するのかという地域福祉の主体に関する考えである。公的な機関や専門職員が地域福祉を推進するための働きかけや基盤整備を行うが、住民による参加・協力、公私の機関・団体等の連携・協働なくして地域福祉は実

現できない。

①住民参加

　1962（昭和37）年の「社会福祉協議会基本要項」に住民主体の原則が規定されていたように、わが国の地域福祉は、その創生から地域住民が主体であることや住民参加の必要性が強調されていた。現在の社会福祉法においても、第4条第2項において、「地域住民、社会福祉を目的とする事業を経営する者及び社会福祉に関する活動を行う者（以下「地域住民等」という。）」は、「地域福祉の推進に努めなければならない」というように、地域福祉の主体として地域住民が位置づけられている。また、第107条では市町村地域福祉計画に盛り込む事項として「地域福祉に関する活動への住民の参加の促進に関する事項」が含まれており、さらにその策定や変更にあたっては、「地域住民等の意見を反映させる」と規定されている。

　地域福祉において、このように住民参加、あるいは住民主体が求められることについて、次のような目的が挙げられる[29]。

　①　行政サービスが画一的な提供になる性質があり、住民の個別的なニーズに対して効果的な対応をするため。

　②　社会福祉の政策や運営において、専門的・官僚的な権力の行使を抑制するため。

　③　地域における「つながり」の希薄化と表現されるような、地域コミュニティの衰退に対処するため。

　また、住民参加の形態としては、❶援助やサービス提供体制への参加、❷意思決定過程への参加、❸ソーシャルアクションへの参加に分けられる[30]。

　❶については、従来からボランティア活動としての参加があり、また1980年代から拡大してきた住民参加型在宅福祉サービスのように社協等の専門機関が運営する取り組みもある。近年では自助・共助・公助という枠組みにおける共助（地域包括ケアシステムにおける自助・互助・共助・公助という枠組みの場合は互助）として住民参加が推進されている。

　❷について岡村重夫は、地域福祉に関する政策や計画の立案過程に加えて、施策や施設の運営・管理への住民参加の必要性を主張している。また、政策決定への参加については、アーンスタイン（S. R. Arnstein）による「市民参加の梯子」が有名である（図4－3）。これは政策決定に対する住民参加の影響の度合いに従って分類したものである。当然、「実質的な民意無視」や「形式だけの参加」ではなく、住民の意思が反映されるような「住民の権利としての参加」が期待される。

　こうした観点での参加について、現在では地域福祉計画の策定過程におい

図4-3　市民参加の梯子

8	住民主導	住民の権利としての参加
7	部分的な権限委任	
6	官民の共同作業	
5	形式的な参加機会拡大	形式だけの参加
4	形式的な意見聴取	
3	一方的な情報提供	
2	不満をそらす操作	実質的な民意無視
1	世論操作	

出典：岩間伸之・原田正樹『地域福祉援助をつかむ』有斐閣　2012年　p.179
　　　（原典：Arnstein's Ladder of Citizen Participation. Source: "A Ladder of Citizen Participation," by S. Arnstein, 1969. Journal of the American Institute of Planners, 35(4), p.217.）

て、その策定委員会等の審議過程への参加や地域アセスメント過程における住民懇談会等への参加などが具体的な形として実施されている。なお、政策や計画への参加のことを「参画」と表現することも多い。

❸については、地域福祉における住民参加の一形態として含めるかどうかは議論が分かれるかもしれないが、地域住民が抱える個別的または集団的なニーズに対して、制度の改廃や創設、新たな資源の開発などを議会や行政機関に働きかけを行うソーシャルアクションもときとして必要となる。

②公私協働

公私協働は、文脈によってその範囲などが異なり、住民参加を強調した議論もあるが、ここでは地域に存在する公私の機関・団体の参加・協力や役割分担を主として解説する。

わが国の社会福祉は、戦後、憲法第89条において「公私分離の原則」が規定されたことによって、国や地方公共団体が責任を持ち、その財源および規制・統制によって実施されてきたという経緯がある。社協がその創設から、公私関係者の参加・協力を得て、住民の福祉の増進を目的とした活動を行ってきたが、公的責任の補完・代替という機能・役割にとどまっていたと捉えるのが現実的な認識である。それが社会福祉基礎構造改革以降、介護保険制度において民間の営利・非営利の団体がサービス供給主体に位置づけられ、さらに、地域福祉計画の策定、地域包括ケアシステムの構築という、地域における総合的な福祉の推進という動きの中で、「私」（民間団体）の参加・参

画が実質的なものになってきている。

　また、行政のあり方が問われるようになっている。経済財政諮問会議による「今後の経済財政運営及び経済社会の構造改革に関する基本方針」(2001[平成13]年6月26日閣議決定)において、「新たな行政手法として、ニューパブリックマネージメント*3が世界的に大きな流れとなっている。これは、公共部門においても企業経営的な手法を導入し、より効率的で質の高い行政サービスの提供を目指すという革新的な行政運営の考え方である」[31]とし、「民間でできることは、できるだけ民間に委ねる」という原則のもとに、民営化、民間委託、PFI*4の活用、独立行政法人化等の方策の活用に関する検討を進めることが示され、現在においてもその方針が継続されている。

　このような新たな公私関係のもとにおいて、行政が果たしていかなければならない公的役割は、❶調整者(コーディネーター):サービス供給の諸機関の連携・協働のための調整役、❷条件整備者(イネイブラー):利用者の参加や民間部門による供給を可能にさせるための条件整備、❸供給者(プロバイダー):福祉サービスの供給である[32]。このうち❸の役割については、民間部門の役割が拡大し、行政の役割としては後退することになるといえるが、過疎地域のような民間部門によるサービス供給が未発達な場合などにおいて引き続き重要となる。

　公私協働は、地域福祉の基本的な考え方において当然に必要とされるものとして従来から主張されながらも、長きにわたって十分に実質化していかなかった。しかし、今日における地域包括ケアシステムの創設や地域共生社会の実現という目標と、行政の効率化という社会的な要請とが結びつき、今後ますますその展開が期待されている。

3．地域福祉の展開

　本節では、社会福祉基礎構造改革以後の地域福祉の展開について概説する。

⑴ 「社会的な援護を要する人々に対する社会福祉のあり方に関する検討会」報告書

　社会福祉法が2000(平成12)年6月に施行されたのち、厚生省の求めに応じて同年7月に「社会的な援護を要する人々に対する社会福祉のあり方に関する検討会」が設置され、同年12月に報告書が公表された。報告書では、社会福祉法改正は「地域社会における『つながり』を再構築するための改正」であったと評し、イギリスやフランスにおいてソーシャル・インクルージョ

*3　ニューパブリックマネージメント(New Public Management：NPM)
公共部門に民間企業において行われているような経営手法を取り入れることで効率的で質の高い公共サービスを提供しようという概念である。競争原理の導入、業績に基づく成果主義、顧客主義への転換などの特徴がある。

*4　PFI(Private Finance Initiative)
公共施設等の建設、維持管理、運営等を民間の資金、経営能力及び技術的能力を活用して行う手法である。それにより、国や地方公共団体の事業コストの削減や、より質の高い公共サービスの提供を実現しようとする。

ンが政策目標になっていることと同様の歩みであると捉えている。そして、「今日的な『つながり』の再構築」に向けた新たな福祉課題への対応の理念として、❶新たな「公」*5の創造、❷問題の発見把握それ自体の重視、❸問題把握から解決までの連携と統合的アプローチ、❹基本的人権に基づいたセーフティネットの確立を挙げている。特に❶については、「地域福祉計画の策定、運用に向けて、住民の幅広い参画を得て『支え合う社会』の実現を図る」ことを地方自治体に求めた。

＊5 新たな「公」
行政だけでなく、NPO、ボランティア、自治会などの地域社会における多様な主体が参加、連携して、公共サービスの運営や提供を担うべきという考え方。「新しい公共」ともいう。

(2) 地域福祉計画策定の具体化と地方分権化の進展

　2000（平成12）年に成立した社会福祉法において、地域福祉計画（市町村地域福祉計画および都道府県地域福祉支援計画）に関する規定は2003（同15）年4月から施行された。施行されるまでの間に、地域福祉計画の内容や策定過程を具体化する取り組みが進められた。2001（同13）年9月に全社協が「地域福祉計画に関する調査研究結果」を、2002（同14）年1月には社会保障審議会が「市町村地域福祉計画及び都道府県地域福祉支援計画策定指針の在り方について（一人ひとりの地域住民への訴え）」を公表している。

　地域福祉計画の策定に関わる別の流れとして、地方分権化の進展が挙げられる。1995（平成7）年の地方分権推進法の制定に始まり、1999（同11）年には地方分権一括法が制定された。これを踏まえ、2001（同13）年に成立した小泉内閣は、「聖域なき構造改革」の一環として、いわゆる「三位一体の改革」を進めた。その結果、国庫補助・負担金の廃止・縮小、地方交付税交付金の削減、国から地方への税源移譲がなされることになった。それにともない、地方自治体の財政力強化などを目的とする市町村合併の動きが加速し、いわゆる「平成の市町村合併」が全国的に進められた。そのため、地域福祉計画の策定は合併の後回しにされることが多く、2005（同17）年4月1日時点において、計画が策定済みの市町村は14％に過ぎなかった。しかし、合併の動きがピークを過ぎた2006（同18）年以降から各自治体において地域福祉計画の策定が着実に進み、2020（令和2）年4月1日時点において、市町村（特別区含む）の80.7％が市町村地域福祉計画を策定済みで、都道府県地域福祉支援計画においては全47都道府県で策定済みとなっている[33]。

(3) 各分野の地域福祉的展開

　2000年代には高齢者や障害者といった対象分野別に制度改革が進められ、その中で地域福祉的な展開がみられた。

　高齢者分野においては、2000（平成12）年から介護保険法が施行され、市

町村が保険者となって運営や財政責任を担う体制が構築された。そして、介護サービスの供給に多様な主体が参入し、ケアマネジメントによる利用が一般化していった。2003（同15）年には、高齢者介護研究会（厚生労働省老健局長の私的検討会）の報告書「2015年の高齢者介護〜高齢者の尊厳を支えるケアの確立に向けて〜」が公表され、「地域包括ケアシステムの確立」について明記された。「地域包括ケアシステム」という用語が政府関連文書として用いられたのはこれが初めてであった[34]。2005（同17）年の介護保険法改正では、地域包括ケアシステムを支える地域の中核機関として地域包括支援センターの設置が進められることになった。

　障害者福祉の分野では、利用者が自らのサービスを選択することを可能とする支援費制度を経て、2005（平成17）年には障害者自立支援法（現：障害者の日常生活及び社会生活を総合的に支援するための法律［障害者総合支援法］）が制定された。障害の種別にかかわらず、一元的に福祉サービスを利用できる仕組みが構築された。また、都道府県や市町村において、福祉、保健・医療、教育、労働など地域の関係者から構成される「自立支援協議会」[*6]を設置するなど、障害者の相談支援体制の整備が図られることになった。

　児童福祉においては、2005（平成17）年に、子育てに関する情報提供や助言を行う子育て支援事業が児童福祉法に位置づけられ、市町村の努力義務が規定された。また、児童虐待の防止・対策として、地方公共団体において、児童虐待を受けた児童等の状況の把握や情報交換を行うため、関係機関を構成員とする要保護児童対策地域協議会[*7]が設置できるようになった。

(4)　「これからの地域福祉のあり方に関する研究会」報告書

　2007（平成19）年10月に、厚生労働省の求めに応じて「これからの地域福祉のあり方に関する研究会」が設置され、2008（同20）年3月に報告書が公表された。その背景として次のことを挙げている[35]。

○公的な福祉サービスは分野ごとに発展してきたが、制度の谷間にあって対応できない問題があるほか、住民の多様なニーズについて、全て公的な福祉サービスで対応することは不可能であり、また、適切でないことも明らかになってきている。
○例えば、一つの世帯で要介護の親と障害をもつ子がいるなどの複合的な事例や、ホームレスなど社会的排除の対象になりやすい者の存在もあり、従来の公的な福祉サービスが十分に対応できていない問題もある。
○専門的な対応を必要とする問題が近隣住民によって発見されても、それが行政や専門機関につなげられず、結果として対応が遅れてしまうという、制度へのアクセスの問題もある。
○地域社会の変容や住民意識の変化が進む一方で、終戦後のベビーブームに生まれた世代（いわゆる「団塊の世代」）が退職年齢に達し、職域を生活の中心として

*6　自立支援協議会
地域の関係者が集まり、個別の相談支援事例を通じて明らかになった地域の課題を共有し、その課題を踏まえて地域のサービス基盤の整備を進めるワク割を担う。地方公共団体に設置の努力義務がある。

*7　要保護児童対策地域協議会
要保護児童の早期発見や適切な保護を行うため、関係機関が連携し、児童虐待等の対応を図る組織。現在は設置が努力義務となっている。

いた多くの人々が新たに地域の一員として入ってくる。こうした人々を始めとして、住民が地域での活動を通じて自己実現をしたいというニーズは高まってきている。住民が主体的に福祉に参加することで、住み慣れた地域でこれまでの社会的関係を維持しながら、生きがいや社会的役割をもつことができ、より豊かな生活につながることが期待される。

そして、今後のわが国における福祉のあり方について、「公的な福祉サービスの充実整備を図るとともに、地域における身近な生活課題に対応する、新しい地域での支え合いを進めるための地域福祉のあり方を検討することが緊要な課題」であるとして、地域福祉に関する現状分析と、地域福祉を推進するために必要な条件とその整備方策について、詳細に報告している。

(5)　地域包括ケアシステムの推進

地域包括ケアシステムの推進に関しては、厚生労働省の老人保健健康増進等事業に基づいて有識者によって設置された「地域包括ケア研究会」による報告書が、2009（平成21）年を皮切りに度々公表されている。その中で、地域包括ケアシステムの定義や構成要素、現状と課題、改革の方向性などが示された。そして、それに沿うように介護保険法等が度々改正された。詳細については第12章で述べることになるが、サービスを提供する場としての「日常生活圏域」「自助・互助・共助・公助」という枠組み、個別支援から地域支援につなげる「地域ケア会議」「生活支援コーディネーター」の配置と「協議体」設置を行う「生活支援体制整備事業」など、地域包括ケアのための「システム」が着々と創設されていった。

しかしながら、地域包括ケアシステムの対象は高齢者であって、全世代、すべての人を対象とするという意味での「包括」ケアについては、少なくとも法制度上は実現できていない状況が続いた。

(6)　「地域共生社会」の実現に向けて

対象を高齢者に限定しない包括的な支援体制については、まずは、様々な困難の中で生活に困窮している方に包括的な支援を行う「生活困窮者自立支援制度」が2015（平成27）年に創設された。

さらに、厚生労働省の「新たな福祉サービスのシステム等のあり方検討プロジェクトチーム」は、2015（平成27）年に「誰もが支え合う地域の構築に向けた福祉サービスの実現―新たな時代に対応した福祉の提供ビジョン―」を発表した。その中で、「高齢者、障害者、児童、生活困窮者といった別なく、地域に暮らす住民誰もがその人の状況に合った支援が受けられるという新し

い地域包括支援体制を構築していく」[36] ことを主張している。すなわち、地域包括ケアシステムを全世代・全対象型地域包括支援に拡大することを提唱している。

　その後の「ニッポン一億総活躍プラン」(2016 [平成28] 年6月2日閣議決定) や、「『地域共生社会』の実現に向けて（当面の改革工程)」(2017 [同29] 年2月7日厚生労働省「我が事・丸ごと」地域共生社会実現本部決定）においても同様の方向性が示され、新たに「地域共生社会」という言葉で実現すべき目標が定められた。

　「地域共生社会」の実現という政策目標は新しいものであるが、その考え方は、本章において述べてきた地域福祉の概念や基本理念に合致するものであり、やっと現実化が近づいたということもできるし、あるいは、これからが地域福祉の実質的なスタートであるともいえる[*8]。

*8
地域包括ケアシステムや地域共生社会等については、第12章参照。

【引用文献】
1) 牧里毎治「地域福祉の概念（1）─構造的概念」阿部志郎・右田紀久恵・永田幹夫他編『地域福祉教室─その理論・実践・運営を考える─』有斐閣　1984年　p.60
2) 牧里毎治「地域福祉の概念（2）─機能的概念」阿部志郎・右田紀久恵・永田幹夫他編『地域福祉教室─その理論・実践・運営を考える─』有斐閣　1984年　p.64
3) 右田紀久恵『社会福祉研究選書② 自治型地域福祉の理論』ミネルヴァ書房　2005年　p.64（初出：住谷磐・右田紀久恵編『現代の地域福祉』法律文化社　1973年）
4) 真田是『地域福祉と社会福祉協議会』かもがわ出版　1997年　pp.47−48の内容を要約
5) 同上書　p.59
6) 岡村重夫『地域福祉論［新装版］』光生館　2009年　pp.62−63（初出：岡村重夫『社会福祉選書① 地域福祉論』光生館　1974年）
7) 同上書　pp.68−71
8) 三浦文夫「社会福祉の転換と地域福祉」阿部志郎・右田紀久恵・永田幹夫他編『地域福祉教室─その理論・実践・運営を考える─』有斐閣　1984年　pp.28−29
9) 永田幹夫『地域福祉論［改訂二版]』全国社会福祉協議会　2000年　p.59
10) 前掲書2）　p.66
11) 右田紀久恵『社会福祉研究選書② 自治型地域福祉の理論』ミネルヴァ書房　2005年　p.7（初出：右田紀久恵編『自治型地域福祉の展開』法律文化社　1993年）
12) 同上書　p.7
13) 同上書　p.7
14) 同上書　pp.17−20
15) 大橋謙策『地域福祉』放送大学教育振興会　1999年　p.33
16) 同上書　pp.99−104
17) 武川正吾『地域福祉の主流化─福祉国家と市民社会Ⅲ─』法律文化社　2006年　p.2
18) 同上書　pp.26−29
19) 同上書　p.75
20) 野口定久『ゼミナール 地域福祉学─図解でわかる理論と実践─』中央法規出版　2018年　p.21

21）同上書　p.21
22）厚生労働省「『社会的な援護を要する人々に対する社会福祉のあり方に関する検討会』報告書」2000年
　　https://www.mhlw.go.jp/www 1 /shingi/s0012/s1208－2_16.html
23）内閣府「障害者基本計画」2002年　p.37
　　https://www8.cao.go.jp/shougai/suishin/kihonkeikaku.pdf
24）同上書　p.3
25）同上書　p.37
26）市川熹・手嶋教之『知の科学　福祉と情報技術』オーム社　2006年　p.111
27）国土交通省「ユニバーサルデザイン政策大綱」2005年　p.7
　　https://www.mlit.go.jp/kisha/kisha05/01/010711/01.pdf
28）定藤丈弘・岡本栄一・北野誠一編『自立生活の思想と展望―福祉のまちづくりと新しい地域福祉の創造をめざして―』ミネルヴァ書房　1993年　p.8
29）中野いく子「住民参加」阿部志郎・右田紀久恵・永田幹夫他編『地域福祉教室―その理論・実践・運営を考える―』有斐閣　1984年　p.97の内容を要約し現代的な表現に改変
30）同上書　p.98　❸については「特殊なニード及びサービスの欠陥を公にし、訴える圧力団体の形での参加」を「ソーシャルアクション」に言い換えた。
31）経済財政諮問会議「今後の経済財政運営及び経済社会の構造改革に関する基本方針」2001年
　　https://www.kantei.go.jp/jp/kakugikettei/2001/honebuto/0626keizaizaisei－ho.html
32）前掲書17）　pp.162－163の内容を要約
33）厚生労働省「市町村地域福祉計画策定状況等の調査結果概要（令和2年4月1日時点）」
　　https://www.mhlw.go.jp/content/000756707.pdf
34）二木立『地域包括ケアと福祉改革』勁草書房　2017年　p.17
35）厚生労働省「これからの地域福祉のあり方に関する研究会報告書（地域における「新たな支え合い」を求めて―住民と行政の協働による新しい福祉―）」2008年
　　https://www.mhlw.go.jp/shingi/2008/03/s0331－7 a.html
36）厚生労働省「誰もが支え合う地域の構築に向けた福祉サービスの実現―新たな時代に対応した福祉の提供ビジョン―」2015年

【参考文献】
・阿部志郎・右田紀久恵・永田幹夫他編『地域福祉教室―その理論・実践・運営を考える―』有斐閣　1984年
・三浦文夫『増補　社会福祉政策研究―社会福祉経営論ノート―』全国社会福祉協議会　1987年
・大橋謙策『地域福祉』放送大学教育振興会　1999年
・岩間伸之・原田正樹『地域福祉援助をつかむ』有斐閣　2012年
・岩田正美「社会統合の促進」岡本民夫・田端光美・濱野一郎他編『エンサイクロペディア社会福祉学』中央法規出版　2007年　pp.436－439
・髙橋儀平「福祉とまちづくり」岡本民夫・田端光美・濱野一郎他編『エンサイクロペディア社会福祉学』中央法規出版　2007年　pp.140－141
・佐藤久夫・小澤温『障害者福祉の世界［第5版］』有斐閣　2016年

第5章

イギリス・アメリカにおける
地域福祉の発達過程

● 本章のねらい

> 日本における地域福祉の成立・発達は、諸外国における実践からの影響を多分に受けている。まずは諸外国における地域社会を基盤とした諸実践やサービスがどのような背景で何を目的として、どのような実践・サービスを展開したのかについて理解することは、日本の地域福祉を理解する上でも重要である。具体的にはイギリスにおける慈善組織協会、セツルメント運動、コミュニティケア、ソーシャル・インクルージョン、アメリカにおける慈善組織運動、自立生活運動、セツルメント運動、そしてコミュニティ・オーガニゼーションという諸実践に加え、北欧のノーマライゼーションやアメリカの自立生活運動が挙げられる。これらは、地域福祉のみならず社会福祉を支える実践・思想であるため、理解しておくことが必要である。

● プロローグ

　日本が近代化をめざす中で、戦前の地域社会を基盤とした福祉諸実践は、イギリスやアメリカにおける慈善組織協会やセツルメント運動の影響を受けつつも独自に発展したものである。

　そして、わが国において「地域福祉」という概念が登場してくるのは1970年代であるとされている。この概念の形成にはイギリスの当時の最先端の実践であるコミュニティケアから学び[1]、日本で今日、地域福祉推進の第一線の機関である社会福祉協議会もアメリカの実践であるコミュニティ・オーガニゼーションと深い関係を有している[2]。また近年、地域福祉の新たな対象としてその問題の解決が迫られている高齢者の孤立死やホームレスの問題を社会的排除の問題として位置づける発想もイギリスにおけるソーシャル・インクルージョンの考え方の影響を受けている[3]。

　つまり、イギリスとアメリカの福祉実践とのつながりが、今日の日本の地域福祉のあり方の祖型となっているのである。そこでこれらの海外の諸実践を理解することが日本における地域福祉を理解する上で重要である。

1．イギリスにおける地域福祉の源泉とその発達過程

⑴ イギリスの慈善組織協会

①産業革命の功罪と慈善事業

　イギリスの産業革命期に該当する18世紀後半〜19世紀半ばの状況は、産業革命によってマニュファクチュア（工場制手工業）から工場制機械工業への生産手段の変化を経験する時期であった。17世紀前半〜18世紀半ばに台頭した市民階級が産業資本家に変化するとともに、マニュファクチュアで雇用されていた手工業者が賃金労働者に変化する中で、賃金労働者は低賃金と長時間労働を強いられ、貧民に転落する危機を常にはらんでいたといえる。

　貧民に転落した人々は、地域社会から切り離された人々であり、中世封建社会の時代（11世紀〜16世紀半ば）にみられた地域共同体や封建領主による庇護を期待することもできない上に、マルサス（T.M. Malthus）の『人口論』を理論的根拠とした新救貧法（1834年）では、劣等処遇の原則*1や労役場*2での強制労働といった制限的な救済しか行われていなかった。そのような状況下において急速に発展するのが慈善事業である。その先駆的実践として、チャルマーズ（T. Chalmers）の隣友運動が挙げられる。スコットランドの牧師であったチャルマーズは、教会区での宗教活動を通じて「地域の理論」を定式化した。すなわち地域に存在する問題を解決する潜在的能力としての「自然的資源」、具体的には住民自身の慣習と節約、血縁関係者による援助、富裕者の貧困者に対する同情、貧困者相互の同情の重要性を主張している[4]。

②慈善組織教会

　以上のような地域社会における問題解決に学びつつ本格的にその先鞭をつけたものが慈善組織協会（Charity Organization Society：COS）である。

　地域社会の問題状況に呼応する形で発展した慈善事業は、中産階級が宗教的動機などに基づいて行われる救済活動であり、個々人の動機にしたがって無原則な救済活動が行われていた。そのような活動の規模や多様化の進展とともに活動を基礎づける普遍的ないし一貫した原理が欠如したことによって、濫救や漏救等の問題も生じてきたのである。結果、上記の弊害の解決を目的として、1869年に「慈善事業の組織化並びに乞食防止を目的とする協会」が組織され、翌年、慈善組織協会へと改称された。

　慈善組織協会を主導したロック（C.S. Lock.）は「慈善の五大原則」を提唱した。これは、貧困を個人の生活や習慣の問題として捉える自由主義的・

*1
救貧法による救済対象となる貧民の生活は、労働し自活する最下層の労働者の生活水準より、低いものでなければならないとする原則。救済対象となる貧民の数を制限する意図があった。

*2
貧民の収容施設の一つ。そこでは過酷な生活と労働が強いられていた。救済が労役場による院内救済に限定されていたため、貧民の救援を抑制する効果があったとされる。

道徳主義的貧困観に立脚しており、「救済に値する貧民」と「救済に値しない貧民」に峻別して、「救済に値する貧民」のみの救済に限定するものであった[5]。しかし一方で、ケーススタディの重視という、後にケースワークに発展する有用な要件も含んでおり、地域社会の社会資源の組織化を行った同協会の設立の意義とあわせて地域福祉のみならず、社会福祉の発展においても重要な役割を果たした。

(2)　イギリスのセツルメント運動

　慈善組織協会とともに地域福祉の源泉として重要な位置を占めるものが、セツルメント運動（Settlement Movement）である。セツルメント運動とは、「知識と人格を備えた人が、貧困者とともにスラムに住み、人格的接触を通じて福祉の向上を図る」[6]ことであるとされる。19世紀後半、オックスフォード大学の卒業生であったデニソン（E. Denison）の実践がその起源であるとされ、バーネット（S. Barnett）やその影響を受けたトインビー（A. Toynbee）によって発展した。トインビーの死後、オックスフォード大学やケンブリッジ大学の関係者によって1884年に設立されたトインビーホールは、セツルメント運動の実践拠点となり、その後、この運動はイギリス全土のみならず世界的に影響力を有する活動となっていくのである。

　トインビーホールでは、❶労働者や児童のための教育事業、❷住民の環境の改善と生活を向上させるための諸事業、❸協同組合や労働組合の支援・協力など地域住民の組織化、❹地方自治に住民に代わって参加し利益を確保するための活動、❺社会調査とそれに基づく社会改良の世論喚起などが行われていた[7]。セツルメントでは、❶や❷を実践するにあたってグループ活動を重視しており、それが今日のグループワークの起源とされる。一方で、❸や❹、そして❺では、地域社会や住民を視野に入れ、その組織化や生活改善のための行政への働きかけ、さらには住民の生活上の困難の把握など、地域福祉で重要視されている要素も包含されていた。そのような意味で、セツルメントは地域福祉の源流として重要な実践の一つである。

(3)　コミュニティケア

①コミュニティケアの提唱
　イギリスでは、1942年の「社会保険及び関連サービス」（ベヴァリッジ［Beveridge］報告）に基づいて、戦後、世界初の福祉国家体制を完成させることになる。ベヴァリッジ報告では、包括的保健サービス、児童手当と完全雇用を基礎として、ナショナルミニマム（国民的最低限）の保障を実現す

るため均一拠出均一給付を原則とし、社会保険によって国民の生活保障を意図したものであり、戦後、その実現に向けて関連制度が整備されていった。

コミュニティケア（Community Care）という考え方が注目を集めるのは、1968年の「地方自治体と社会サービス」（シーボーム［Seebohm］報告）である。そこではコミュニティを基盤とし、主として家族支援機能を地方自治体社会サービス部の責任で包括的に実施することが明確にされた。そして1970年の地方自治体社会サービス法以降、実施体制は順次、整備された。

コミュニティケアという考え方そのものは、1920年代から精神障害者、知的障害者の分野では認知され、1957年の「精神障害者及び知的障害者に関する王立委員会」において従来の施設ケアから地域社会を基盤としたケアへの移行が提唱されていた。しかし、この概念が台頭する背景には、地方自治体行政のあり方という行政上の問題に加え、公共財政支出の削減という財政上の問題があった。すなわち当時のイギリスでは、一家族の問題への対応が各部局で分散して行われており、一方で失業や高齢化による社会サービス需要が増大する中で、サービスの総合的・効率的運用に迫られたのである[8]。

②ウェルフェンデン報告

その後、イギリスではコミュニティケアの考え方のもとにサービス体制の整備と推進を図ることになるが、特にケア費用の財源問題に関わって福祉サービスの供給体制、つまり誰が福祉サービスの提供を担うのかといった問題に直面していく。1978年の「ボランタリー組織の将来」（ウェルフェンデン［Welfenden］報告）は、インフォーマル部門、ボランタリー部門、法定（公的）部門、営利部門の4つの供給システムを提示し、この中で特にボランタリー部門の重要性が強調されている[9]。このような福祉サービスの供給体制を「福祉多元主義」と呼ぶ。そこでは、公的部門の役割は尊重されるものの、高コスト、大規模なサービス供給、民主的コントロールの困難性を抱えると指摘している[10]。一方で、ボランタリー部門の意義として、❶実際の供給を拡大すること、❷行政サービスの質を改善すること、❸国家によって共有されない、あるいは少ししか共有されないサービスを共有することにあるとしている[11]。しかしながらウェルフェンデン報告が意図したボランタリー部門による多元化の方向ではなく、商業化と分権化に向かうことになった[12]。

③バークレイ報告

一方で、地方自治体の再編や地方自治体社会サービス部とソーシャルワーカーの構造的矛盾[*3]、さらには不況による自治体財源の悪化は、その推進の大きな障壁となっていく。そのような状況下において、1982年に「ソーシャルワーカー－その役割と任務」（バークレイ［Barclay］報告）が公表される。

*3
ソーシャルワーカーは、サービス利用者の支援に際して、状況に応じた判断を求められるが、一方で地方自治体サービス部における運営管理がソーシャルワーカーの支援を統制する、という問題を引き起こしていた。

バークレイ報告では、ソーシャルワーカーの役割と任務を社会的ケア計画とカウンセリングの双方の統合的な遂行であるとし、社会的ケアのインフォーマルなネットワークの開発やそれとの連携に積極的に取り組む、コミュニティ・ソーシャルワーカーの考え方が提示された[13]。

④グリフィス報告

1979年〜1990年まで続くサッチャー（M.H. Thatcher）政権下において、福祉国家のあり方を見直しつつ「小さな政府」をめざす方向性が明確となり、特にコミュニティケアの財源やその使途、さらに民営化の問題に焦点化することになる。1988年に公表された「コミュニティケア－行動のための指針（グリフィス［Griffiths］報告）では、❶中央政府は財政的な責任を負う、❷地方自治体社会サービス部は、コミュニティケアの主たる役割を担うものとして位置づけ、❸ケアは利用者の選択を重視し公的部門、民間部門、インフォーマル部門によって提供されることを提案した。この提案を受けて、1989年に「人々のケア－次の10年およびそれ以降におけるコミュニティケア」が公表され、1990年に「国民保健サービス及びコミュニティケア法」が成立した。そこでは、コミュニティケア計画、ニーズ・アセスメントとケアマネジメント、サービスの購入者と提供者の分離、監査、苦情処理手続、政府から自治体への財源移管を柱として整備が進められたのである[14]。

イギリスにおけるコミュニティケアは、その時々の時代状況により様々な制度改変を経験し、今日に至っている。とはいえ地方自治体の組織を包括的に再編し、コミュニティを基盤として総合的・効果的にサービスを提供すること、その際に行政サービスのみならず市民参加による支援も積極的に活用することによって、「老齢、精神病、精神障害者及び身体的・感覚的障害という問題の影響を被っている人々が、自分の家、もしくはコミュニティの中の家族的な環境において可能な限り自立した生活を送るために必要としているサービスと支援を提供する」[15] というコミュニティケアの基本的な考え方は、日本における地域福祉の成立と発展に大きな影響を与えるものとなった。

2．アメリカにおける地域福祉の源泉とその発達過程

(1)　アメリカの慈善組織運動

19世紀半ば〜20世紀の初頭にかけてアメリカは、世界史上に類のない生産設備とそれに伴う産出高のめざましい拡大を経験した。それは、国家の富を増大させ、国民の生活水準を引き上げるとともに、その労働力確保としての

移民も増大し、結果、都市化を進める要因となった。一方で、不健康で長時間に及ぶ労働条件と低賃金は、都市に多くの貧民を生み出した。しかしスペンサー（H. Spencer）などの社会ダーウィン主義、自由放任主義の経済と生存競争および適者生存を旨とする思想が盛隆をみる中で、当時の公的救済は著しく制限され、その救済の主体は慈善団体にゆだねられ、多くの団体がその支援を担うこととなった。

　アメリカで初めて慈善団体の組織化が試みられるのは、1877年にニューヨーク州バッファローに設立された慈善組織協会であるとされる。この協会は、イギリスにおける慈善組織協会を手本として、ガーティン（S.H. Gurteen）によって設立された。その役割の一つは、地域の中で活動するあらゆる慈善団体の情報交換機関として機能し、救済申請者の登録簿や援助に関する詳細な記録を保管し、援助可能で価値のある貧民の送致を行うことであった。

　また、もう一つの役割として、貧困を処理するないし、処理するにあたっての建設的な方法を構築することが挙げられる。具体的には窮乏の原因を診断するため友愛訪問員が、それぞれのケースを調査することによって貧困の解決を試みている[16]。これが後にボルチモアやフィラデルフィアの慈善組織協会に籍を置いていたリッチモンド（M. Richmond）によって、ケースワークとしてはじめて体系化されたのである。また、慈善組織運動が実施した地域社会における諸機関の連絡・調整は、後述するコミュニティ・オーガニゼーションにつながるのである。

(2)　アメリカのセツルメント運動

　慈善組織運動が盛隆を迎える一方で、アメリカの都市における貧困問題、とりわけスラムの問題の深刻化は、イギリスで取り組まれてきたセツルメント運動の移入へと結びついていく。最初のセツルメントであるネイバーフッド・ギルド（Neighborhood Guild）は1886年にコイト（S. Coit）によってニューヨークに設立された。またその3年後の1889年には、アダムズ（J. Addams）とスター（E.G. Starr）によってシカゴにハル・ハウス（Hull House）が設立され、以後、この運動はアメリカ全土に拡大する。

　セツルメントでは、特定の地域に居住する人々およびそこに存在する諸施設のうちに、有機的な地域社会を創造するという目的を掲げ、住み込み（Resident）、調査（Research）、改良（Reform）の3つのRに基づいて実践を推進した[17]。具体的には、クラブ組織によるグループ活動、教育活動、保育事業、調査とその結果に基づいた環境改善活動、労働組合結成の支援であるが、そのうちグループ活動実践の中で発展した諸技術が後にグループ

ワークとして体系化されることになる。また調査活動では、社会改良的な意図をもとに貧困に関する調査が行われ、その後、デューイ（J. Dewey）らの提唱したプラグマティズム*4やシカゴ学派*5と呼ばれていた都市社会学者の影響を受けて社会科学的性格を強めつつ、家計調査や地域調査に分化してさらに発展した。

　この諸実践は、特に戦前における日本の地域福祉実践の源流の一つであるセツルメントに大きな影響を与えることになる。

(3)　コミュニティ・オーガニゼーション

　慈善組織運動はその後、ケースワークの推進に傾斜していく中で、次第に連絡調整機能を果たせなくなっていった。そのため、各種社会資源との連絡調整機能、募金や事業についての敵対・競合の防止を目的とした組織が1909年〜1917年にかけて各地に誕生することになる。その最初のものが1909年にピッツバーグに設立された慈善事業組織連合会で、社会福祉協議会の原型である。また、あわせて共同募金もこの時期に誕生している。共同募金は1913年にクリーブランドの慈善博愛連盟の実践が起源とされている。この誕生の背景には、寄付金の合理的配分という目的があった[18]。各種慈善事業団体や施設がそれぞれ別個に行い、寄付者は寄付を受ける団体や施設、その使途については知らされていなかったためである。

　1929年に発生した世界大恐慌は、都市と農村に未曾有の失業と貧困を生み出し、その対策に迫られた政府はルーズヴェルト（F.D. Roosevelt）の指揮のもと、ニューディール政策の実施や1935年には社会保障法を成立させ、結果、社会福祉の公的支援の拡大へと結びついていくことになる。

　一方で都市における地域問題や社会保障法の恩恵に与ることのできなかった農村の問題解決に向けて、住民各階層の参加を得て、その解決や緩和をめざすアプローチとして、コミュニティ・オーガニゼーション（Community Organization：以下「CO」）の確立と実践が進められることになる。

①資源調整説

　COの最初の定式化が1939年の「レイン（Lane）報告」である。レイン報告では、社会福祉の資源と社会福祉のニーズの調整を行い、保持すること、すなわちニーズ資源調整説が提唱された。❶ニーズの発見と規定、❷社会的困窮と無力の解消と予防、❸資源とニーズの結合や変化するニーズをよりよく充足するための資源の再調整を内容としている。

②インターグループ・ワーク説

　また1947年にはニューステッター（W.L. Newstetter）による「インター

＊4
イギリス経験論の伝統を継承し、アメリカにおいて発展した、経験を重視する思想の一つ。すなわち、経験を人間と環境の相互過程と位置づけ、この経験過程から精神、意識、理性、自我が形成されるとしている。ハル・ハウスでは、デューイやミード（G. Mead）など、プラグマティズムの思想家との交流があった。

＊5
シカゴ大学社会学部に集まった社会学者によって形成された学派。コミュニティへの着目、参与観察・生活史などの質的分析方法等の実践的アプローチを重視する都市社会学の発展に貢献した。特に、第一世代に該当するスモール（A. Small）やトマス（W. Thomas）は、アダムズのハル・ハウスにおける実践と深い関係があったことが知られている。

グループ・ワーク」（intergroup work）が提唱された。その内容は、各組織が代表者を選出し、派遣して、彼らによって一つの新しい組織をつくり、そこで共同のための協議を行いながら、一方では問題の解決を導いたり、他方では活動に参加した組織間に良好な関係をつくりだす、すなわちある特定の社会的目標に関して諸グループ間の調整を行うことである[19]。

③ロスの定義

戦後、アメリカ社会において1940年代から顕著になってきた南部の農業の機械化などによる人口移動、黒人層の都市集中傾向の激化、1950年代には都市部での地域社会の崩壊が一層進行する中で、非行・犯罪問題や劣悪な住居、環境衛生問題、スラム化現象の深刻化など、様々な地域問題が噴出した。既存の地域組織の解体と問題の深刻化という地域社会の状況をふまえて提唱されたのが、ロス（M. Ross）の理論である。ロスは、COを「コミュニティが自ら、その必要性と目標を発見し、それらに順位をつけて分類する。そしてそれを達成する確信と意思を開発し、必要な資源を内部外部に求めて、実際行動を起こす。このようにしてコミュニティが団結協力して、実行する態度を養い育てる過程」[20]と定義した。

④ロスマンの３つのモデル

1960年代は、多くの貧困層、特にアフリカ系米国人を中心とする「貧困の再発見」やその貧困克服をめざした「貧困戦争」、政治的・経済的・社会的差別撤廃を求めて展開された「公民権運動」や女性解放運動やラテンアメリカ系米国人や先住民の運動など、地域社会とそこにおける福祉課題が問題となった時代である[21]。顕在化した貧困問題、人種間対立を含んだ地域社会問題やそれらの解決をめざす政策的対応に従来の方法の限界や問題性が指摘される中で、新たな問題解決アプローチが叢生していったが、それらのアプローチを整理・包括化することが求められていった[22]。

このような状況下でロスマン（J. Rothman）は、「小地域開発モデル（community development model）」「社会計画モデル（social planning model）」「ソーシャル・アクションモデル（social action model）」とCO実践モデルを整理し、今日においても地域福祉実践に影響を持ち続けている。

「小地域開発モデル」は、地域住民が決める目標を達成するために、より多くの住民による幅広い参加を通して活動を推進する方法である。「社会計画モデル」は専門的かつ技術的な知識を用い、地域住民が求めているサービスや資源の提供を達成するために、既存のシステムを通して変化を促す方法である。そして「ソーシャル・アクションモデル」は、不利な立場に置かれた人々のための政治的な変革や資源の再配分を達成するために、より多くの

人による支援を促す方法である[23]。これらが今日のソーシャルワークのジェネラリストアプローチにおけるマクロ実践へとつながっていく。

　変貌する地域社会とそこから生じる様々な生活問題に対して、地域社会における住民や諸団体の連携や参加、共同を促進することによって解決をめざす、COの思想と方法は、日本における地域福祉の誕生と発展に大きな影響を与えているのである。

【引用文献】

1 ）岡村重夫『地域福祉論』光生館　1974年　pp.41－64
2 ）山口稔『社会福祉協議会理論の形成と発展』八千代出版　2000年　pp.33－47
3 ）これからの地域福祉のあり方に関する研究会報告書『地域における「新たな支え合い」を求めて―住民と行政の協働による新しい福祉―』厚生労働省社会・援護局　2008年
4 ）金子光一『社会福祉のあゆみ』有斐閣　2005年　pp.53－54
5 ）毛利健三『イギリス福祉国家の研究』東京大学出版会　1990年　pp.150－151
6 ）秋元美世・大島巌・芝野松次郎・藤村正之・森本佳樹・山縣文治編『現代社会福祉辞典』有斐閣　2003年　p.289
7 ）高島進『社会福祉の歴史』ミネルヴァ書房　1995年　pp.60－63
8 ）田端光美『イギリス地域福祉の形成と展開』有斐閣　2003年　pp.12－14
9 ）前掲書4 ）　pp.188－189
10）前掲書4 ）　p.189
11）N. Johnson, Voluntary Social Services, Blackwell Pub.,1981.（田端光美「最近の民間社会福祉事業」田端光美監訳『イギリスの民間社会福祉活動』全国社会福祉協議会　1989年　pp.224－225）
12）坂田周一『社会福祉政策』有斐閣　2000年　p.260
13）前掲書4 ）　pp.167－170
14）平岡公一『イギリスの社会福祉と政策研究』ミネルヴァ書房　2003年　pp.38－39
15）平岡公一「イギリスコミュニティケアの形成と展開」日本地域福祉学会編『新版地域福祉事典』中央法規出版　2006年　p.86
16）W.I.Trattner, From Poor Law to Welfare State, A Division of Macmillan Publishing, 1974（古川孝順訳『アメリカ社会福祉の歴史』川島書店　1978年　pp.75－86）
17）同上書　pp.140－141
18）柴田謙治「アメリカのコミュニティ・オーガニゼーションの形成と展開」日本地域福祉学会編『新版地域福祉事典』中央法規出版　2006年　p.82
19）副田義也『コミュニティ・オーガニゼイション』誠信書房　1968年　pp.6－10
20）M.G.Ross, Community Organization：Theory principle and practice, Harper and Low, 1967, 2 nd edition.（岡村重夫監訳『増補改訂コミュニティ・オーガニゼーション―理論・原則と実際―』全国社会福祉協議会　1975年　p.42）
21）窪田暁子「アメリカにおける地域福祉」福武直・一番ケ瀬康子編『明日の福祉⑦都市と農村の福祉』中央法規出版　1988年　pp.302－303
22）高森敬久・高田真治・加納恵子他『コミュニティ・ワーク』海声社　1989年　p.112
23）室田信一「アメリカにおけるコミュニティ・オーガゼーションの発展」柴田謙治編『地域福祉』ミネルヴァ書房　2009年　p.216

第6章 日本における地域福祉の発達過程

● 本章のねらい

　　日本において地域福祉の生成・発展は1970年代以降という理解が定説となっている。とはいえ地域社会を基盤とした社会福祉実践は、それが地域福祉という言葉が定着する以前から取り組みが進められており、そのような意味での地域福祉の「連続」性とあわせて、地域福祉という考え方が生み出されたという意味での「非連続」性にも留意して学びを深める必要がある。日本での地域福祉の発達過程は、そのときどきの社会情勢とは無縁ではないため、戦前、戦後ともに、社会福祉全般の施策・実践動向を踏まえつつ、地域社会での実践を学ぶ必要がある。

● プロローグ

　「地域福祉」という概念が登場してくるのは1970年代であって、法律上位置づけがなされるのは1990年頃、さらにはより明確にその考え方が法定化されるのが2000年の「社会福祉法」であるとされている[1]。そのように理解するならば、地域福祉の生成と発展は、1970年代以降ということになる。とはいえ、地域社会を基礎とした福祉活動や制度は1970年代以前からすでに存在していて、そのような諸実践が1970年代以降の「地域福祉」の生成と接続することによって形成されてきたのである。

　このことは、地域福祉の発達過程に「連続」性があることとともに「非連続」性もあることを物語っており、その事実が地域福祉の発達過程の1つの特徴を形づくっているといえる。

　地域福祉という考え方が登場する以前の援助や政策の主流は、居住型施設であった。この社会福祉のあり方を転換したという側面は、地域福祉の発達過程を理解する上で重要である。

　つまり地域福祉の発達過程は、地域社会を基礎とした福祉実践の歴史であるとともに、その実践の主流化の歴史[2]として捉えられなければならないだろう。

1．発達過程の対象範囲と時期区分

　日本における地域福祉の発達過程を確認するにあたって、まずは地域社会を基礎とした福祉実践を戦前期の代表的な取り組みである中央慈善協会やセツルメント運動、そして方面委員制度を確認した上で、戦後期については「準備期」「胎動期」「定礎期」「発展期」の４つの時期に分けて説明を行う。この４つの時期区分は、社会福祉の大きな転換点を踏まえた設定となっている。

①準備期（1945〜1951年）

　福祉三法体制から社会福祉事業法の成立といった社会福祉政策の基礎が形成される中で、今日の地域福祉において重要な役割を果たす組織もあわせて誕生した時期である。

②胎動期（1952〜1972年）

　高度経済成長を背景とした福祉六法体制の成立と地域福祉形成への多様な取り組み、特に都市部や農村部それぞれの地域社会の変化から生じた課題とその解決に対し、住民主体を原則として公民協働の参加・協力を行う「地域組織化」の取り組みを始めた時期である。

③定礎期（1973〜1990年）

　石油危機以降の低成長を背景とした福祉見直しと、いわゆる福祉八法改正による地域福祉の型式（フォーマット）の完成、すなわち施設福祉に代わって在宅・地域という生活基盤から福祉サービスの利用−提供を行う「在宅福祉」という考え方が推進される時期である。

④発展期（1991〜2000年）

　社会福祉基礎構造改革から社会福祉法成立といった地域福祉の型式をもとにアップ・ツー・デート、すなわち「自治型地域福祉」や「参加型地域福祉」といった利用者主体や福祉多元主義におけるボランティアや市民活動の重視を起点としたした地域福祉の考え方に基づいて推進される時期である。

2．日本における地域福祉の源泉

⑴　日本における地域社会の特質

①農村における共同性

　明治維新当時の日本の状況は、人口の９割が農村に居住し、そのうち８割以上が農業従事者であった。いわゆるムラは、農業を行うための基礎的単位

であって、特に日本における農業は稲作を中心としており、水田を造成し灌^{かん}漑^{がい}用水を導入することによって可能となるため、その用水の整備管理は村落一体としての共同労働が要請されてきた。

また生産労働においてのこのような共同性は一方で、生活面においての共同も要請する。冠婚葬祭における相互扶助や家屋の建築修理などにおける協力など生活諸側面に及び、そのようなムラの中での助け合いは「隣保相扶」と呼ばれ、ムラで生活する人々の生活を支えていたのである。

②家制度

家制度も生活保障に重要な役割を果たしている。家制度とは、長男優先の相続を前提に長男に嫁を迎え、この新しい夫婦が両親や祖父母と同じ家庭の中で生活する形態を指し、長らく日本における家族形態のあり方であった。特にこのような直系家族制度では、被扶養者と扶養者が同居して一つの生計を営むため、被扶養者は扶養者へ財産を転移するとともに、扶養者は被扶養者へ現金や現物の移転やサービスの供給も行い[3]、この家制度も地域社会における相互扶助とともに生活上の困難（ニーズ）の解決の方法として機能していた。

③恤救制度

そのようなムラや家で行われていた相互扶助を活用したものが、1874（明治7）年に成立した恤救^{じゅっきゅう}規則である。恤救規則では、「無告ノ窮民」に対する救済は「人民相互ノ情誼^{じょうぎ}」、すなわち相互扶助で行うこととされる一方で、自立困難な極貧かつ独身の者、病気や老衰で労働能力のない70歳以上の独身の者、13歳以下の児童などには一定限度の米代を支給することを定めた。しかし、産業の発展によって地域社会や家族の相互扶助の解体や相互扶助の及ばない都市部などでは、救済にはおのずと限界があった。そのような貧民の支援に対して様々な慈善事業が勃興することになるのである。

(2)　慈善事業とその組織化

経済発展は都市に貧民を大量に生み出す一方で、公的救済が著しく制限される中で、キリスト教関係者や仏教関係者、さらには篤志家などによる民間の救済事業である慈善事業が活発となっていく。そのような状況を背景にして、貧民の救済や貧困防止、不良民の矯正などについて研究し、事業の一層の発展をめざす機運が高まっていく。結果、日露戦争等の影響も受けつつも1908（明治41）年に「中央慈善協会」が発足することとなった。その目的は、国民の自営自活の精神を阻害することなく慈恵救済活動を進めることであった。

　その後、中央慈善協会は、1921（大正10）年に「社会事業協会」と名称が変更され、1924（同13）年には「財団法人中央社会事業協会」となって、戦後まで存続することになる。また中央の慈善団体の組織化が進む一方で、地方においても道府県単位で社会事業協会の設立と整備も進められた。それぞれの協会では取り組みに若干の相違があるものの、機関紙の発行、大会・講習・講演・懇談会等の開催、調査研究、事業助成等が行われ、地域によって、隣保館や養老院の経営、住宅供給や児童及び妊産婦相談等、様々な事業が展開された。なお、長崎県社会事業協会によって、1921（同10）年に共同募金が初めて実施されている。

⑶　日本のセツルメント運動

　日本におけるセツルメント運動は、1890年代から始まり、1920年代に盛隆を迎え、1930年代に軍国主義体制のもとで衰退するという経緯をたどる。
　その最初期のものとして、1891（明治24）年にアメリカ人宣教師アダムス（A. Adams）によって岡山に設立された岡山博愛会がある。そこでは、就労児童などの夜学校、保育所、施療所の事業が展開されていく。また1897年（同30）年には、キリスト教社会主義の立場から片山潜によって東京の神田三崎町にキングスレー館が設立される。ここでは、社会問題の講演や職工教育会、市民夜間学校等の取り組みが行われた。また1920年代に入ると、1921（大正10）年に大阪市民館、1924（同13）年には東京帝国大学セツルメント等様々なセツルメントが勃興している。この背景には、都市のスラム地区における不衛生や賭博、窃盗のような犯罪の多発、さらにはスラムに在住する子どもの問題などが社会問題化し、その対策が必要とされたのである。

⑷　方面委員制度

　方面委員制度は、1971（大正6）年の岡山県における済世顧問制度がその出発点とされ、岡山県知事であった笠井信一が貧困者対策を目的として創設したものである。大正天皇が岡山県知事に対して貧民の生活状況についての下問を行ったことが契機とされている。
　済世顧問制度は、ドイツにおけるエルバーフェルト（Elberfeld）制度や江戸時代の五人組、律令時代の五保制などを参考にしてつくられたもので、当該地域の名士や篤志家をその職に委嘱することで実施されている。その目的は、救貧ではなく、貧民の心身の健全化を図りながら職を与え、生業に従事させることによって自立更生に導くという防貧的活動に重点が置かれていた。また天皇の下問というエピソードが物語るように、この制度は天皇制と

の関連が色濃く、その点も同制度の性格を規定している。

　米騒動の起こった1918（大正7）年には、当時大阪府知事、林市蔵が内務省官僚の小河滋次郎の協力によって方面委員制度を開始、同年の東京府では、民間団体である東京府慈善協会によって救済委員制度が設置され、全国的に方面委員制度は拡大していくことになる。

　その後、1930（昭和5）年から翌年にかけて起こった救護法実施促進運動を契機として、方面委員の全国連絡組織の結成を求める機運が高まり、1932（同7）年に「全日本方面委員連盟」が設立された。また1936（同11）年には「方面委員令」が制定されている。

3. 日本における地域福祉の発達過程

　戦後、日本における社会福祉は、連合国軍総司令部（以下「GHQ」）の指導のもと、封建的・抑制的公的救済制度から、民主的な制度へと制度改革が進められることになる。その制度改革は地域社会を基礎とした援助を想定したものではなく、あくまで居住型施設を基礎とした援助を想定したものであったが、あわせて地域福祉が機能する基盤も準備されてきたことも見逃すことはできない。

　ここでは本章第1節で示した時期区分にしたがって、地域福祉がどのように社会福祉の主流となっていったのかについて確認をしていくことにしたい。

(1) 地域福祉準備期（1945〜1951年）

　敗戦直後の日本は、生産、賃金、消費の落ち込みによって国民生活は未曾有の窮乏状態に瀕していた。このような国民的窮乏化を受けて、GHQは生活上の困難の解決に向けて、社会福祉制度の整備を進めることになる。

　この時期、福祉三法体制（生活保護法・児童福祉法・身体障害者福祉法の三法、及び社会福祉事業法）が目途としたものは、あくまでも居住型施設の整備であって、地域社会や在宅での福祉サービス利用を想定していない。

　地域福祉の発達過程を考える上で、特に重要となるのは、❶1947（昭和22）年から開始された共同募金運動、❷1951（同26）年の社会福祉協議会の創設、❸1950（同25）年の（新）生活保護法の実施に伴う民生委員の新たな役割の模索である[4]。

①共同募金

　公私分離の原則によって、民間社会事業団体に支出されていた国の補助金が打ち切られ、多くの団体は事業存亡の危機に立たされることになる。その

ような状況下において、財源確保の方法として注目を集めたものが、共同募金であった。共同募金そのものは、戦前期からすでに取り組まれてきたものであるが、それがにわかに注目を集めることになったのである。

1947（昭和22）年、日本社会事業協会が中心となって第1回目の「国民たすけあい共同募金運動」が実施され、5億9,000万円にも及ぶ募金が寄せられている。また1948（同23）年の第2回共同募金運動では、現在の運動の象徴となっている赤い羽根が街頭募金に登場した。

共同募金の法定化が実現するのは、1951（昭和26）年の社会福祉事業法においてであるが、当時の共同募金は、生活困窮者や民間社会福祉施設にその資金が供与されることが主目的とされ、そのような意味で、今日のような地域福祉推進のための財源としての位置づけはなされていなかった。

②社会福祉協議会

社会福祉協議会（以下「社協」）もこの時期に誕生している。戦前期に存在した中央社会事業協会が、民間社会事業家を中心に結成されていた全日本私設社会事業連盟と合流して、1947（昭和22）年に創設された「日本社会事業協会」、軍人の救護活動を行っていた軍人援護会と戦災者保護を行っていた戦災援護会が合流して1946（同21）年に創設された「同胞援護会」、そして同年に全日本方面委員連盟が名称変更をした「全日本民生委員連盟」、この3つの団体が1951（同26）年に合流して「中央社会福祉協議会」が設立された。

中央社会福祉協議会は、社会福祉事業法による法定化を経て、全国社会福祉協議会と改称された。また、これにあわせて都道府県社会福祉協議会設立が進められ、1951（昭和26）年の社会福祉事業法の法定化までにはすべての都道府県に整備が完了している。

新たに設立された社協に対しては、社会福祉事業の組織化活動や社会福祉事業への市民参加を図ることで民主化を促進することへの期待が寄せられる。一方で、中央社会福祉協議会設立以前の日本社会事業協会においてコミュニティ・オーガニゼーション（Community Organization：以下「CO」）[*1]に関する研究も進められていた。しかし実際には、設置経緯からも明白なように、社会福祉事業の関係者を主体とした組織化であったことに加え、GHQの関与による官製的側面も強く、上記の目的の実質的展開はまだみられなかった。

*1　コミュニティ・オーガニゼーション
第5章参照。

③民生委員制度

戦前に設立された全日本方面委員連盟は、1946（昭和21）年制定された民生委員令及びそれを全般的に見直し、1948（同23）年に成立した民生委員法によって、その名称と役割を大きく変更することになった。民生委員は、行

政との協力関係のもとに、相談、調査、情報提供、福祉教育、さらには地域における福祉活動のリーダーとしての役割が明記され、方面委員時代の中心的役割であった防貧対策から広く地域の福祉の推進へとその役割が拡大している。

　以上のようにこの時期は、その後の地域福祉の成立と発展において重要な役割を果たす共同募金や社協、民生委員が制度的に整備されてきているものの、居住型施設を前提とした上で、その補助的役割にとどまっていたというのが実態であった。実際、この時期の地域社会の状況は、部落会や町内会など大政翼賛的性格を有していた地域団体の解散がGHQによって指示され、そのような地域社会内における旧秩序の解体は、ムラや家制度といった問題解決のシステムに大きな影響を与えている。とはいえ一方でこのような問題解決のシステムは完全に解体したわけではなく、戦前からの問題解決システムの中で人々の生活は保護されていたのである。

(2)　地域福祉胎動期（1952〜1972年）

　その後、日本は驚異的な経済成長を遂げる一方で、産業間、階層間、そして地域間の格差を生み出し、特に地域社会の状況は大きく変貌を遂げることになる。

　農村では、産業構造の変化に伴って、都市への人口流出や兼業化が進行し、ムラの共同体的秩序は形骸化し、機能を果たさなくなっていく。また都市においても、農村からの人口流入によって伝統的な町内会の秩序が崩れはじめ、核家族化や都市的生活様式の浸透、すなわち人口の集中と異質化の増大による社会的接触の非人格化・功利化によって住民関係の希薄化が生じるとともに、問題解決も専門機関に依存する生活のあり方が主流を占めるようになる。

　特にこのような家族や地域社会の変化は、従来の地域社会の問題解決システムに依存していた高齢者や障害者、母子世帯などの生活問題を顕在化させることになるのである。

　上述の状況に呼応する形で、新しいニーズに対応した制度も順次、整備が進み、1960（昭和35）年に精神薄弱者福祉法（現：知的障害者福祉法）、1963（同38）年に老人福祉法、そして翌年には母子福祉法（現：母子及び父子並びに寡婦福祉法）が制定され、先の福祉三法とあわせて福祉六法体制が完成することになる。

　ただ、この時期においてもその支援形態は、あくまでも居住型施設を中心とした支援が主流であった。

①地域開発とコミュニティ

　1960（昭和35）年以降、国は本格的に経済成長政策を実施したが、一方で地域社会の解体は加速していくことになる。1960（同35）年には「所得倍増計画」と「太平洋ベルト地帯構想」が打ち出され、1962（同37）年には「全国総合開発計画」が策定される。「全国総合開発計画」は従前の特定地域の産業開発から地域格差の是正を意図して、全国規模での産業開発をめざしたものであったが、農村・都市の全土にわたって地域社会を支えていた相互扶助の基盤を解体し、問題の表面化を促すことになった。そのような現状を背景に新しい地域社会づくり、「コミュニティ政策」が展開されることになる。

　コミュニティ政策に先鞭をつけたものが、1969（昭和44）年の国民生活審議会調査部会・コミュニティ問題小委員会による報告書「コミュニティ―生活の場における人間性の回復―」である。同報告書では、人間性の回復を地域性と各種の共通目標をもった開放的で構成員相互に信頼感のある集団である「コミュニティ」の構築によって実現することを意図したものであり、行政と住民のフィードバックシステムの形成、コミュニティ・リーダー、コミュニティ施設によって形成することを提案している。その後、1970（同45）年に公表された自治省の「コミュニティ（近隣社会）に関する対策要綱」では、モデル・コミュニティ地区設定とコミュニティ施設設置が進められた。

　このようなコミュニティづくりの潮流は、地域社会の変貌とそれに伴う問題の噴出を地域社会の再構成により解決することを目的としたもので、国が政策として地域社会に注視したことは、その後の地域福祉成立に少なからぬ影響をもつことになる。

②コミュニティ・オーガニゼーションと社会福祉協議会

　1952（昭和27）年に出された厚生省の「小地域社会福祉協議会組織の整備について」による市区町村社協設立の促進以降、市区町村社協の整備は急速に進む一方で、社協の性格、目的、機能、組織などを明らかにする文書が全社協から提示されることになる。その最も初期のものとしては、1957（同32）年に発表された「市区町村社会福祉協議会当面の活動方針」であるが、全社協事務局の作文的性格や形式的な組織形態が固定化しつつあった社協の体質を改善するまでに至らなかったという批判を受け、全社協地域組織推進委員会は、1960（同35）年に山形で開催された「都道府県社協組織指導職員研究協議会」での成果を基礎として、1962（同37）年に「社会福祉協議会基本要項」を提示した。

　この基本要項策定により、特に地域住民の組織化によって問題解決を行うというコミュニティ・オーガニゼーションの方法が本格的に用いられたこと

によって、改めて社協の役割を定立する機運が生じた。

　「社会福祉協議会基本要項」は、「住民主体の原則」やその方法論としてコミュニティ・オーガニゼーション、さらには住民に対する直接サービス提供を原則的に行わないことが定式化されることで、社協のあり方に大きな影響を与えたが、その後、その方向性は大きく見直しを迫られることになる。

③コミュニティケア思想の流入と日本的展開

　日本においてコミュニティケアという考え方が紹介され、新しい社会福祉のあり方として認知されはじめるのもこの時期であり、コミュニティケアという概念を初めて提起したものが、1969（昭和44）年の東京都社会福祉審議会の答申「東京都におけるコミュニティ・ケアの進展について」である。

　ここでは、従来の収容施設によるインスティチューショナル・ケアから在宅でのコミュニティケアへの転換を提言するものであり、それを体系化・整理したものが、1971（昭和46）年の中央社会福祉審議会の答申「コミュニティ形成と社会福祉」である。

　同答申は、コミュニティの形成の基本的な考え方とコミュニティにおける社会福祉のあり方について提言するもので、その中で、コミュニティケアとは、社会福祉の対象を収容施設において保護するだけではなく、地域社会の居宅において保護を行い、その対象者の能力のより一層の維持発展を図るものであるとし、その実現のために従来の収容施設中心のあり方からコミュニティケアの発想に基づく地域の施設、サービスに重点を移す必要があるとした。

　以上のように、自宅や居住する地域社会において継続的に自立した生活を営むための援助や支援方策としての地域福祉の基本的な考え方の萌芽がみられる一方で、本格的な政策策定には至らず、理念レベルにとどまっていた。とはいえ、コミュニティケアの概念が社会福祉のあり方に発想の転換を促すとともに、のちの地域福祉の生成へとつながっていくのである。

(3)　地域福祉定礎期（1973〜1990年）

　地域福祉準備期、胎動期において、地域社会の変貌と問題の噴出を背景に社協の実践、コミュニティ政策の実施、さらにはコミュニティケアの紹介と普及が試みられてきたが、政策策定の実現にまでは至っていない。そのような意味で地域福祉は理念レベルにとどまっていたといえる。

　しかし、1970年代以降、その状況は変化することになる。その一つが、日本の人口構造の高齢化の進展である。1950（昭和25）年における総人口に占める65歳以上の高齢者割合は、4.9％であるが、1960（同35）年には5.7％、

1970（同45）年には7.1％、1985（同60）年には10.3％と10人に１人が高齢者という状況を迎えることになる（総務省統計局「国勢調査」）。

　このような急速な人口高齢化に対して、1970（昭和45）年の「社会福祉施設緊急整備５カ年計画」にみるように、依然として居宅型施設における援助を中心に進められてきたが、その基調が変化して、地域社会における援助、すなわち地域福祉が生成し、施策として推進されることになる。その生成と発展の契機には２つの力学が働いている。一つは国家の財政縮小、いま一つは新しい社会福祉思想の流入である。

①国家の財政縮小と新たな社会福祉思想の流入

日本型福祉社会論

　1970年代以降、急速な人口高齢化への対応として、居宅型施設における支援から在宅や地域社会における支援へと、その政策の方向性は変化しつつあったが、それに拍車をかけた事態が、1973（昭和48）年の「石油危機」（オイルショック）である。日本においても影響は甚大で、石油危機以降、日本の高度経済成長は終焉を迎え、低成長期へと突入していく。

　1960年代の福祉六法体制の完成とともに、居宅型施設の拡充を重点課題として、福祉サービスの整備が進められてきたが、石油危機以降の国家財政の赤字によって政策転換を迫られることになる。その中で、一つの方向性として現れたものが、1979（昭和54）年の経済企画庁の「新経済社会７ヵ年計画」で打ち出された「日本型福祉社会論」である。

　日本型福祉社会とは、個人の自助努力と家族・地域社会の連帯を基盤としながら、効率のよい公的福祉サービスによって、日本型の社会福祉のあり方を提案したものである。この日本型福祉社会論には批判も多いが、地域社会を基盤とした地域福祉のあり方、地域福祉が今後の社会福祉の方向性であることを明記した点では、国家の財政縮小という事態が結果として地域福祉の生成に大きな影響を及ぼしたのである。

ノーマライゼーション

　一方で、このような政府の論理とは別の力学が地域福祉誕生に影響を与えた点も看過することはできない。具体的には、ノーマライゼーションや自立生活運動といった新たな社会福祉思想の流入と生成である。

　ノーマライゼーション（Normalization）は、デンマークの知的障害者をもつ親の会の運動に端を発し、今日では地域福祉のみならず社会福祉の理念を支える重要な概念である。スウェーデンのニィリエ（B. Nirje）は、「精神遅滞者の日常生活の様式や条件をできるだけ社会の主流になっている規範や形態に近づけるようにすること」と定義しているが、そこには障害者を含め

た福祉サービスの利用者が生活のすべての局面においてノーマルな生活が送れるようにすること、それこそがノーマルな社会であるという「社会のノーマライズ」の主張がなされている。つまりノーマルの追求の帰結として、地域社会で生活すること、そして、その支援環境を整えることがノーマルであるということになり、地域福祉成立に多大な影響を与えた。

自立生活運動

　自立生活運動（Independent Living Movement）もこの時期に紹介されるとともに日本においても「青い芝の会」など独自の運動が展開された。自立生活運動は、アメリカの全身性身体障害者の運動に端を発したもので、従来の自立観の変更を求める思想運動である。その思想の中では、自立を自己決定として捉え、自己決定を支える支援の必要性を論じている。つまり地域社会で生活するという自己決定を支援することが自立につながるということになる。

　総じて日本における地域福祉の成立は、高齢者人口の増加を背景に、国家の財政縮小という国家の論理と、ノーマライゼーションや自立生活といった福祉サービス利用者の論理が軌を一にしながら本格的な生成を迎えたのである。そして、この生成を促進したのは、コミュニティケアという考え方や社協などの諸実践があることも見逃すことはできないが、このような多様な実践が合流しながら政策的基調としても地域福祉の主流化への型式（フォーマット）がつくられていくことになる。

②在宅福祉サービスの展開

『在宅福祉サービスの戦略』

　地域福祉の実体化は、特に在宅福祉サービスの展開という文脈の中で行われていくことになる。1979（昭和54）年に発表された全社協の『在宅福祉サービスの戦略』は、在宅の高齢者・障害者・児童・母子及びその家族などのそれぞれのニーズに対する諸サービスを再編成して、新たに社会福祉サービスの供給体制の総合的整備を図ろうとするもので、在宅サービスの概念、種類、そして供給体制を提案するものであった。そこでは、今後の社会福祉において「非貨幣的ニーズ」[*2]が主要課題となるため、その充足については、行政・民間・市場・家族という多様なサービス供給主体の整備の必要性が論じられている。このようなニーズに応じたサービス供給主体の多様化は在宅福祉実施に向けての理論的根拠となっていく。

　また同書は、在宅福祉サービスを展開する中での社協の役割を重要視し、社協の役割・在宅福祉サービスの推進を位置づけた。この「戦略」を踏まえて発表されたものが、1982（昭和57）年の「社協基盤強化の指針」である。

＊2　非貨幣的ニーズ
三浦文夫によって提唱された概念の1つで、「ある種の状態が、一定の目標なり、基準から見て乖離の状態にあり、その状態の回復・改善等を行う必要があると社会的に認められた」、すなわち社会的ニードの充足には、現金（金銭）給付と現物給付の2つの形態があるとされる。現物給付、具体的にはサービスで対応すべきニーズを非貨幣的ニーズという。なお、現金給付で対応すべきニーズを貨幣的ニーズという。

　ここでは社協の役割として、新たに福祉サービスの供給を行う機関として社協が位置づけられ、「社会福祉協議会基本要項」における社協の方向性から大きな転換を行うことになった。これに伴い、翌年、市町村社協が法定化され、法律的にもその基盤を確立させることになる。

武蔵野市福祉公社

　このような在宅福祉の趨勢は、多様な供給主体に担われることによって、具体化される。その端緒は、1980（昭和55）年の「武蔵野市福祉公社」の設立である。武蔵野市福祉公社は、❶武蔵野市による財政負担や規制を前提としながらも、公社方式という民間ベースで運営されている点、❷公社による福祉サービスが利用者の資産の預託や現金による購買を前提として供給されている点が画期的であった[5]。これは在宅で生活する利用者の様々なニーズに対応することを可能とし、その後、地域住民の自発的参加をもとに営利を目的とせずに利用者からは利用料、提供者には謝礼的な有償額を支払うという「住民参加型在宅福祉サービス団体」が武蔵野市福祉公社の実践を範としつつ新たな形態のボランティアとして急増していくことになる。

福祉関係八法改正

　一方で従来、福祉サービスの利用－提供の場であった居住型施設についても、これまで地域社会から切り離された閉鎖的な状況にあることが多かったが、1980年代以降の福祉改革においては、利用者が社会の一員として社会性を保持しつつ質の高い生活を享受できるよう支援するとともに、地域の福祉ニーズに応え、地域社会に根づき、地域福祉推進の拠点施設として機能することができるようにする「施設の社会化」も本格的に進められている[6]。併せて1982（昭和57）年の老人保健法によって新たに設置された老人保健施設のような施設－在宅、福祉－医療の中間的性格を有する施設の誕生、グループホームのような生活施設の小規模化、そして居住型施設と在宅ケアサービスの相互の補完関係等[7]、施設－在宅が地域社会で融合していく展開をたどることになる。

　上述のような諸実践が広がりをみせる中で、地域福祉の定式化（フォーマット）が完成する大きな制度改革が行われる。1990（平成2）年の「老人福祉法等の一部を改正する法律」（福祉関係八法改正）では、老人福祉法、身体障害者福祉法、精神薄弱者福祉法、児童福祉法、母子及び寡婦福祉法、社会福祉事業法、老人保健法、社会福祉・医療事業団法の八法が改正された。同法は、在宅福祉サービスを法定化した上で、その実施権限を基礎自治体に移行するとともに、地域社会内におけるサービス供給体制を計画により整備を行うことを意図したものであり、在宅サービス供給という意味での地域福祉

の基本的定式（フォーマット）が実現し、地域福祉は新たな段階に突入することになる。

⑷　地域福祉発展期（1991～2000年）

いわゆる福祉関係八法改正において、地域福祉の基本的定式が実現したが、この動向以降、地域福祉の実体化を進めるため、大きな制度改革が進められることになる。後に言及する社会福祉基礎構造改革であるが、この改革は地域福祉、実際には在宅福祉をより実効性のあるものにするために、定礎期に完成した定式のアップ・ツー・デートが行われる時期であると考えてよいであろう。

1990（平成2）年における高齢者の占める人口割合は12％となる一方で、児童に関しても同年の合計特殊出生率が1.54になるなど、高齢者や児童をめぐって介護や子育ての問題などの様々な課題が噴出してきている。あわせて、地域社会における相互扶助の解体や核家族化の進行に伴い、そのような課題をどのように解決・緩和していくのかが争点の1つとなっていく。

①社会福祉基礎構造改革とその方向性

地域福祉の新たな展開を考える上で、1998（平成10）年の社会福祉事業等のあり方に関する検討会が提出した「社会福祉の基礎構造改革について―主要な論点―」は、今日の地域福祉においても大きな影響力をもちえている。

ここでは、❶対等な関係の確立、❷地域での総合的な支援、❸多様な主体の参入促進、❹質と効率性の向上、❺透明性の確保、❻公平かつ公正な負担、❼福祉の文化の創造等を基本的方向に掲げているが、特に重要な点は、利用方式の変更（契約化）と主体の多様化の促進（市場化）である。

利用方式の変更―措置から契約へ―

利用方式の変更とは、従来の福祉サービス利用において主流であった措置方式から契約方式に変更がなされたことである。措置とは、関係法令に基づいて、福祉サービスの給付の適否、開始、廃止などを決定する一連の行政行為を指し、措置方式では、利用者本人にサービスを選択する余地は存在しなかった。そこで、地域社会や在宅でサービス利用を想定した場合、どのような種類のサービスをどこから利用するのかを利用者本人の意思によって決めることがより望ましいという発想のもと、契約方式が導入されたのである。

とはいえ、措置の場合、行政権限を執行するものは、一定の専門性と責任を有しており、そのような意味では利用者は保護されていた。しかし契約という利用方式に移行してしまうと、その決定の責任がすべて利用者本人にゆだねられてしまい、特に福祉サービス利用者の特性を勘案するとその契約下

における保護は重要な要件となる。したがって日常生活自立支援事業（地域福祉権利擁護事業）や成年後見制度等の権利擁護関連制度も整備が進められた。

主体の多様化の促進

　主体の多様化の促進は、地域社会や在宅でのサービスの利用を促進する場合、必要不可欠な要素であるといえる。従来の居宅型施設のみのサービス提供の場合は、施設というサービスのパッケージに利用者が入所することでサービスを利用する形となるが、地域社会や在宅の場合、それらのサービスを適正にかつ多様に整備する必要が生じる。できるだけ多くのサービス提供主体が地域社会に存在することが求められるのである。特に社会福祉基礎構造改革では、従来認められていなかった営利企業にも福祉サービス提供の途を開いたことが特徴で、1997（平成9）年の「介護保険法」を皮切りとして、営利企業やさらには特定非営利活動団体（NPO）も介護保険指定事業者としてサービスを提供できるようになった。

　このような趨勢を受けて、2000（平成12）年には、社会福祉事業法が社会福祉法に改正された。同法第4条において「地域福祉の推進」が明記され、地域福祉という文言が初めて登場するに至ったのである。また地域福祉計画や権利擁護等、地域福祉を推進するための諸制度もあわせて整備された。

②社協の動向と新たな在宅福祉サービス提供主体の台頭

　1982（昭和57）年の「社協基盤強化の指針」以降、社協は在宅福祉サービス提供の一翼を担っていたが、1991（平成3）年には「ふれあいのまちづくり事業」が開始された。これは在宅福祉サービスと地域住民の活動を有機的に結びつける体制の整備を目的としたものである。また、地域社会における役割を整備する目的で翌年の1992（同4）年に「新・社会福祉協議会基本要項」が策定された。そこでは住民主体の理念に基づき、地域の住民活動の組織化とともに社会福祉事業の連絡調整並びに実施することが確認されている。

　一方、1997（平成9）年に「介護保険法」、1998（同10）年に「特定非営利活動促進法」がほぼ軌を同じくして成立して以降、戦後、長らく地域住民によって取り組まれてきたボランティア活動、住民参加型在宅福祉サービス団体等を経て、新しい段階に入った。

　「介護保険法」は市民団体の高齢者介護分野への本格的参入を、そして1995（平成7）年の阪神淡路大震災を契機として成立した「特定非営利活動促進法」は市民団体に対して法人格を付与（NPO法人）することで社会的活動基盤の整備をそれぞれ提供したが、このようなNPOが地域福祉を担う重要な主体としてこの時期より台頭してきたのである。

地域福祉は2000年以降、本格的に新しい社会福祉の在り方として重要な位置を占めているが、一方で生活困窮者の問題、8050やダブルケア問題、高齢者の孤独死など、従来の地域福祉の枠組みでは把握できない新たな問題の発生とその対応に迫られてきている。この背景には戦後75年の間に様々な制度や支援体制が構築される一方で、家族や地域・社会の変化、具体的には核家族化の更なる進行や地域のつながりの弱体化、そしてグローバル化の進行による産業・社会構造の変化の中で、従来、地域福祉が想定していなかった問題が露呈してきたことにある。

　このような問題は「制度の狭間」問題と呼ばれ、2019（令和元）年の社会福祉法改正では、「地域生活課題」として法律に規定された。

　「地域生活課題」の解活に向けた地域包括支援体制の構築、具体的には相談支援・参加支援・地域づくりに向けた支援を柱とする重層的支援体制の整備と併せて、それを各地域の特性に応じて展開すること、すなわち「地域共生社会」実現に向けて取り組むことが求められてきている。その詳細については第4章と第12章で詳細に論じられているので、そちらをご覧頂きたい。

【引用文献】
1）大橋謙策「戦後社会福祉の歴史と地域福祉の位置」日本地域福祉学会編『新版地域福祉事典』中央法規出版　2006年　p.8
2）武川正吾『地域福祉の主流化—福祉国家と市民社会Ⅲ—』法律文化社　2006年　pp.1－2
3）宮島洋『高齢化時代の社会経済学』岩波書店　1992年　p.45
4）井岡勉「わが国の地域福祉政策の登場と展開」右田紀久恵・井岡勉編『地域福祉—いま問われているもの—』ミネルヴァ書房　1984年　p.14
5）古川孝順・庄司洋子・定藤丈弘『社会福祉論』有斐閣　1993年　p.124
6）蛯江紀雄「社会福祉施設の社会化・地域化」日本地域福祉学会編『地域福祉辞典』中央法規出版　1997年　p.292
7）平野隆之「民間組織と地域福祉の経営」平野隆之・宮城孝・山口稔編『コミュニティとソーシャルワーク〔新版〕』有斐閣　2008年　pp.273－275

【参考文献】
・定藤丈弘「地域福祉の系譜」右田紀久恵・高田真治編『地域福祉講座①　社会福祉の新しい道』中央法規出版　1986年
・全国社会福祉協議会三十年史刊行委員会編『全国社会福祉協議会三十年史』全国社会福祉協議会　1982年
・全国社会福祉協議会九十年通史刊行委員会『慈善から福祉へ—全国社会福祉協議会九十年通史—』全国社会福祉協議会　2003年

第7章 地域社会の概念と変化

●本章のねらい

> 本章は、地域福祉の内容を理解するうえで必要となる基礎知識について学習する。具体的には次の通りである。
> ①地域社会の理解とその理論
> ②地域社会の急激な変化の実情
> ③少子高齢社会の現状
> 地域社会をどのように理解し把握するかは、地域福祉理解の前提ともいうべき概念である。この領域では先人の研究業績から学ぶことが大切である。
> またそうしたコミュニティ理論の理解をベースとして、わが国の地域社会が高度経済成長やその後の社会経済的発展にともなってドラスティックに変化してきた事実を把握・理解することが求められる。この学習は、「いまそこにある地域福祉問題」の構造的把握・理解を促す契機となるものである。

●プロローグ

　濃尾平野を貫く一級河川、木曽川水系揖斐川の最上流部には東洋一のロックフィルダムと称される「徳山ダム」が存在する。1957（昭和32）年に事業が計画されてから2008（平成20）年に完成したが、半世紀を費やす極めて長期のダム建設計画であった。ダム建設途中のある夏の日、ダム底となるエリアに行ったことがあった。家屋はほぼ撤去され、ただ茅が繁茂しているだけであった。しかしその茅の丈の「規則性」に気づき、その規則性は棚田に由来することに思い至った。人の暮らしが確かにあったと教えられた瞬間でもあった。ダム建設に伴い旧徳山村全村が「徳山湖」に水没し、自治体としての「村」は消滅した。村民の多くは揖斐川下流域の数自治体に分散集団移住し、その新たに形成された集落には旧共同体の絆が垣間見えるところである。

　ひとつの村が消滅に至った背景には、当時の日本の社会経済構造の劇的変化があった。この巨大な構造変化は、都市部にもそして中山間地にも大きな影響を及ぼしている。

　今の地域福祉課題を把握・理解しようとする際に、この変化の実情を理解しそれが地域社会に及ぼすインパクトを考慮に入れて考察することが大切である。

1．地域社会とは

　私たちが日常的に暮らしを営む最小の単位・範囲は家族である。日常生活の多くは家族関係の中で完結する。しかし、家族だけで日々の暮らしは成り立つわけではない。一定の範域における近隣住民との交流・連携や商店・商業施設などを利用した消費材の購入と消費、そして郵便局・保育所やデイサービスセンターなど身近な公共的サービスの利用により、暮らしは支えられている。

　労働を通して賃金を得る場、つまり企業体や事業所等も、自らとその家族を支える重要な柱である。また、余暇活動を支えるスポーツ施設や公園、飲食を提供する場も、日々の暮らしを支える一端である。

　このような一定の地域的範域において形成され、住民による社会生活のまとまりを「地域社会」（コミュニティ：community）という。

(1)　地域社会（コミュニティ）の理論

　アメリカの社会学者マッキーヴァー（R.M. MacIver）は、1917年に著書『コミュニティ』において、そこに所属する人々による特定の共通目標実現をめざす機能的な集団として「アソシエーション」概念を規定した。個々の人間の共通の関心に従って意図的・計画的に形成される結びつきを示す。

　空間的範囲を伴って自然発生的な共同生活が行われる社会を「コミュニティ」と定義した。このコミュニティ概念には、❶一定の空間的範囲性を有する地域性、❷人々の社会的共同生活という意味での共同性の2つを要件としてもつ。コミュニティという基礎的な人間結合が存在して初めてアソシエーションは生成されるとされ、コミュニティはこの意味で「基礎社会」であるとされる。

　マッキーヴァー以降、コミュニティ概念は多義的な用語として用いられるようになったが、アメリカの社会学者ヒラリー（G.A. Hillery Jr.）は1955年にそれまで発表されていた94のコミュニティ定義の中から、16種類の異なった概念を抽出し、そのうち22通りの組み合わせが存在することを明らかにした。そのコミュニティ定義の最大公約数は、❶諸個人間の社会的相互作用の存在、❷地域的空間の限定性、❸共通の絆（共同性）の存在、であった。

　また、ドイツの社会学者テンニース（Ferdinand Tönnies）は、1887に『ゲゼルシャフトとゲマインシャフト』[*1]を著し、あらゆる社会的相互作用や集団を、人間の思考と意思とが作り上げたものと捉え、共同体における「ゲマ

*1
邦訳として、杉之原寿一訳『ゲマインシャフトとゲゼルシャフト』岩波文庫、1957年がある。

インシャフト」と「ゲゼルシャフト」の社会進化論を提唱したことで知られる。ゲマインシャフトは「実在的・自然的な本質意思」つまり人間に備わる本来的・全人格的な結合に基づく関係で、いかなる分離に関わらず本質的には結合している有機的な統一体と定義した。ゲゼルシャフトは「観念的・作為的な選択意思」に基づき目的達成のために形成される関係とした上で、いかなる結合であるかにかかわらず本質的には分離している機械的組織であるとした。

　一方、「行動体系と意識体系」という2つの基軸を枠組とし、考察を試みたのが奥田道大である。地域社会はこの2つの基軸によって、以下の4つの類型に分けられるとしている[1]。

①地域共同体モデル

　旧共同体社会を指し、因習的制約もあり高い閉鎖性を持つ伝統的地域社会。住民意識も旧くから続く慣習的住民組織が社会を統率し、そのリーダーも世襲的である。

②伝統的アノミーモデル

　都市化しつつある郊外における新旧住民の軋轢状況を想定したもの。多くの新住民が静観・傍観姿勢となり、旧住民が地域組織の役職を通じてリーダーとなる。伝統的地域社会からの解体化過程にある地域社会でもある。

　なお「アノミー」とは急激な社会変動等を機に社会的規範が失われ、社会が乱れて無統制になった状態をいう。社会学者デュルケームが規定した語。

③個我モデル

　シビル・ミニマム（civil minimum）[*2]的な権利意識を自覚した住民（新中間層、高学歴層、若年齢層など）で構成される。住民の組織化も進み、組織集団として行政要求を実践する。そのリーダーは、比較的高等教育を受けた住民や、労働運動等により組織活動の経験を有する人々が担う。

④コミュニティモデル

　自らをまちづくりの主体と自覚した人々が、コミュニティ形成に必要な様々なものを自らの手で実現することを指向する。地域社会のニーズを把握し、行動体系において主体的、価値意識において普遍的である。コミュニティモデルはいわば目標であって、他の3モデルからコミュニティモデルへの展開が構想される。

(2)　地域社会が有する特性

　多くの人々が居住する地域社会は、様々な住宅が建ち並び、最寄り駅があり、公園がありスーパーマーケットが所在する街であろう。一見すると、ど

*2　シビル・ミニマム
都市部において、市民の生活上最低限必要な生活基準を示す。英国ベバリッジリポート（1941年）で示されたナショナル・ミニマム（national minimum：国民最低生活基準）の概念を踏まえた上で、市民と自治体の協働で、社会資本整備充実、まちづくり、社会保障等の基準を定めるとされる。

こも同じように見えるかもしれない。

　しかしその街（地域社会）は、それぞれ地理的・歴史的・文化的な特徴を有しており、何よりも①住んでいる人はどんな人か、②どんな社会的共同生活手段が整備されているのか、そして③住民間の交流・連携はどうなのか、によってその特性が決定づけられる。

　より詳しくみてみよう。

①どのような住民が住んでいるのか。

　地域社会に居住する住民、とりわけ小地域といわれる学区単位では居住住民に同一性がみられること。安定した生活が可能な経営者層・ホワイトカラー層、工場労働者などのブルーカラー層、不安定な雇用にある不安定就労層・自営業者層・無業層（障害や高齢などが要因となり雇用がない階層）などが、同一の小地域に集住する傾向があること。

②社会的共同生活手段の整備状況

　病院・学校・公民館・公園・社会福祉施設や公的サービスなどは整備されているか、そして利用しやすいか。

③暮らしを守りあう関係・活動がどれほどあるのか。

　住民同士の交流・連携、住民と専門職との協力・共同など。

　この3つの視点で改めて地域社会を見直すと、ずいぶん違いがあることに気づく。これは地域特性といわれるもので、地域特性が違えばそこに暮らす人々の生活上の困難（生活問題）のあらわれ方にも違いが生じることとなる。これが「生活問題の地域性」である。

2．地域社会の変化

　地域社会は、時代の移り変わりとともに絶えず変化する。ゆっくりと、時には急激に。「地域性と共同性」を備えた地域共同体は、産業構造の高度化とともに都市化が進み、この過程で次第に衰退あるいは解体の過程に入ることとなる。

　さらに❶都市居住化・雇用労働者化が進み、職住分離を前提としたライフスタイルが確立され、生活圏域が拡大すること、❷農村地域から都市部への人口移動が不可逆的に進行し、過疎・過密化（さらに過疎地域住民の急激な高齢化の進行）が著しく進んだこと、❸家族形態も都市居住を前提としたものへと変化し（三世代家族の解体と核家族・単身世帯化への移行）、人々の生活価値観も多様化し個人化・個別化が進むこと、❹専門分化したサービスの提供・受益を前提とした生活様式に急激に変化することなど、人々は旧来

の地域共同体における「共同性」から自由となりつつも、地域社会の生活問題対応能力低下などを同時に生み出した。それらは人々に「社会的孤立」をときとしてもたらし、孤独死や孤立死、自殺、ひきこもり、ニート、児童虐待、老人虐待といった人間の尊厳に関わる事態をもあらたに生み出している。したがってこれを克服する地域社会のあり方、つまり「社会目標としてのコミュニティ」形成が内的な動機からも注目を集めることとなった。

(1)　日本社会の急激な変化

　こうした地域社会の変化をデータから見てみよう。まず、地域社会を構成する住民の従事する産業分野の推移から見てみよう。

　戦前の1937（昭和15）年の日本の産業別従事者では、第一次産業（農林漁業など）の従事者数は44.3％と最大であり、次いで第3次産業（サービス業など）が29.0％、第2次産業（鉱業、建設業、製造業）従事者が26.0％であった。

　時系列別にみてみると（表7-1）、1955（昭和30）年データまでは戦前

表7-1　産業別15歳以上就業者数の推移

年次	就業者数（千人）				割合（％）			
	総数※1	第1次産業	第2次産業	第3次産業	総数※1	第1次産業	第2次産業	第3次産業
1955（大正9）※2	27,261	14,672	5,598	6,464	100.0	54.9	20.9	24.2
1930（昭和5）※2	29,620	14,711	6,002	8,836	100.0	49.8	20.3	29.9
1940（昭和15）※3	32,483	14,392	8,443	9,429	100.0	44.6	26.2	29.2
1950（昭和25）※4	36,025	17,478	7,838	10,671	100.0	48.6	21.8	29.7
1955（昭和30）※5	39,590	16,291	9,247	14,051	100.0	41.2	23.4	35.5
1960（昭和35）	44,042	14,389	12,804	16,841	100.0	32.7	29.1	38.2
1965（昭和40）	47,960	11,857	15,115	20,969	100.0	24.7	31.5	43.7
1970（昭和45）	52,593	10,146	17,897	24,511	100.0	19.3	34.1	46.6
1975（昭和50）	53,141	7,347	18,106	27,521	100.0	13.9	34.2	52.0
1980（昭和55）	55,811	6,102	18,737	30,911	100.0	10.9	33.6	55.4
1985（昭和60）	58,357	5,412	19,334	33,444	100.0	9.3	33.2	57.5
1990（平成2）	61,682	4,391	20,548	36,421	100.0	7.2	33.5	59.4
1995（平成7）	64,142	3,820	20,247	39,642	100.0	6.0	31.8	62.2
2000（平成12）	62,978	3,173	18,571	40,485	100.0	5.1	29.8	65.1
2005（平成17）	61,530	2,981	15,957	41,425	100.0	4.9	26.4	68.6
2010（平成22）	59,611	2,381	14,123	39,646	100.0	4.2	25.2	70.6
2015（平成27）	58,919	2,222	13,921	39,615	100.0	4.0	25.0	71.0

注：産業の分類は旧大分類（国勢調査）に基づく。2005年以降の分類は、改訂前の産業分類に組み替えて集計している。
※1：「分類不能の産業」を含む。
※2：全年齢の有業者数。
※3：全年齢の有業者数。軍人・軍属及び一部の外国人を除く。
※4：14歳以上就業者数。沖縄県の本土籍日本人及び外国人を除く。
※5：沖縄県は14歳以上就業者数。
資料：総務省統計局「国勢調査」

と産業別従事者数分布に大きな変化は見られない。大きく変化するのはそれ以降となる。1960（同35）年では第一次産業従事数は32.7％と、その5年前に比べて8.5ポイント縮小しており、第2次産業は29.1％で5.6ポイント増大し、第3次産業は38.2％と2.7ポイントの増であった。

その25年後の1985（昭和60）年では第一次産業従事数は9.3％と、1960（同35）年から23.4ポイントも大幅縮小し、第2次産業は33.2％で4.1ポイントの増大、第3次産業は57.5％と19.3ポイントもの大幅増であった。この背景には高度経済成長を契機とした「産業構造の高度化」がある。

さらに2015（平成27）年には、第一次産業従事数は4.0％、第二次産業は25.0％、第3次産業は71.0％という割合となっており、日本の産業構造の高度化にともない、サービス産業化が急激に進展したことがわかる。

(2)　少子高齢社会の現状

こうした産業構造の高度化にともない、地域社会においてもそこで暮らす人々の総人口数や家族構成等に急激な変化が見られることとなる。少子高齢社会の現状をみていこう。

図7－1　非DIDsの人口減少率（2005－2035）と高齢化率（2035都道府県別）

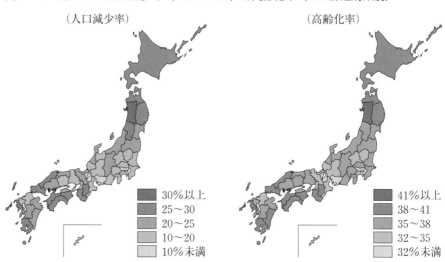

（人口減少率）　　　　　　　　　　　　　　　　　　（高齢化率）

30％以上	41％以上
25～30	38～41
20～25	35～38
10～20	32～35
10％未満	32％未満

注：人口減少率（％）＝（2005年の人口－2035年の人口）／2005年の人口×100。
資料：総務省「国勢調査」、国立社会保障・人口問題研究所「日本の都道府県別将来推計人口（平成19年5月）」をもとに農林水産省で推計
出典：農林水産省『平成21年度　食料・農業・農村白書』2010年　p.221

まず、人口が減少しつつある地域（非DID*³）を見てみよう。図7－1は、将来人口減少と高齢化率を都道府県別に表したものである。東京圏・名古屋圏・大阪圏などいわゆる「太平洋ベルト地帯」から距離的に遠方になるほど人口減少率も高齢化率も高くなることを示している。つまり人口減少や高齢化は全国一律に進むのではなく、不均等に法則性をもって進行することを理解する必要がある。

次に、図7－2を見てみよう。この半世紀の間に劇的にその従事者数が減少した第一次産業の主要地域である。どの類型区分でも人口減少がみられる。とりわけ減少率が大きい「山間農業地域」では、1970（昭和45）年から一貫して右肩下がりで人口減少が継続し、2045（令和27）年には30年前の人口（2015［平成27］年）の46％まで低下するとされている。「中間農業地域」も同様である。

産業構造の急激な変化とともに、自然減だけではなく社会減が続く農村地域では、したがって高齢化も今後顕著に進行する。図7－3でみる通り、

＊3
DIDは人口集中地区（Densely Inhabited District）を意味する。人口集中地区とは、国勢調査の基本単位区等を基礎単位として、❶原則として人口密度が1平方キロメートル当たり4,000人以上の基本単位区等が市区町村の境域内で互いに隣接して、❷隣接した地域の人口が国勢調査時に5,000人以上を有する地域をいう。

図7－2　農業地域類型区分別の人口推移と将来予測（2015［平成27］年を100とする指数）

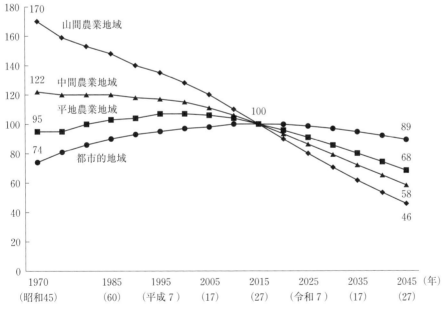

注1：国勢調査の組替集計による。なお、2020（令和2）年以降はコーホート分析による推計値である。
注2：農業地域類型区分は2000（平成12）年時点の市町村を基準とし、2007（平成19）年4月改定のコードを用いて集計した。
注3：①農業地域類型：農林水産省統計で使用される区分。②都市的地域：可住地に占めるDID面積が5％以上で人口密度500人以上又はDID人口2万人以上の市区町村。③平地農業地域：耕地率20％以上かつ林野率50％未満の市区町村。④中間農業地域：耕地率が20％未満で「都市的地域」及び「山間農業地域」以外の市区町村。⑤山間農業地域：林野率80％以上かつ耕地率10％未満の市町村。
資料：農林水産政策研究所「農村地域人口と農業集落の将来予測―西暦2045年における農村構造―」
出典：農林水産省『令和2年度 食料・農業・農村白書』2021年　p.233を一部改変

図7－3　農業地域類型区分別の65歳以上の人口比率の推計

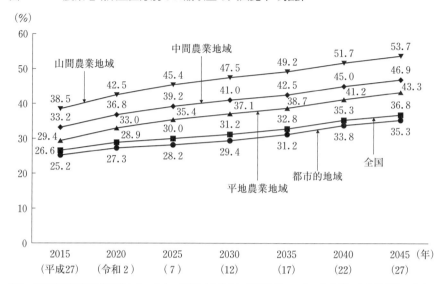

注1：国勢調査の組替集計による。なお、2020（令和2）年以降はコーホート分析による推計値である。
注2：農業地域類型区分は2000（平成12）年時点の市町村を基準とし、2007（平成19）年4月改定のコードを用いて集計した。
資料：農林水産政策研究所「農村地域人口と農業集落の将来予測―西暦2045年における農村構造―」
出典：農林水産省『令和元年度 食料・農業・農村白書』

「山間農業地域」では、高齢化率（65歳以上人口が総人口に占める割合）は2015（平成27）年は38.5％となっており、2045（令和27）年には53.7％に上昇するとされている。比較的高齢化率が低い平地農業地域であっても、同年には高齢化率が40％を超えると想定されている（国立社会保障・人口問題研究所2018［平成30］年推計）。

(3)　社会構造の変化にともなう家族構成の変化

　人口減少や高齢化が顕著に進行する農村地域を中心に見てきたが、そうした地域も含め、日本全国での家族類型別の世帯推移をみてみよう（図7－4）。
　核家族世帯（夫婦のみ・夫婦と子・一人親と子）が1970年代以降過半数を占めてしるが、特徴的なことは核家族中「夫婦のみ」世帯の割合の顕著な増大であり、そして単独世帯の激増である。なお、全世帯割合の中での単独世帯構成割合は、1975（同50）年に18.2％であったものが、2040（令和22）年（推計値）には39.3％にも増大すると推計されている。

3．多様な地域性と地域生活課題

　ここで、近年の地域生活における大きな課題となっている「孤立死」につ

図7−4　家族類型別一般世帯数および核家族世帯の推移

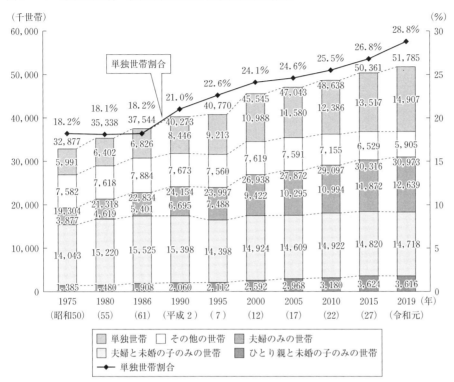

注1：①単独世帯：世帯員が一人だけの世帯。②夫婦のみの世帯：世帯主とその配偶者のみで構成する世帯。
　　　③夫婦と未婚の子のみの世帯：夫婦と未婚の子のみで構成する世帯。④ひとり親と未婚の子のみの
　　　世帯：父親または母親と未婚の子のみで構成する世帯。⑤その他の世帯：①〜④以外の世帯。
注2：1995（平成7）年の数値は兵庫県を除いたものである。
資料：1980（昭和55）年以前は厚生省大臣官房統計情報部「厚生行政基礎調査」、1986（昭和61）年以降は
　　　厚生労働省政策統括官付世帯統計室「国民生活基礎調査」

いてみてみる。

　2010年1月30日、NHKが『無縁社会—無縁死3万2千人の衝撃』[*4]を放映した。以来、孤独死・所在不明高齢者など、高齢者の社会的孤立状況が社会問題化してきた。多くの視聴者が「明日は我が身」と切迫感をもって受け止めたためであった。また朝日新聞は、同年暮れから同種のルポルタージュ「孤族の国」を連載開始している[*5]。ともに、この国の地域社会で起きている「社会的孤立」の実態をジャーナリズムの視点から明らかにしたものである。

　この「孤立死」の問題では、高齢世帯・単身世帯がその家族・親族・血縁関係者との関係性が途切れ、そして地域社会から孤立して「存在するが見えない世帯」となっている事に注目する必要がある。この視点からは、ひきこもりやニート、児童虐待、DV、自殺や社会的排除などの課題も同根の社会・生活問題であることが理解できよう。人々が孤立することのない地域づくり（まちづくり）が要請される理由である。

＊4
『無縁社会〜"無縁死"3万2千人の衝撃〜』は2010年に菊池寛賞を受賞した。担当チーフプロデューサは板垣淑子氏。

＊5
初出は2010年12月26日付「55歳、軽自動車での最期『孤族の国』男たち—1」。

しかしこの孤立死の問題一つとってみても、人々が気軽に集まり利用できる公民館や福祉センターの有無や利用頻度、そして地域社会の「地域住民間の日常的な連携・協力」の度合いや深まりによって、大きく違ってくる。リアルな生活問題の地域性である。地域間格差の現れとも言えよう。したがって「孤立死」に見られる生活問題であっても、取り組むべき課題は地域社会ごとに違い、きめ細かで有効な方法（対策）を考え実践していくことが必要となる。

【引用文献】
1）奥田道大「コミュニティ形成の論理と住民意識」磯村英一他編『都市形成の論理と住民』東京大学出版会　1971年

【参考文献】
・園田恭一著『現代コミュニティ論』東京大学出版会　1978年
・蓮見音彦・奥田道大編『地域社会論』有斐閣　1980年
・岡村重夫著『地域福祉論（社会福祉選書①）』光生館　1974年
・孝橋正一『続社会事業の基本問題』ミネルヴァ書房　1973年
・三塚武男『生活問題と地域福祉』ミネルヴァ書房　1997年
・林博幸・安井喜行編『社会福祉の基礎理論』ミネルヴァ書房　2002年
・野口定久編『新時代の地域福祉を学ぶ』みらい　2002年

第8章 地域福祉における行政組織及び専門職の役割

●本章のねらい

　本章では、社会福祉に関わる行政組織とその組織で働く専門職について取り上げる。近年は、地域福祉の推進により、行政機関、特に市町村の役割が変わってきているが、フォーマルなサービスを提供する機関として重要な役割を果たしている。

　フォーマルなサービスの根拠は、法令である。行政機関が行うことには根拠となる法令が必要となる。このため、法令をしっかり捉えることが肝要である。

　また、行政機関で働く専門職について取り上げる。社会福祉士という国家資格ができる前からある、「任用資格」にはどのようなものがあるかを捉えてもらうことがポイントである。これは、社会福祉士となれば、任用されることがあるからである。

　行政組織については、社会福祉士として実践をする上では直接関係のないことと思われがちであるが、社会資源という視点からその全体像を学んでもらいたい。

●プロローグ

　市役所、町村役場というと、近寄りがたいというイメージはないだろうか。また、「お役所仕事」という言葉も聞いたことがあるかもしれない。どちらかといえば、融通が利かないということを揶揄して用いられる。

　この背景として、行政機関の「公平性」という考え方がある。行政サービスの提供にあたり、担当した職員によって判断基準が異なると、同じ状況でもサービスを受けられる人と受けられない人が出てくる。このため、ルールを厳密に適用することになる。「お役所仕事」も別の視点で見れば、法律などで決められていることにより、確実なサービス提供が保障されることになり、そのことがフォーマルなサービスの強みであるといえる。

　なお、法律や政令・省令・通知と聞くと、読みにくくて難しいと思うかもしれない。これは、誰が読んでも同じように理解できるように（異なった解釈ができないように）つくられているからである。難しい法令を説明された上で、給付は受けられないと冷たくあしらわれる、といったイメージもあるかもしれない。しかし、生活をしていく上での困りごとの相談ならば、しっかり受け止めてくれるはずである。法令に慣れ、行政機関を味方にすることは、利用者の方によりよい援助を展開する上でも必要なことだといえる。

1．国と地方公共団体（地方自治体）

⑴　社会福祉制度に関わる国の機関

①厚生労働省

　国の機関において社会福祉制度に関わる業務を担うのは主に厚生労働省である（図8－1）。厚生労働省は、2001（平成13）年1月、厚生省と労働省が統合され発足した。社会福祉については、生活保護や地域福祉や基盤整備を担う社会・援護局、障害者福祉を担う障害保健福祉部、子育て支援・保育・母子保健などを担う子ども家庭局、介護保険を含む高齢者に関する福祉を担う老健局などが配置されている。

　また、社会保障についての提言を行うため、厚生労働省設置法第6条に基づき、「社会保障審議会」が設置されている[*1]。

　労働に関しては、労働保険に関する業務を担う労働基準局、高齢者雇用対策、障害者雇用対策などを担う職業安定局、雇用環境・均等局といった部局がある。

②その他の国の機関

　厚生労働省が社会福祉の中心を担う一方、他の省庁の業務も社会福祉の政策に関わっている。例えば国土交通省は、バリアフリーやユニバーサルデザインに関する取り組みや過疎地域対策、防災を含めたまちづくりや「住宅セーフティネット」、サービス付き高齢者向け住宅に関する業務を行っている。法務省は、少年法や更生保護、医療観察制度等、司法の方面から福祉業務を担っている。

　複数の省庁にまたがる業務・調整は内閣府が担っている。例えば特定非営利活動法人（NPO法人）は様々な分野で活動を行うことから、内閣府の所管となっている。

　災害救助法や災害対策基本法、被災者生活再建支援法など災害復興に関わる業務、また、高齢社会対策基本法、少子化社会対策基本法、障害者基本法という様々な政策の根幹となる「基本法」の策定、厚生労働省が所管する保育所と文部科学省が所管する保育所について定めている子ども・子育て支援法、子どもの貧困対策の推進に関する法律、障害を理由とする差別の解消の推進に関する法律も内閣府の所管である[*2]。

図 8 - 1　厚生労働省の組織図

注：2020年 8 月 7 日現在
出典：厚生労働省『令和 2 年版厚生労働白書』（資料編）2020年　p.289

(2)　地方公共団体の定義

①都道府県・市町村

　地方自治法第1条の2では、地方公共団体について「住民の福祉の増進を図ることを基本として、地域における行政を自主的かつ総合的に実施する役割を広く担うもの」としている。同条第2項において、「国は、前項の規定の趣旨を達成するため」として以下の点を重点的に担うこととしている。

①　国においては国際社会における国家としての存立に関わる事務。

②　全国的に統一して定めることが望ましい国民の諸活動、地方自治に関する基本的な準則に関する事務。

③　全国的な規模で若しくは全国的な視点に立って行わなければならない施策及び事業の実施。

④　その他の国が本来果たすべき役割。

　そして「住民に身近な行政はできる限り地方公共団体にゆだねることを基本として、地方公共団体との間で適切に役割を分担するとともに、地方公共団体に関する制度の策定及び施策の実施に当たつて、地方公共団体の自主性及び自立性が十分に発揮されるようにしなければならない」とある。住民に身近な社会福祉については、地方公共団体、その中でも市町村の役割が大きいといえる。

　地方公共団体は、地方自治法第1条の3において、以下のように定められている。

地方自治法
第1条の3　地方公共団体は、普通地方公共団体及び特別地方公共団体とする。
2　普通地方公共団体は、都道府県及び市町村とする。
3　特別地方公共団体は、特別区、地方公共団体の組合及び財産区とする。

　普通地方公共団体は、「地域における事務及びその他の事務で法律又はこれに基づく政令により処理することとされるものを処理する」（地方自治法第2条第2項）。このうち市町村は、基礎的な地方公共団体として、一般的に前述の事務を処理することから、基礎的自治体と呼ばれる。

　これに対して都道府県は、「市町村を包括する広域の地方公共団体として、（中略）広域にわたるもの、市町村に関する連絡調整に関するもの及びその規模又は性質において一般の市町村が処理することが適当でないと認められるものを処理する」（同条第5項）ことから、広域自治体と位置づけられている。

図8-2　指定都市・中核市・施行時特例市の主な事務指定

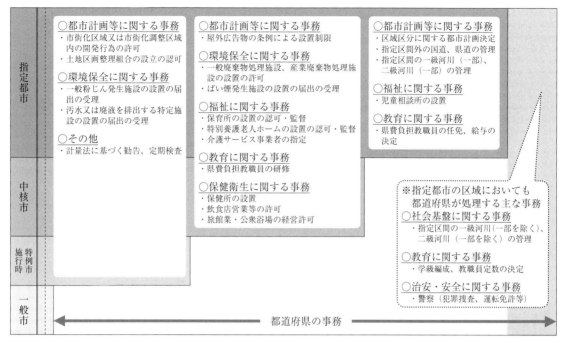

出典：総務省ウェブサイト「地方公共団体の区分」
　　　https://www.soumu.go.jp/main_content/000153148.pdf

②指定都市（政令指定都市）・中核市

　地方自治法第2条第4項では、本来都道府県が処理するとされる事務のうち、「その規模又は性質において一般の市町村が処理することが適当でないと認められるものについては、当該市町村の規模及び能力に応じて、これを処理することができる」されている。これは、指定都市（政令指定都市）・中核市が、都道府県の権限にわたる範囲の事務を処理できることを指す（図8-2）。指定都市は人口50万人以上[*3]、中核市は人口20万人以上[*4]で政令により指定された市である。

③特別区

　特別区[*5]は「特別地方公共団体」である。一般的に「市区町村」呼ぶうちの「区」にあたり、地方自治法上は異なる位置づけとなっている。このことは、例えば、介護保険法第3条での保険者が「市町村及び特別区」と定義されているところに表れている。

　特別区では、市町村が行う事務のうちの一部を都が行っている。主なものとして上下水道、消防がある。従来、特別区では人口50万人以上であっても児童相談所を設置でなかったが、2017（平成29）年4月から設置可能となっ

[*3]
2021（令和3）年2月現在、20市である。地方自治法第252条の19で指定都市が人口50万人以上と定められているが、実際には人口70万人以上の市が指定されている。

[*4]
2021（令和3）年2月現在、60市である。現在は、地方自治法第252条の22で人口20万人以上と定められている。以前は、人口30万人以上とされていたが、2015（平成27）年に、特例市制度の見直しに伴い、現在の基準となった。このとき、中核市に移行しなかった特例市は施行時特例市として位置づけられている。

た。

④地方公共団体の組合

　特別地方公共団体には地方公共団体の組合と財産区＊6も含まれる。地方公共団体の組合には、一部事務組合と広域連合がある。ともに、複数の地方公共団体が共同で事務を行う時に設立される団体である。例えば、後期高齢者医療は、都道府県の単位で設立された47の広域連合にすべての市町村が加入して運営されている。

　一部事務組合が同一の事務を持ち寄って共同処理するのに対し、広域連合は、多角的な事務処理を通じて広域的な行政目的を達成することが可能な仕組みとなっている。

(3)　地方公共団体の事務

法定受託事務と自治事務

　地方公共団体の事務には「自治事務」と「法定受託事務」があり、地方自治法第2条において規定されている。

　法定受託事務以外の事務は自治事務である。法定受託事務は、「国が本来果たすべき役割」を都道府県や市町村、特別区が行う「第1号法定受託事務」と「都道府県が本来果たすべき役割」を市町村、特別区が行う「第2号法定受託事務」に区分される。

　社会福祉については、第1号法定受託事務にあたる事務があり、主なものとして、生活保護法における保護の実施が挙げられる。生活保護法第1条に「国家責任の原理」が定められているが、保護の実施については福祉事務所が行っている。このため、生活保護の基準や福祉事務所の現業員の数などが国によって示されている。他にも児童扶養手当の支給や社会福祉法人の認可などがある。

　自治事務としては、養護老人ホームへの入所措置や介護保険の保険者としての事務が挙げられる。自治事務は、法令に基づき都道府県や市町村が実施しているが、国が本来果たすべき役割に係るものかどうかがポイントとなる。

　なお、現在の定義は、2000（平成12）年の地方分権一括法の施行によるものである。それまでは、機関委任事務、団体委任事務、公共事務、行政事務とされていたものが、現在の枠に再編された。

２．福祉行政における行政組織及び専門職の役割

(1) 社会福祉の実施機関

社会福祉の実施機関の全体像は、図8－3の通りである。厚生労働省など国の機関のもとで、都道府県、市町村において社会福祉の実施体制が築かれ

図8－3　社会福祉の実施体制の概要

出典：厚生労働省『令和３年版厚生労働白書』（資料編）2021年　p.194を一部改変

ている。社会福祉を実施するために、専門機関としての福祉事務所、児童相談所、身体障害者更生相談所、知的障害者更生相談所、婦人相談所が置かれている。

(2) 地方社会福祉審議会

地方社会福祉審議会は、社会福祉法第7条に基づき児童福祉、精神障害者福祉を除く社会福祉に関する事項を調査審議する機関であり、都道府県、政令指定都市と中核市に設置されている。児童福祉については、児童福祉法第8条に基づき児童福祉審議会を設置、精神保健福祉については、「精神保健及び精神障害者の福祉に関する法律」（精神保健福祉法）第9条に基づき精神保健福祉審議会を設置することとなっている。

社会福祉法第11条第1項では、地方社会福祉審議会の「専門分科会」として「民生委員の適否の審査に関する事項を調査審議するため」の民生委員審査専門分科会、「身体障害者の福祉に関する事項を調査審議するため」の身体障害者福祉専門分科会を設置することとし、同条第2項において「必要に応じ、老人福祉専門分科会その他の専門分科会を置くことができる」と規定している。

(3) 福祉事務所

①福祉事務所の法的基盤と業務

福祉事務所については、社会福祉法第14条で定められている。

第1項に「都道府県及び市（特別区を含む。以下同じ。）は、条例で、福祉に関する事務所を設置しなければならない」とあり、都道府県及び市区は、義務設置となっている。町村は任意設置であり（同条第3項）、福祉事務所のない町村については、都道府県の福祉事務所の管轄となる（図8－4）。

都道府県の福祉事務所については、「生活保護法、児童福祉法及び母子及び父子並びに寡婦福祉法に定める援護又は育成の措置に関する事務のうち都道府県が処理することとされているものをつかさどるところとする」（第14条第5項）とされている。見方を変えると、老人福祉法、身体障害者福祉法、知的障害者福祉法に関する事務については、福祉事務所を設置していなくても町村の事務となる。

市区及び福祉事務所を設置した町村は、「生活保護法、児童福祉法、母子及び父子並びに寡婦福祉法、老人福祉法、身体障害者福祉法及び知的障害者福祉法に定める援護、育成又は更生の措置に関する事務のうち市町村が処理することとされているもの（政令で定めるものを除く。）をつかさどるとこ

図 8 − 4　福祉事務所の活動

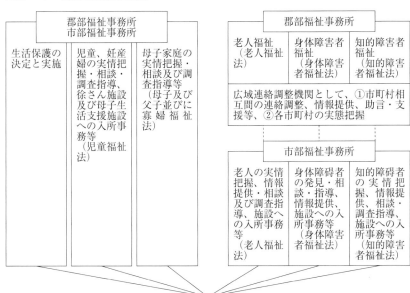

出典：社会福祉の動向編集委員会編『社会福祉の動向2021』中央法規出版　2021年　p.27

ろとする」（第 6 項）とあり、福祉六法の事務を行うこととなる。

②福祉事務所の専門職

指導監督を行う所員・現業を行う所員・事務を行う所員

　福祉事務所の職員については、社会福祉法で定められている。

社会福祉法（組織）
第15条　福祉に関する事務所には、長及び少なくとも次の所員を置かなければならない。ただし、所の長が、その職務の遂行に支障がない場合において、自ら現業事務の指導監督を行うときは、第一号の所員を置くことを要しない。
　1　指導監督を行う所員
　2　現業を行う所員
　3　事務を行う所員

表 8 − 1　福祉事務所現業員の標準数

設置主体	現業員標準数	追加する定数
都道府県	被保護世帯が390世帯以下なら 6 人	65世帯増えるごとに 1 名
市・特別区	被保護世帯が240世帯以下なら 3 人	80世帯増えるごとに 1 名
町村	被保護世帯が160世帯以下なら 2 人	80世帯増えるごとに 1 名

出典：厚生労働省ウェブサイト「福祉事務所」
https://www.mhlw.go.jp/stf/seisakunitsuite/bunya/hukushi_kaigo/seikatsuhogo/fukusijimusyo/index.html

　この現業を行う所員については同条第 4 項において、「所の長の指揮監督を受けて、援護、育成又は更生の措置を要する者等の家庭を訪問し、又は訪問しないで、これらの者に面接し、本人の資産、環境等を調査し、保護その他の措置の必要の有無及びその種類を判断し、本人に対し生活指導を行う等の事務をつかさどる」とされている。この「現業を行う所員」がソーシャルワーカーと捉えることができる。なお、「指導監督を行う所員」と「現業を行う所員」は、社会福祉主事でなければならない（同条第 6 項）。

　所員の定数については、同法第16条において「条例で定める」とされているが、但し書きがあり「現業を行う所員の数は、各事務所につき、それぞれ次の各号に掲げる数を標準として定めるものとする」とある。現業を行う所員については、生活保護を受けている被保護世帯数に応じて標準数が定められている。

　市・特別区と町村は、現業員 1 人あたりの担当世帯数がおおよそ80世帯である。町村の場合、被保護世帯数が少ないこともあり、160世帯以下の場合は 2 人でよいことになっている。対して都道府県は、広い範囲を担当することになるため、65世帯あたり 1 名の現業員を配置している。

身体障害者福祉司

　「市及び町村は、その設置する福祉事務所に、身体障害者福祉司を置くことができる」（身体障害者福祉法第11条の 2 第 2 項）とされ、身体障害者福祉に関する福祉事務所の所員に対する技術的指導、専門的な知識及び技術を必要とする相談への対応などを行う。

知的障害者福祉司

　「市町村は、その設置する福祉事務所に、知的障害者福祉司を置くことができる」（知的障害者福祉法第13条第 2 項）とされ、知的障害者福祉に関する事務所の所員に対する技術的指導、専門的な知識及び技術を必要とする相談への対応などを行う。

(4)　児童相談所

①児童相談所の法的基盤と業務

　都道府県（児童福祉法第12条）、及び指定都市（同法第59条の４）は、児童相談所を設置しなければならない。さらに、政令により中核市、特別区を含む市が児童相談所を設置することができるとされている。

　児童相談所の業務は、児童福祉法第12条第２項に定められている。主なものは以下の通りである。

> ・市町村相互の連絡調整、市町村に対する情報の提供。
> ・児童及び妊産婦の福祉に関して児童に関する家庭その他からの相談のうち、専門的な知識及び技術を必要とするものに応ずること。
> ・児童及びその家庭につき、必要な調査並びに医学的、心理学的、教育学的、社会学的及び精神保健上の判定を行うこと。
> ・児童及びその保護者対して、調査・判定に基づいて心理または児童の健康及び心身の発達に関する専門的な知識及び技術を必要とする指導その他必要な指導を行うこと。
> ・児童の一時保護を行うこと。
> ・児童の権利の保護の観点から、一時保護の解除後の家庭その他の環境の調整、当該児童の状況の把握その他の措置により当該児童の安全を確保すること。
> ・里親に関する普及啓発、里親の相談に応じて必要な情報の提供、助言、研修その他の援助を行うなど里親に関すること。
> ・児童を養子とする養子縁組についての相談に応じ、必要な情報の提供、助言その他の援助を行うこと。
> ・児童及び妊産婦の福祉に関し、広域的な対応が必要な業務並びに家庭その他につき専門的な知識及び技術を必要とする支援を行うこと。

②児童相談所の専門職

　「都道府県は、その設置する児童相談所に、児童福祉司を置かなければならない」（児童福祉法第13条）。その数は、同条第２項に、①各児童相談所の管轄区域内の人口、②児童虐待の防止等に関する法律に規定する児童虐待に係る相談に応じた件数、③同法の規定による里親への委託の状況及び市町村におけるこの法律による事務の実施状況、④その他の条件を総合的に勘案して、政令で定める基準を標準とし、都道府県が定めることとなっている。

(5)　身体障害者更生相談所

①身体障害者更生相談所の法的基盤と業務

　「都道府県は、身体障害者の更生援護の利便のため、及び市町村の援護の適切な実施の支援のため、必要の地に身体障害者更生相談所を設けなければならない」（身体障害者福祉法第11条）。政令指定都市についても義務設置で

ある。また、同法第43条の2の大都市等の特例により、指定都市も設置することができる。

　主な業務は、専門的な知識や技術を必要とする相談・指導、医学的・心理学的及び職能的判定、補装具の処方や適合判定、巡回相談やリハビリテーションの推進のほか、市町村の区域を超えた広域的な見地の実情の把握、市町村相互間の連絡調整、市町村に対する情報の提供、必要な助言などである。身体障害者手帳の交付は、身体障害者更生相談所のほか、政令指定都市、中核市が行う。

②身体障害者更生相談所の専門職

　「都道府県は、その設置する身体障害者更生相談所に、身体障害者福祉司を置かなければならない」（身体障害者福祉法第11条）。これは、政令指定都市の身体障害者更生相談所にも準用される。

⑹　知的障害者更生相談所

①知的障害者更生相談所の法的基盤と業務

　「都道府県は、知的障害者更生相談所を設けなければならない」（知的障害者福祉法第12条）。また、大都市等の特例により、政令指定都市も設置することができる（同法第30条）。

　その主な業務は、専門的な知識や技術を必要とする相談・指導、18歳以上の知的障害者の医学的・心理学的及び職能的判定、巡回相談、各市町村の区域を超えた広域的な見地の実情の把握、市町村相互間の連絡・調整、市町村に対する情報の提供その他必要な援助を行うことである。また、療育手帳の交付を行っている。

②知的障害者更生相談所の専門職

　「都道府県は、その設置する知的障害者更生相談所に、知的障害者福祉司を置かなければならない」（知的障害者福祉法第13条）。これは、指定都市にも準用される。

⑺　婦人相談所

①婦人相談所の法的基盤と業務

　婦人相談所は、売春防止法第34条1項に「都道府県は、婦人相談所を設置しなければならない」と規定され、同条2項で指定都市は、「婦人相談所を設置することができる」とされている。

　その業務は、第34条第3項で定められている。

> **売春防止法（婦人相談所）**
> **第34条3**　婦人相談所は、性行又は環境に照して売春を行うおそれのある女子（以下「要保護女子」という。）の保護更生に関する事項について、主として次に掲げる業務を行うものとする。
> 　1　要保護女子に関する各般の問題につき、相談に応ずること。
> 　2　要保護女子及びその家庭につき、必要な調査並びに医学的、心理学的及び職能的判定を行い、並びにこれらに付随して必要な指導を行うこと。
> 　3　要保護女子の一時保護を行うこと。

　婦人相談所における一時保護は、「配偶者からの暴力の防止及び被害者の保護等に関する法律」におけるシェルターの機能も果たしている。

②婦人相談所の専門職

　「婦人相談所に関する政令」第2条第3項では、婦人相談所の職員のうち「相談及び調査をつかさどる職員」は、社会福祉主事を有する者から任用することとされている。

⑻　精神保健福祉センター

①精神保健福祉センターの法的基盤と業務

　精神保健福祉センターは、精神保健福祉法第6条に基づき都道府県及び政令指定都市に設置されている。地域によっては「こころの相談センター」という名称も用いられている。精神保健福祉法第6条第2項では、以下のような具体的な業務が規定されている。

①　精神保健及び精神障害者の福祉に関する知識の普及を図り、調査研究を行うこと。

②　精神保健及び精神障害者の福祉に関する相談及び指導のうち複雑または困難なものを行うこと。

③　精神医療審査会[*7]の事務を行うこと。

④　精神障害者保健福祉手帳の申請に対する決定、及び自立支援医療費（精神障害者に係るもの）に関する事務のうち専門的な知識及び技術を必要とするものを行うこと。

⑤　市区町村が、介護給付費等の支給や地域相談支援給付の支給の要否決定を行うに当たり、意見を述べること。

⑥　「障害者の日常生活及び社会生活を総合的に支援するための法律」（障害者総合支援法）の規定に基づき、市町村に対し技術的事項についての協力その他必要な援助を行うこと。

[*7]　**精神医療審査会**
「精神保健及び精神障害者福祉に関する法律」第12条に基づき、❶病院管理者から都道府県に提出された医療保護入院者の入院届・定期病状報告書、❷措置入院者の定期病状報告書、❸本人や家族からの退院や処遇改善の請求を踏まえ、入院や処遇についての審査を行う機関。

②精神保健福祉センターの専門職

　「精神保健福祉センター運営要領」において、精神保健福祉センターの標準的な職員構成として、❶医師（精神科の診療に十分な経験を有する者であること）、❷精神保健福祉士、❸臨床心理技術者、❹保健師、❺看護師、❻作業療法士が示されている。

3．地域福祉の推進と市町村

　社会福祉法の第10章では「地域福祉の推進」について規定している。その中では「包括的な支援体制の整備」として、市町村は「地域住民等及び支援関係機関による、地域福祉の推進のための相互の協力が円滑に行われ、地域生活課題の解決に資する支援が包括的に提供される体制を整備するよう努める」と規定されている（社会福祉法第106条の3）[*8]。また、同法第107条には市町村が高齢者福祉、障害者福祉、児童福祉など共通して取り組むべき事項、福祉サービスの適切な利用の推進、住民の参加の促進などについて「市町村地域福祉計画」を策定するよう努めることが定められている[*9]。

　社会福祉法では、「地域住民」「社会福祉を目的とする事業を経営する者」「社会福祉に関する活動を行う者」が地域福祉の推進に努めなければならないと定めている。しかし上記のように、決して行政機関の役割がなくなったわけではない。

*8
包括的支援等については第12章参照。

*9
市町村地域福祉計画については第10章参照。

【参考文献】
・厚生労働省『令和3年版　厚生労働白書』2021年
・平谷英明『一番やさしい地方自治の本＜第2次改訂版＞』学陽書房　2015年
・石川久『図解　福祉行政はやわかり〈第1次改訂版〉』学陽書房　2017年
・柏木ハルコ『健康で文化的な最低限度の生活』小学館（ビックコミックス全10巻）
・慎泰俊『ルポ　児童相談所——時保護所から考える子ども支援—』ちくま書房　2017年
・井上景『行列のできる児童相談所—子ども虐待を人任せにしない社会と行動のために—』北大路書房　2019年

第9章 財政と地域福祉

● 本章のねらい

　本章の目的は、社会保障各制度の負担と給付の実態、課題及び改革の方向を財政
の観点から整理・検討することにある。具体的には次の3つのテーマを取り上げ、
主に財源問題を中心に考察する。
　第1は、財政の基本的機能を概観して、国の一般会計の内容（歳入と歳出の構造）、
社会保障関係費と社会保障給付費の相違及び動向それぞれを整理する。第2は、地
方財政の構造と民生費の内容・経緯（都道府県と市町村の関係を含む）を把握する。
第3は、社会保障給付費における公的財源、利用者（自己）負担及び民間財源等の
内容を確認した上で、財源に関する現代の課題を整理する。

● プロローグ

　日本の社会保障給付費は、2019（令和元）年度の決算額で、123兆9,241億
円となっている。こうした給付費は、高齢化の進行に伴って増加しており、
これにより公共部門の役割も大きくなりつつある。

　社会保障は、年金、医療及び介護等の社会保険の他に、生活保護や障害者
福祉・児童福祉等の社会福祉を指している。これらの給付費の主な財源は、
社会保険料と租税収入であり、社会保険各制度と地域福祉の取り組み（介護・
福祉施設の整備を含む）等に応じて配分される。

　一方、日本の経済は、1990年代初頭のバブル経済の崩壊や2008年のリーマ
ン・ショック等により長期的に停滞しており、財源の安定確保が困難になり
つつある。これは財政赤字を拡大させ、社会・経済状態に応じた財政の弾力
的運用を制約する要因にもなっている（財政赤字に伴う公債残高は、約1,100
兆円になっている）。一般に「社会保障の充実」は好意的に評価される一方、「国
民負担の増加」は批判的に捉えられるが、今後の社会保障の維持・安定化を
図る上で、国民負担の増加を踏まえた検討が必要になっている。

　こうした課題に対して「社会保障と税の一体改革」が提唱され、2012（平
成24）年に関連法案が成立した。主な内容は、消費税の増税により財源を調
達して、これを社会保障給付費と財政再建資金の一部として活用しようとす
ることにある。

1. 国の財政と社会保障

(1) 財政の機能と国家財政の構造

①財政の基本的機能

　財政は公共部門（国と地方公共団体）の経済活動を表しており、基本的機能として次の3つが挙げられる。第1は「所得再分配機能」である。市場経済は雇用機会や稼得能力による所得格差を調整・是正することができないため、一定の公的対応が必要になる*¹。一般にこの場合には、所得税によって高所得者に対して重い税負担（累進課税）が課され、その税収が生活保護制度等を通して失業者や低所得者に再分配される。また、資産や遺産に対する課税の収入も、所得再分配の財源になり得る。

　第2は「資源配分機能」である。例えば国防、警察及び消防については、利潤拡大を目的とする民間企業に委ねることは適切とはいえない。医療や介護、教育、さらに道路等の整備についても、社会全体の量的・質的向上と地域間の平等化の観点から、公的対応が必要になる。公共部門は、これらの必要性や重要性の高い分野ないし地域に対して、資金を含め各種の公共財・サービスを提供している。

　第3の「経済安定成長機能」は、需要の減少に伴うデフレ、またはその拡大に伴うインフレを調整・是正しようとするものである。一般にデフレの際には、公共事業等の支出拡大、所得税や法人税の減税により、需要を刺激する政策がとられる（裁量的支出政策）。また、所得税や法人税等の税制、失業保険給付や生活保護等の社会保障制度は、景気の自動調整機能を備えている。

②一般会計予算の概要

　国は、こうした機能を遂行する上で租税等によって財源を調達して、これを様々な分野に支出する。具体像を把握するために、図9－1において2021（令和3）年度の一般会計予算をみておこう。一般会計予算は、経済・社会に対する国の基本的考え方（あるいは姿勢）を表すものである*²。

　一般会計の歳出と歳入それぞれの総額は、106兆6,097億円である。歳出については、社会保障関係費が35兆8,421億円（歳出総額に占める割合は33.6％）、国債費が23兆7,588億円（同22.3％）、及び地方交付税交付金等が15兆9,489億円（同15.0％）となっており、これら3つの経費で全体のおよそ71％を占める。

＊1
公的対応の方法としては、政府の介入（資金の調達と支出を含む）、規制及び管理が挙げられる。

＊2
一般会計の「決算」は、各年度における国家財政の最終的（事後的）な姿であるが、ここでは予算についてみていく。

図9－1　2021（令和3）年度　一般会計予算

（単位：億円）

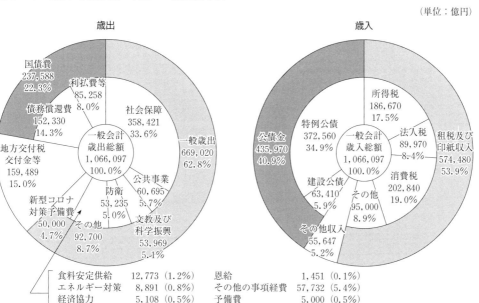

食料安定供給　12,773（1.2%）　　　　恩給　　　　　　　　1,451（0.1%）
エネルギー対策　8,891（0.8%）　　　　その他の事項経費　57,732（5.4%）
経済協力　　　　5,108（0.5%）　　　　予備費　　　　　　5,000（0.5%）
中小企業対策　　1,745（0.2%）

※「一般歳出」とは、歳出総額から国債費及び地方交付税交付金等を除いた経費のこと。
※「基礎的財政収支対象経費」（＝歳出総額のうち国債費の一部を除いた経費のこと。当年度の政策的経費を表す指標）
　は、833,744（78.2%）。
注1：計数については、それぞれ四捨五入によっているので、端数において合計とは合致しないものがある。
注2：一般歳出における社会保障関係費の割合は53.6%。
出典：人事院東北事務局「国の行政機関の組織図」
　　　https://www.jinji.go.jp/touhoku/soshikizu20.pdf

歳出

　歳出の中で、国債費や地方交付税交付金を除いたものが「政策的経費」といわれ、社会保障や文教及び科学振興、公共事業等を指している。国債費（債務償還費と利払費）は、いわゆる国の借金の返済であり、地方交付税交付金は、各自治体の財源の偏在（財政力格差）の調整を目的とした地方財政調整制度の一つである。

　社会保障関係費（35兆8,421億円）の内訳は、年金給付費が12兆7,005億円、医療給付費が11兆9,821億円、介護給付費が3兆4,662億円であり、また生活扶助等社会福祉費が4兆716億円、少子化対策費が3兆458億円、保健衛生対策費が4,768億円、雇用労災対策費が991億円となっている。この中で、年金、医療及び介護の各給付費の合計は28兆1,488億円であり、社会保障関係費の78.5%を占める。

歳入

　歳入については、租税及び印紙収入が57兆4,480億円（歳入総額に占める割合は53.9%）であり、公債金収入が43兆5,970億円（同40.9%）となって

いる。公債金（借金）による財源の調達は、償還・利払いの段階で政策的経費に関わる資金を制約することになるため、「財政の硬直化」につながる。とりわけ、社会保障関係費が増大する中で、公債金に依存する財政は、社会保障における国の機能（役割）を低下させる要因にもなり得る。

　こうした問題に対応する上で、社会保障と租税・財政の改革を同時に進める必要性が指摘され、「社会保障と税の一体改革」が実行されることとなった（2014［平成26］年に基本方針が閣議決定）。主な目的は、消費税の増税により社会保障財源（特に、子ども・子育て、医療・介護及び年金関係）の安定確保と財政健全化を図ろうとすることにある[*3]。これについては、第3節「福祉の財源」において改めて取り上げる。

(2)　社会保障関係費と社会保障給付費

　社会保障関係費は、上にみたように社会保障に対する国の支出を指しており、主な財源は租税及び印紙収入と公債（国債）発行収入によるものである。これに対して社会保障給付費は、こうした支出だけではなく、社会保障に関わるすべての公的支出を指しており、その財源には保険料収入と自治体の収入（地方税と地方債発行収入等）も含まれる[*4]。

　社会保障給付費は、ILO（International Labour Organization：国際労働機関）が定めた基準に基づき、社会保険や社会福祉等の各制度を通じて1年間に給付される金銭（現金給付）またはサービス（現物給付）の合計額を指している。

　ILOは、社会保障の基準を以下の3つに定めており、これらを満たすものが社会保障制度と定義される。第1は、次のリスクやニーズのいずれかに対する給付を目的とすることにあり、❶高齢、❷遺族、❸障害、❹労働災害、❺保健医療、❻家族、❼失業、❽住宅、❾生活保護その他を指している（こうした区分は、「機能別分類」ともいわれる）。

　第2は、法律によって制度が定められ、これによりサービスの提供者及び受給者に特定の権利が付与されることにある。

　第3は、法律に規定された公的、準公的もしくは独立の機関（組織）により管理されることにある。これには、法的に責務の遂行を委任された民間の機関（組織）が含まれる。

　以上の基準に従えば、社会保障給付費としては、社会保険（雇用保険や労働者災害補償保険を含む）、社会福祉、公的扶助及び公衆衛生サービス等の給付費が含まれる。また、児童福祉や老人福祉において、地方公共団体の自主財源から賄われる費用が上記の基準に沿う場合には、社会保障給付費に含

＊3
政府・与党社会保障改革本部決定資料「社会保障・税一体改革素案」（2012年）、内閣官房社会保障改革担当室資料「社会保障と税の一体改革」（2015年）等より。

＊4
社会保障財源として租税（公費）が投入される基本的な理由は、第1に保険料負担（率）の抑制、第2に社会保障制度を通した所得の再分配にある。

図9-2　社会保障給付費の推移

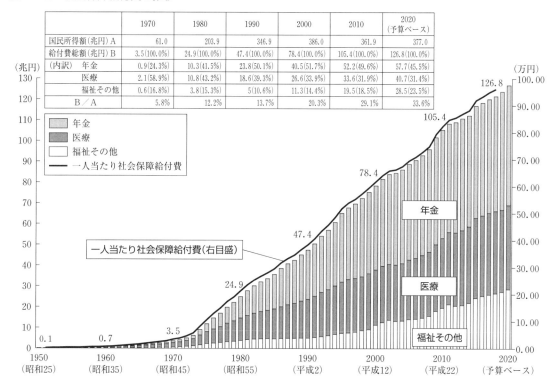

	1970	1980	1990	2000	2010	2020 （予算ベース）
国民所得額（兆円）A	61.0	203.9	346.9	386.0	361.9	377.0
給付費総額（兆円）B	3.5(100.0%)	24.9(100.0%)	47.4(100.0%)	78.4(100.0%)	105.4(100.0%)	126.8(100.0%)
（内訳）　年金	0.9(24.3%)	10.3(41.5%)	23.8(50.1%)	40.5(51.7%)	52.2(49.6%)	57.7(45.5%)
医療	2.1(58.9%)	10.8(43.2%)	18.6(39.3%)	26.6(33.9%)	33.6(31.9%)	40.7(31.4%)
福祉その他	0.6(16.8%)	3.8(15.3%)	5(10.6%)	11.3(14.4%)	19.5(18.5%)	28.5(23.5%)
B／A	5.8%	12.2%	13.7%	20.3%	29.1%	33.6%

注：図中の数値は、1950、1960、1970、1980、1990、2000及び2010並びに2020年度（予算ベース）の社会保障給付費（兆円）である。
資料：国立社会保障・人口問題研究所「平成30年度社会保障費用統計」、2019～2020年度（予算ベース）は厚生労働省推計、2020年
　　　度の国民所得額は「令和3年度の経済見通しと経済財政運営の基本的態度（令和3年1月18日閣議決定）」
出典：厚生労働省「社会保障給付費の推移」を一部改変
　　　https://www.mhlw.go.jp/content/000651378.pdf

めることが望ましいとされる[5]。

　次に、社会保障給付費の内容を部門別にみた場合には、「年金」「医療」及び「福祉その他」に分類され、この中で「年金」には、厚生年金、国民年金等の公的年金、恩給及び労災保険の年金給付が含まれる。

　「医療」には、医療保険と後期高齢者医療の給付、生活保護の医療扶助、労災保険の医療給付、結核、精神その他の公費負担による医療が含まれる。

　「福祉その他」には、社会福祉サービスや介護対策に係る費用、生活保護の医療扶助以外の各種扶助、児童手当等の各種手当、医療保険の傷病手当、労災保険の休業補償給付、及び雇用保険の失業給付が含まれる。なお、介護対策としては、介護保険給付と生活保護の介護扶助、及び介護休業給付が挙げられる。

　図9-2は、社会保障給付費の推移を示したものである。2020（令和2）年度の社会保障給付費の総額は、予算ベースで126兆8,000億円となっている

*5
ただし、国内の統計資料には制約があり、詳細な実態把握が困難とされるため、これは基本的に社会保障給付費には含まれていない。

表9－1　令和元年度の社会保障給付費

項目別内訳		金額（億円）	構成割合（％）	対国民所得比（％）
年　　金		554,520	44.7	13.82
医　　療		407,226	32.9	10.15
福祉その他		277,494	22.4	6.92
	介護対策（再掲）	107,361	8.7	2.68
合　　計		1,239,241	100.0	30.88

注：それぞれの合計額は1千万円単位の四捨五入の関係で一致していない。
出典：国立社会保障・人口問題研究所「令和元年度社会保障費用統計」2021年より作成
　　　http://www.ipss.go.jp/ss-cost/j/fsss-R01/R01.pdf

表9－2　機能別分類で見た社会保障給付費

区　　分	金額（億円）	構成比（％）
高　　齢	578,347	46.7
保健医療	390,815	31.5
家　　族	91,908	7.4
遺　　族	64,499	5.2
障　　害	49,001	4.0
生活保護その他	34,703	2.8
失　　業	14,635	1.2
労働災害	9,305	0.8
住　　宅	6,028	0.5
合　　計	1,239,241	100.0

注：それぞれの合計額は1千万円単位の四捨五入の関係で一致していない。
出典：国立社会保障・人口問題研究所「令和元年度社会保障費用統計」2021年より作成
　　　http://www.ipss.go.jp/ss-cost/j/fsss-R01/R01.pdf

　（2019［令和元］年度の決算ベースでみれば123兆9,241億円であり、これについては表9－1で取り上げる）。

　社会保障給付費は、1970年代前半以降、大きく増加しており、これは主に年金の物価スライド制や老人医療費（自己負担）の無料化策の導入、及び社会福祉施設の整備によるものである。こうした制度・政策的要因のほかに、高齢化の進行が、社会保障給付費の増加につながる社会的要因になっている。

　なお、社会保障給付費の対国民所得比（図9－2のB／A）は、1970（昭和45）年度の決算ベースでは5.8％、1980（同55）年には12.2％であったが、2000（平成12）年度には20％をこえ、2020（令和2）年度の予算ベースでは33.6％となっている。これは国民所得（あるいは景気）の動向にかかわらず、

今後も上昇すると予想されている。

　表9-1は、2019（令和元）年度における社会保障給付費（決算）の部門別の内容、構成割合及び対国民所得比を示したものである。これらの内容を整理すると、「年金」が55兆4,520億円（構成割合は44.7%）、「医療」が40兆7,226億円（同32.9%）、「福祉その他」が27兆7,494億円（同22.4%）となっている。

　社会保障給付費の対国民所得比は30.88%を占め、その中でも年金の割合が最も高く13.82%になっている。国民1人当たりの給付費は98万2,200円であり、1世帯当たりでは234万9,500円とされる。

　表9-2は、社会保障給付費を前述のILO基準による9つの機能別分類（高齢～住宅）に分けて金額的に大きい順番に並べたものである。最大の項目は「高齢」であり、次いで「保健医療」となっており、これら上位2つの総額は全体の78.2%を占める。この場合の「高齢」は、主に「退職によって労働市場から引退した人」を指しており、その給付費は、老齢年金、退職共済年金、介護保険給付及び社会福祉の老人福祉サービス等である（高齢者の医療費と医療扶助は、それぞれ「保健医療」と「生活保護その他」に含まれる）。

　ここまで、社会保障関係費と社会保障給付費の内容及び動向をみてきた。こうした給付費については、地方公共団体も制度的・財政的に重要な役割を担っている。以下では、地方財政の構造と民生費の内容等をみていくことにする。

2．地方の財政と福祉

⑴　地方財政の構造

　地方公共団体は、地域の福祉と教育、道路・公園の整備及び警察や消防等といった住民生活に密着する公共財・サービスを提供している。本来、こうした財源としては、地方税収入が望ましいとされるが、各地域の経済・社会状況によって財政力格差が生じており、産業基盤の弱い一部の地域では財源問題が深刻化している。

　このため、地方税収入の少ない自治体に対しては、地方交付税や国庫支出金を通して、国からの資金移転が行われている。その財源は、国の歳入とりわけ租税収入（図9-1参照）であり、負担力の高い地域（特に東京）から多くの税が徴収される。

　地方交付税は、国税の一定割合が使途の指定されない財政資金として各自

治体に配分されるものである。また、通常は使途が限定される補助金等の国
庫支出金も、地域間の財政力格差を調整する機能をもっている＊6。

　こうして、国から地方公共団体に対する資金移転は、経済が停滞して財政
基盤が弱い地域、さらに高齢化が進み社会保障関係の諸費用が増加する地域
にとって、なくてはならない財政システムになっている。

　次に、都道府県と市町村を含め、地方公共団体全体の財政構造を2021（令
和3）年度の予算から整理する（図9−3）。

　地方財政計画の一般会計（歳入・歳出）の総額は89.8兆円となっている。
地方財政計画の歳入の中で、地方税が38.3兆円（歳入に占める割合はおよそ
42.7％）、地方交付税が17.4兆円（同19.4％）、国庫支出金が14.8兆円（同
16.5％）である。地方交付税と国庫支出金の合計が歳入に占める割合は
35.9％であり、地方の歳出（後述する民生費を含む）を賄う上で重要な財源
になっている。

図9−3　地方財政計画（2021［令和3］年度当初）

出典：総務省「国の予算と地方財政計画（通常収支分）との関係（令和3年度当初）」
　　　https://www.soumu.go.jp/main_content/000743415.pdf

　なお、歳入の中で11.2兆円が地方債の発行によるものであり（臨時債を含めれば16.7兆円）、公債依存度（歳入に占める割合）は12.5％（臨時債を含めれば18.6％）となっている（国の公債依存度は40.9％：図9－1参照）。また、歳出の中で13.3兆円が公債費（債務償還費と利払費）であり、歳出に占める割合はおよそ14.8％となる。地方公共団体も国と同様に財政的に課題を抱えており、これが社会保障（民生費を含む）の拡充を図る上での制約要因の一つにもなっている。

(2)　地方公共団体の歳出と民生費

　以上の概要整理を踏まえ、地方公共団体における歳出の内容と民生費の動向をみておく。図9－4は、2019（令和元）年度における歳出の決算（合計は99兆7,022億円）と目的別の内訳を示したものである。

　目的別歳出の中では、民生費が最も大きく26兆5,337億円（構成比は26.6％）となっている。次いで、教育費の17兆5,235億円（同17.6％）、公債費の12兆1,414億円（同12.2％）、土木費の12兆1,274億円（同12.2％）等の順となる。

　近年の主な特徴として、民生費の構成比が社会保障関係費の増加を背景に

図9－4　目的別の歳出決算額の構成（2019［令和元年］度決算）

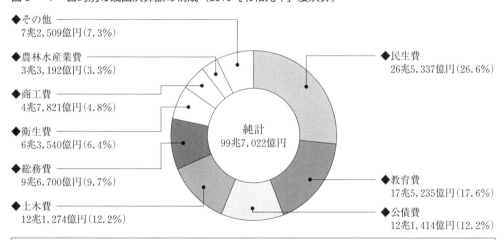

◆その他　7兆2,509億円（7.3％）
◆農林水産業費　3兆3,192億円（3.3％）
◆商工費　4兆7,821億円（4.8％）
◆衛生費　6兆3,540億円（6.4％）
◆総務費　9兆6,700億円（9.7％）
◆土木費　12兆1,274億円（12.2％）
純計　99兆7,022億円
◆民生費　26兆5,337億円（26.6％）
◆教育費　17兆5,235億円（17.6％）
◆公債費　12兆1,414億円（12.2％）

民生費：児童、高齢者、心身障害者等のための福祉施設の整備・運営・生活保護の実施等の費用
教育費：学校教育、社会教育などに使われる費用
公債費：借入金の元金・利子などの支払いの費用
土木費：道路、河川、住宅、公園など各種の公共施設の建設整備の費用
総務費：全般的な管理事務、財政・会計管理事務に要する費用等

出典：総務省「令和3年版地方財政白書」、「令和2年版地方財政白書」（ビジュアル版）をもとに作成
　　　https://www.soumu.go.jp/menu_seisaku/hakusyo/chihou/r03data/2021data/r03czb01-02.html#p01020401
　　　https://www.soumu.go.jp/iken/zaisei/r02data/2020data/r02020301.html

図9-5　民生費の目的別歳出の推移（決算額と構成割合）

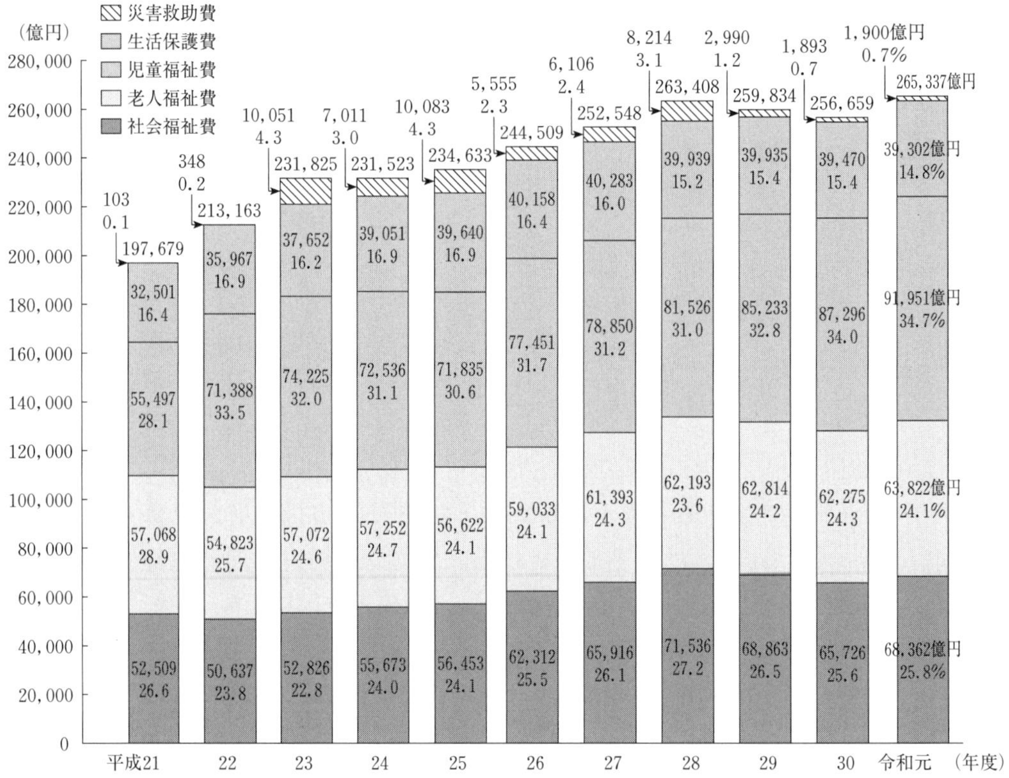

（億円）

凡例：
- 災害救助費
- 生活保護費
- 児童福祉費
- 老人福祉費
- 社会福祉費

（年度）	平成21	22	23	24	25	26	27	28	29	30	令和元
合計	197,679	213,163	231,825	231,523	234,633	244,509	252,548	263,408	259,834	256,659	265,337億円
災害救助費	103 / 0.1	348 / 0.2	10,051 / 4.3	7,011 / 3.0	10,083 / 4.3	5,555 / 2.3	6,106 / 2.4	8,214 / 3.1	2,990 / 1.2	1,893 / 0.7	1,900億円 / 0.7%
生活保護費	32,501 / 16.4	35,967 / 16.9	37,652 / 16.2	39,051 / 16.9	39,640 / 16.9	40,158 / 16.4	40,283 / 16.0	39,939 / 15.2	39,935 / 15.4	39,470 / 15.4	39,302億円 / 14.8%
児童福祉費	55,497 / 28.1	71,388 / 33.5	74,225 / 32.0	72,536 / 31.1	71,835 / 30.6	77,451 / 31.7	78,850 / 31.2	81,526 / 31.0	85,233 / 32.8	87,296 / 34.0	91,951億円 / 34.7%
老人福祉費	57,068 / 28.9	54,823 / 25.7	57,072 / 24.6	57,252 / 24.7	56,622 / 24.1	59,033 / 24.1	61,393 / 24.3	62,193 / 23.6	62,814 / 24.2	62,275 / 24.3	63,822億円 / 24.1%
社会福祉費	52,509 / 26.6	50,637 / 23.8	52,826 / 22.8	55,673 / 24.0	56,453 / 24.1	62,312 / 25.5	65,916 / 26.1	71,536 / 27.2	68,863 / 26.5	65,726 / 25.6	68,362億円 / 25.8%

出典：総務省「令和3年版地方財政白書」
https://www.soumu.go.jp/menu_seisaku/hakusyo/chihou/r03data/2021data/r03czb01-04.html

上昇しており、公債費のそれは地域経済の長期不況（したがって地方税収入の停滞）の中でも大きく変動していないことが挙げられる。また、土木費の構成比は、1990（平成2）年代後半以降、公共事業の削減に伴って減少する傾向にある。

　図9-5は、民生費の内訳と2009（平成21）年度以降の推移を示したものである。民生費は、2009（平成21）年度には19兆7,679億円、2019（令和元）年度には26兆5,337億円となっており、この10年間において約1.34倍に増加している。

　2019（令和元）年度の民生費を目的別にみた場合、金額の多い順に児童福祉費、社会福祉費、老人福祉費、生活保護費及び災害救助費となる。民生費に占めるこれらの割合は、2009（平成21）年度以降おおよそ一定になっているが（児童福祉費を除く）、2011（同23）年度以降の数年間において、東日本大震災への対応の関係で災害救助費の割合が増えている（台風・洪水等に伴う災害発生時においても、災害救助費が必要になる）。

図 9 － 6　民生費に関する都道府県と市町村の負担割合（2019［令和元年］度決算）

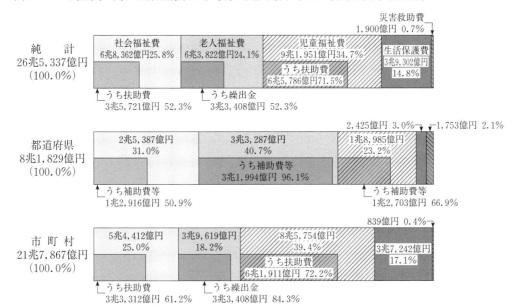

出典：総務省「令和 3 年版地方財政白書」
　　　https://www.soumu.go.jp/menu_seisaku/hakusyo/chihou/r03data/2021data/r03czb01-04.html

　なお、民生費の費用は都道府県と市町村によって負担されており、その金額と割合は図 9 － 6（2019［令和元］年度決算）のようになっている。2019（令和元）年度の民生費（26兆5,337億円：純計）のうち、都道府県の負担が 8 兆1,829億円、市町村のそれが21兆7,867億円であり、市町村の負担が都道府県の約2.7倍になっている。主な理由は、児童手当の支給事務と社会福祉施設の設置・運営事務の中心が市町村になっていることや、生活保護に関する事務所のほとんどが市町村に設置されているためである。

　民生費の中で、都道府県においては老人福祉費の割合が40.7％と最も高く、次いで社会福祉費の31.0％、児童福祉費の23.2％等となっている。市町村においては、児童福祉費の割合が39.4％で最も高く、次いで社会福祉費の25.0％、老人福祉費の18.2％等となっている。

　1999（平成11）年に公布された「地方分権の推進を図るための関係法律の整備等に関する法律」（地方分権一括法）により、国と地方の関係は原則的に対等とされた。また、2003（同15）年以降、地方の財政主権の確立を目的とする「三位一体の改革」が進められることとなった。これは、国庫補助金の削減や廃止、地方交付税の見直し、及び税財源の地方移譲を一体的に行った上で、地方の自主性を高めながら行財政の効率化を図ろうとするものである。

こうして地方行財政の機能と成果の向上が期待されたが、多くの自治体は歳入（特に地方税収入）が不足する中で、自主的な財政運営が困難になっている。このため、地域の経済、社会及び福祉の維持・安定化を図る上で、いかに財源を確保するかが重要課題になっている。

以上、地方財政の概要を踏まえながら、民生費の内容と動向をみてきた。社会保障関係費と民生費を含め、社会保障には多額の資金が投入されているが、これは主に社会保険料と租税（公費）によるものである。

以下では、こうした2つの財源と利用者（自己）負担等がどのように調達されているかを整理した上で、現代の財源問題をみていくことにする。

3. 福祉の財源

⑴ 社会保険料と租税

①社会保障の財源

日本の社会福祉が国家の制度として導入・確立された時期は、第2次大戦後の混乱期にあるとされる。例えば、1946（昭和21）年に旧生活保護法（現行法は1950［同25］年）、1947（同22）年に児童福祉法、1949（同24）年に身体障害者福祉法がそれぞれ制定された。また、1950年代後半以降の高度経済成長の中で、1960（同35）年に精神薄弱者福祉法（現：知的障害者福祉法）、1963（同38）年に老人福祉法、1964（同39）年に母子福祉法（現：母子及び父子並びに寡婦福祉法）が制定された。

これらの運営・提供体制の基本は、措置制度によるものである。措置制度の福祉サービス（現物給付、現金給付）は、利用者の意思やニーズよりも、一般に行政側の判断により決定される。

本来、これらの財源として租税収入の一部が用いられていたが、1960年代初頭以降、社会保障に要する財源が増加する中で、その調達方法が大きく変わることとなった。主な背景は、第1に年金と医療の皆保険制度が1961（昭和36）年に導入され、これが普及・浸透する過程で社会保険料が重要な財源となり、第2に社会福祉に対する国民のニーズが拡大・多様化したことにある。そして第3に経済成長に伴って租税収入（分配可能な国民所得）が増加したことにあった。

こうして、社会保障の整備・拡充が進められる中で、社会保険料と租税（公費）が財源の基本として位置づけられ、さらに医療と社会福祉の各サービスにおいて自己負担や利用者負担が求められることとなった[7]。この結果、負

*7
社会保障の整備・拡充については、社会福祉分野への民間非営利組織の参入も含まれる。

担と給付の関係が次第に明確になり、特に社会保険における受給者・利用者
の権利性が強められた。なお、2000（平成12）年に導入された介護保険制度
も、これらと同様の性質をもっている。

②社会保障のあり方と課題

　次に、財源の面から社会保障のあり方を整理して、いくつかの課題を検討
する。表9－3は、2019（令和元）年度における社会保障財源の決算（合計
は132兆3,746億円：管理費等を含む）の内訳と構成割合を示したものである。

　これらの内訳をみると、社会保険料が74兆82億円（構成割合は55.9％）、
公費負担が51兆9,137億円（同39.2％）、他の収入が6兆4,526億円（同4.9％）
となっている。社会保険料と公費負担の合計額でみた場合、その構成割合は
95.1％を占める。

　この中で社会保険料の負担は、原則的に被保険者と事業主によって折半さ
れることになっている。2019（令和元）年度においては、被保険者拠出が38
兆9,665億円、事業主拠出が35兆417億円であり、その比率は52.7％対47.3％
となる。

　公費負担については、国が34兆4,067億円、他の公費負担（主に地方公共
団体の負担）が17兆5,070億円であり、その比率は66.3％対33.7％となる。
公費の面では国の負担が3分の2を占めており、これが社会保障制度を通し
て各地域の福祉財源の一部として配分される。

　他の収入の中で、資産収入には年金積立金の運用収入等が含まれ、その他

表9－3　社会保障の財源（平成30年度）

内　訳	金額（億円）	構成割合（％）
社会保険料	740,082	55.9
被保険者拠出	389,665	29.4
事業主拠出	350,417	26.5
公費負担	519,137	39.2
国庫負担	344,067	26.0
他の公費負担	175,070	13.2
他の収入	64,526	4.9
資産収入	15,944	1.2
その他	48,582	3.7
合　計	1,323,746	100.0

注：公費負担の合計額は、国と他の公費負担の1千万円以下の四捨五入の関係で一致し
　　ていない（他の公費負担は、特に地方公共団体の負担を指している）。また、社会社
　　保険料の構成割合の合計は、被保険者拠出と事業主拠出の小数点第2位以下の四捨
　　五入の関係で一致していない。
出典：国立社会保障・人口問題研究所「令和元年度社会保障費用統計」2021年
　　　http://www.ipss.go.jp/ss-cost/j/fsss-R01/R01.pdf

は厚生年金と国民年金の積立金からの受け入れ（積立資金の取り崩し）を指している。年金積立金の運用収入は、主に国債等の債券と株式の価格及び金利や為替レートによって変動するものであり、積立金の取り崩しは、将来的に支払い可能な年金資金の制約につながる。

③各制度における公費負担の割合等

医療保険

医療保険においては、国民健康保険（市町村国保）の給付費等について、国と都道府県の公費負担が50％となっている。その内容は、国が32％の定率負担と９％の調整交付金（普通調整交付金７％、特別調整交付金２％）、都道府県が９％の調整交付金（都道府県繰入金）となる。全国健康保険協会（協会けんぽ）においては、給付費の13％と後期高齢者支援金の16.4％の国庫補助がある。また、後期高齢者医療制度においては、給付費の50％を国、都道府県及び市町村がそれぞれ４：１：１の割合で負担している。

介護保険

介護保険においては、給付費の50％が公費負担によるものであり、国が25％、都道府県が12.5％、市町村が12.5％の負担となる。国庫負担の25％は、定率負担の20％と調整交付金の５％を合わせたものであり、都道府県と市町村の各負担の12.5％は、地方交付税等により措置される。また、40〜64歳の第２号被保険者が負担する保険料に対しては、それぞれが加入する保険制度（被用者保険）において一定の国庫補助がある。

生活保護

生活保護費については、国が75％、地方が25％の負担となる。地方負担の25％は、市、福祉事務所設置町村及び都道府県（福祉事務所非設置町村分）によるものである。なお、生活保護の受給率は、1995（平成７）年の0.7％以降増加傾向にあり、2019（令和元）年には1.64％となっている。受給世帯としては高齢者、傷病・障害者、母子及びその他に分けられ、この中でも高齢者世帯が過半数を占めている。また、不況の長期化に伴う雇用環境の悪化の中で、失業による受給者も多いとされる[8]。

障害者支援

「障害者の日常生活及び社会生活を総合的に支援するための法律」（障害者総合支援法）では、身体、知的及び精神等の各障害者福祉としての自立支援給付と地域生活支援事業に係る費用を、国、都道府県及び市町村が原則的に２：１：１の割合で負担することになっている[9]。障害者福祉以外にも、児童や母子に対する各福祉サービスを含め、それらを実践する地域において財源をいかに確保するかが長期的課題として残されている[10]。

[8]
高齢化が進み、財政基盤が弱く、さらに景気回復が遅れている地域においては、医療費、介護費及び生活保護費の地方負担が重くなる。これが、地域の福祉と財政にとって大きな課題になっている。

[9]
上記の３障害を年齢階層別にみた場合、65歳以上（とりわけ70歳以上の身体障害者）の割合が増加している。

[10]
年金については、2009（平成21）年度以降、基礎年金の国庫負担割合が（３分の１から）２分の１に引き上げられることになった。しかし、恒久的財源の確保ができなかったため、財政投融資特別会計からの繰入金等が活用された。近年では、基礎年金の全額を消費税収入により賄うことも検討されている。

(2)　利用者（自己）負担

　社会福祉が主として生活困窮者対策として導入された段階では、利用者・受給者の所得が低く、費用の負担力もほとんどなかったため、福祉サービスは基本的には無料ないし低額で提供されていた。しかし、社会保障の整備・拡充が進められる過程で給付費（必要財源額）が増加しており、また経済成長による国民所得の増加に伴ってサービスの利用者・受給者によっては所得水準が上昇した。

　こうした中で、医療保険や介護保険において一定の要件に達した国民については、保険の加入と保険料負担が義務づけられ、利用額・利用量に応じた自己負担が求められることとなった。社会福祉サービスについても、障害者総合支援法にみられるように、身体、知的及び精神の３障害に利用者負担が設定されている。

　利用者（自己）負担は、社会保険と社会福祉サービスの利用者・受給者に対して一定額ないし一定割合の負担を求めるものであり、これには「応能負担」と「応益負担」の２つの方法がある。応能負担は支払い能力に応じた負担であり、応益負担は利用額ないし利用量に応じた負担である。ただし、利用者負担は、これら２つのいずれかの原則に基づいて設定されているわけではない。

　例えば、医療保険においては、医療費に対する定率負担となっているが、年齢や所得によって負担率が異なり、また高額療養費制度が導入されている。介護保険では、要介護度別の給付額に応じた１割の定率負担（一定所得以上の場合は２割負担）になっているとはいえ、高額介護サービス費制度が用意されている。障害者総合支援法においては、原則的に１割の定率負担となる一方、所得に応じた上限額ないし減免措置が設けられている。

　このため、以上の制度における利用者負担は、応能負担と応益負担が混在するものとなっている。なお、食費や居住費に相当する費用（いわゆるホテルコスト）は原則的に自己負担（実費相当額）とされ、これに関しては応益負担ともいえる。一方、所得区分による軽減措置等がとられているため、応能負担が取り入れられているとみることができる。

　社会保険や社会福祉サービスの利用者負担にはいくつかの方法があり、利用者・受給者に一定の負担を求めることは、モラル・ハザードの抑制や資源・財源の効率的利用の観点から有用といわれる。しかし、その負担方法や負担額については、各サービス利用の制限（抑制）につながらないことが重要であり、これを踏まえた制度等の改正が求められる。

⑶　その他の財源と今後の課題

①社会保障のその他の財源

　社会保障の財源については、上記以外にも特に社会福祉に関係するものとして、民間財源や準公的資金、及び社会福祉施設の整備面での公費負担がある。

民間財源・準公的資金

　民間財源としては、主に共同募金と寄付金、社会福祉法人の収益事業による資金、及び公営競技の収益や民間助成団体の補助金が挙げられる。また、準公的資金は、社会福祉事業に対する国税（法人税等）と地方税（住民税や固定資産税等）の非課税ないし軽減措置を指しており、間接的な公的資金としての性質をもっている。

　これらの中では、共同募金と寄付金の額（比率）が高いとされる。共同募金は、社会福祉法に定められた第1種社会福祉事業であり、原則的に毎年10月1日〜3月31日の6か月間、各市町村の自治会、学校及び企業等において行われる。こうした活動は都道府県を単位としており、集められた資金の多くが社会福祉協議会に配分される。その使途は、国内の高齢者や障害者に対する福祉の充実及び地域福祉活動の推進となっているが、近年では、災害支援や子育て支援にも当てられている。

　寄付金は、個人もしくは法人が社会福祉協議会や社会福祉法人に対して行うものである。こうした資金は、福祉施設の運営費用のほかに、各地域の社会貢献やボランティアの活動資金、あるいは社会福祉活動に関する調査資金として用いられる。なお、寄付を行った個人の所得に対しては、所得税法上「寄付金控除」が適用され、法人に対しては、法人税法上「損金算入」が認められる（それぞれ一定の上限が設けられている）。

社会福祉施設の整備面での公費負担

　以上のほかにも、社会福祉法人等が設立する施設（障害者施設、児童福祉施設及びその他の施設）の整備に関わる助成制度として、国と自治体が一定の費用負担を行っている。これについては、原則として国が2分の1、自治体（都道府県、指定都市及び中核都市）が4分の1をそれぞれ補助金として負担することになっている（社会福祉法人等の負担は4分の1）。

　近年では、ファンドレイジングの重要性が提唱されている。これは、主にNPO（民間非営利団体）の活動資金として、業務委託等による収入（事業収入）に限らず、寄付、会費、助成金、補助金、借入金による財源の確保を指している。こうした財源調達は、地域福祉に関係する社会的課題を効果的

に解決する戦略の一つとして、広く浸透・普及することが期待される。

②福祉財政における財源問題

　本章は、国と地方の財政構造、社会保障給付費（社会保険と社会福祉の各費用）の動向と財源、基本問題をそれぞれ整理・考察した。現代では、給付費が増加する一方、国と地方の財政赤字が増加しており、こうした中で財源の調達方法が問われている。社会保障財源の中心は社会保険料と租税の各収入であるが、これについて次の課題が指摘される。

社会保険料に係る課題

　社会保険料に関しては、その賦課ベースの基本は所得であり、負担者・負担世代の中心は（年金受給者の高齢者・高齢世代ではなく）給与等の稼得者・勤労世代となる。また、所得税の課税ベースは所得、とりわけ給与所得であるため、これも主な負担者は勤労・現役世代となる。

　したがって、少子高齢化が進行する中で社会保険料が引き上げられた際には、その負担は勤労世代に偏ることになる。保険料は、所得の変動に左右される他に、いわゆる未納問題もつきまとう。一方、租税（公費）の比重を高めるとした場合でも、所得税では現役世代の負担が重くなり、また、所得税・法人税ともに景気動向によっては安定的な財源調達方法にはなり得ない。

消費税増税に係る課題

　こうした中で、「社会保障と税の一体改革」が提唱され、基本目的は「社会保障財源の安定確保」と「財政の健全化」にある。具体的には、消費税の増税（税率の段階的引き上げ）の方法と時期、その使途が大きな焦点になっている。消費税が望ましいとされる主な理由は、第1に税収の所得弾力性が低く、景気動向に大きな影響を受けないことにあり[11]、第2に高齢世代と現役世代間における負担（とりわけ1人あたりの負担額）の偏りを抑制し得ることにある。

　消費税は1989（平成元）年に3％の税率で導入された税制であり、その税率は1997（同9）年に5％、2014（同26）年に8％に引き上げられた後に、2019（令和元）年10月に10％[12]となった。消費税収の主な使途は、子ども・子育て、医療・介護及び年金（社会保障4経費）とされ、これらを中心に社会保障制度の改革が進められることになっている。

「社会保障と税の一体改革」に係る課題

　「社会保障と税の一体改革」は、基本的方向の一つとして有用と考えられているが、次の3つの課題が残されている。第1は財源の使途に関するものであり、増税によって確保される財源は社会保障給付費に重点的に配分され、また、地域福祉の安定化に資することが求められる。第2は消費税率に関す

*11
税収の所得弾力性は、名目国内総生産（GDP）が1％増減したとき、税収が何％増減するかを示す数値である（名目GDPが1％増えた際に税収も1％増加すれば、弾力性の値は1になる）。一般に、所得や法人利益に比べ消費は景気動向に大きく左右されないことから、所得税や法人税の所得弾力性よりも消費税のそれは小さいといわれる。

*12
内訳は、原則的に消費税（国税）が7.8％、地方消費税が2.2％である。

る課題であり、その1％の引き上げによる税収増は2兆6,000億円（現在の社会保障給付費［約120兆円］の2.2％）程度とされるため、これを踏まえた検討が必要である。第3は租税の負担率に関する課題であり、高額所得に対する一定の累進性確保や資産課税（特に相続税）の強化を含めた税制改正が必要になろう。

【参考文献】
・小塩隆士『社会保障の経済学［第4版］』日本評論社　2013年
・片桐正俊編『財政学［第3版］—転換期の日本財政—』東洋経済新報社　2014年
・厚生労働省編『平成30年版　厚生労働白書』2019年
・小宮敦史編『図説　日本の財政［令和元年度版］』財経詳報社　2020年
・齊藤愼・山本栄一・一圓光彌編『福祉財政論—福祉政策の課題と将来構想—』有斐閣　2002年
・渋谷博史『21世紀の福祉国家と地域③　21世紀日本の福祉国家財政』学文社　2012年
・杉岡直人編『新社会福祉士養成課程福祉行財政と福祉計画［第2版］』みらい　2016年
・総務省編『令和2年版　地方財政白書』2020年
・横山彰・馬場義久・堀場勇夫『現代財政学』有斐閣　2009年

第10章

福祉計画の意義

●本章のねらい

　福祉分野における計画は、福祉政策を実施する方法及び手段として、また福祉行政の計画化を推進することを目的に導入されている。計画を策定する中でサービス支援の目標量と施策を立案し、予算化して実行に移していく計画行政の運用は、今やすべての福祉分野に浸透している。

　本章では、福祉計画の基本的位置づけについて、計画のねらい、背景及び経緯、福祉行政との関係を通して理解する。その上で、福祉計画の基本的視点と、策定プロセスと方法、さらに分野別の福祉計画の基本と特徴についてそれぞれ学ぶ。

●プロローグ

　少子高齢化、人口減少、成熟化、情報デジタル化など社会潮流の中で、私たちの生活はそうした変化に対応していくこと、また日々"備える"ことを現実に求められている。毎年のように繰り返される自然災害への対応、また昨今の感染症対策、中山間地で進行する国土の荒廃。こうした中、地域での要支援者の緊急時への対応と身近なコミュニティの再生は喫緊の課題となっている。

　計画とは、こうした社会変化に向けて対策を用意する、また将来を見込んでしっかり備えていく行為に他ならない。それは保健医療福祉の分野にとどまらない、生活全般にわたり要請されている取り組みである。計画には、これからの社会で人や物、お金など限りある資源を有効に活用しようとする考え方がその底辺にある。私たちの生活にとって計画は今や身近な存在となりつつあるといえよう。本章では、生活に最も密接な福祉の領域において、計画をどのように認識、理解し、これを実際に策定し実行することで、どう日々の生活の改善に役立てていけばいいのか、考えていく。

1．福祉計画の位置づけと目的

⑴　福祉と計画の関係

①計画とは何か

計画とは、「物事を行う際に、定められた目標を達成するためにその方法・手順などを筋道立てて考え企てること」[1) と定義される。また、その機能としては「一定の形式で定められた将来の行動体系の提案」[2) と捉えられる。

計画という手法は、「限られた資源をできるだけ有効かつ効率的に利用し、かつ齟齬のない整合的な施策を実施するために、事前に、資源をどの分野にどの程度割り当てるか、その割り当てられた資源を使って誰が何をどのように行うのかを、予め定めておくことが合理的であり、最も資源の効用を高める利用方法である。そのために将来の行動を体系的に編成し、一定の形式で表すこと」[3) である。

②社会計画と社会政策

それでは福祉分野でなぜ計画が必要となるのか。福祉分野で用いられる計画は、ものを造る計画ではない。それは人や設備を介してサービスや活動を作り出し提供する計画、すなわち社会サービスの提供を目的とする計画≒社会計画である。

社会計画とは、「社会政策の分野において、中央もしくは地方自治体の行政府（公共当局）が一定の目標を定め、その目標達成にとって適合的な政策手段を選定した政策プログラム」[4) と定義される。その対象となる社会政策とは「市場行動によって充足されない物的ならびに社会的（この場合は「対人的」「他者関係的」の意味）な欲求充足機会を政府の活動によって作り出すこと」[5) とされる。

③社会計画としての福祉計画

その実質的な手法に関して、メイヤー（R. Meyer）は、社会計画を社会体系についての計画化された構造変動として理解する視点を提供している。それは計画された社会変動の再分配であり、公共当局（行政）が望ましくない社会資源の分配に起因する社会問題解決のための（資源の）計画的な改変を意図して介入することを意味する。社会計画とは、社会構造変動を放置しておくのではなく、一定の目的的視点からこれを統制する行為である。

このように、社会計画としての福祉計画は、行政が福祉政策を実現するために、関係する諸資源を計画的に調整し配分することをねらいとした、政策

実現手段を選定したプログラムと理解される。

④福祉計画が用いられる領域

　計画という手法は、福祉の各領域でそれぞれ用いられる。

　臨床及び社会福祉援助活動の領域には、個別の利用特性に応じてどのようなサービスを誰が提供するのかを内容とする計画がある。介護保険事業で要支援・要介護者を対象に策定されるケアプラン、また障害者の相談支援場面で策定される支援プランはこれに該当する。

　社会福祉施設の経営及び管理の領域では、それぞれの施設の管理・運営計画が社会福祉法人や民間企業などの担い手によって策定される。人員及び設備の配置と運用がその主な内容となる。また、各施設におけるサービス支援及び事業計画も同じように策定される。

　制度・政策の領域では、サービス基盤の整備を目的とした地方自治体の行政計画が策定される。サービスのための目標量を設定し、そのための社会資源を開発したり、調整し確保することを内容とする計画がこれに該当する。

(2)　福祉計画の歴史

　1980年代後半から取り組まれた国の福祉制度改革は、市町村の福祉行政拡充の動きを引き起こし、このことが福祉領域への計画の導入、すなわち福祉行政の計画化をもたらした。

①福祉制度改革の進行と計画の導入

　1988（昭和63）年、国が「長寿・福祉社会を実現するための施策の基本的考え方と目標について」（福祉ビジョン）を発表する。この「福祉ビジョン」は、その後の改革につながる社会参加、自立・自助の精神と社会連帯、そして国民負担という基本的な考え方に立って、高齢者のみならず、児童の健全育成、障害者の自立と社会参加にも触れた今後の施策の目標と方向を示した。

　これを受けて、1989（平成元）年「高齢者保健福祉推進十カ年戦略」（ゴールドプラン）が策定され、在宅福祉サービスを推進することを目的に、今後10年間に整備すべき施設及び人材のサービス供給の目標量を掲げた。また、福祉行政の中に目標実現のための計画策定の必要性が明確に示された。

　この「ゴールドプラン」により示された全国レベルでの在宅福祉・施設福祉事業の目標を地域において着実に達成していくため、1990（平成２）年、社会福祉関連の８つの法律が改正された。この「福祉関係八法改正」[*1]によって、社会福祉のあり方が国から地方自治体を中心とした在宅保健福祉サービスを計画的に発展させる方向へ基礎づけられた。都道府県と市町村に「地方老人保健福祉計画」の策定が義務づけられ、市町村の社会福祉領域に計画行

＊１　福祉関係八法改正
第6章参照。

政が本格的に導入された。

②各領域での福祉計画の導入

続いて、少子・高齢化社会に対応した社会保障制度の再構築に向けて、1994（平成6）年、「21世紀福祉ビジョン―少子・高齢社会に向けて」が提言された。年金、医療、福祉等という社会保障の各分野のバランスを考え、高齢者介護対策など福祉等の水準の大胆な引き上げが提案された。

このビジョンに基づいて、同年「今後の子育て支援のための施策の基本的方向について」（エンゼルプラン）が策定された。「エンゼルプラン」は、少子化の進行や女性の社会進出等に対応し、行政をはじめ企業・職場や地域など社会全体の協力のもと、安心して子どもを生み育てられることができる「子育て支援社会の構築」をめざした。今後10年間における子育て支援施策の基本的方向と重点施策を定め、その総合的・計画的推進を図ることを基本に掲げた。

1993（平成5）年、心身障害者対策基本法を一部改正して障害者基本法が制定され、国の策定する「障害者基本計画」を基本に、「都道府県障害者計画」と「市町村障害者計画」のそれぞれの策定に努めるよう定められた[*2]。

＊2
現在はどちらも策定が義務づけられている。

1995（平成7）年には「障害者プラン～ノーマライゼーション7か年戦略～」が策定された。リハビリテーションとノーマライゼーションの理念のもとに定められた「障害者対策に関する新長期計画」の具体化を図る重点施策実施計画として、目標ごとの障害者施策の具体的方向と数値目標を設定するなど具体的施策目標を提示した。

1997（平成9）年、介護保険法が制定され、国の基本方針に即して「市町村介護保険事業計画」と「都道府県介護保険事業支援計画」を策定することが定められた。介護給付等対象サービスの種類ごとの量の見込み、その確保のための方策、居宅サービスの事業者等の間の連絡の確保などを計画に定めることを要請した。

＊3
社会福祉事業法が改正・改称され、社会福祉法となった。

2000（平成12）年、社会福祉法が制定され[*3]、新しいサービス利用制度（契約制度）に基づく地域福祉を推進することを目的に、「市町村地域福祉計画」と「都道府県地域福祉支援計画」の策定が定められた。地域におけるサービスの適切な利用の推進、社会福祉を目的とする事業の健全な発達、地域福祉活動の住民参加の促進のための計画事項の策定を定めた。

③福祉計画体制の完成へ

2003（平成15）年に次世代育成支援対策推進法が制定され、「次世代育成支援行動計画」が、少子化対策のため福祉・保健にとどまらない、各関連分野（雇用・就労、教育、経済、住宅・まちづくり）にまたがる総合的な取り

組みをねらいとして策定された。施策の総合的な推進がめざされるとともに、地域での子育て支援及び環境の整備の推進、労働者を雇用する事業者との連携を重視した。

2006（平成18）年、障害者自立支援法*4に基づき「障害福祉計画」が、障害福祉サービスまたは相談支援事業のサービス目標量とその確保の方策を確保することをねらいとして、都道府県及び市町村に導入された。地域の実情に応じて柔軟に対応することを目的に、地域生活支援事業が併せて法定化された。

2012（平成24）年、子ども・子育て関連3法（認定こども園の一部改正法、子ども・子育て支援法、関係法律の整備法）が制定され、これに基づき2015（同27）年、「子ども・子育て支援事業計画」が都道府県及び市町村に導入された。地域の実情に応じて質の高い教育・保育及び地域子ども・子育て支援事業が適切に提供されるよう、計画的に提供体制を確保するとともに、その利用を支援することが目的とされた。

こうして2000年代初頭に、高齢者、障害者、児童の分野別計画は、すべて法定計画となった。国、都道府県、市町村の各段階で、計画に基づく各分野のサービス及び支援を推進する体制が整い完成された。現在の主要な福祉計画の体系は表10-1の通りである。

高齢者、障害者、児童の各分野には、基本計画とサービス供給計画に相当する計画がそれぞれ存在する。基本計画は、老人福祉計画、障害者計画、次世代育成支援行動計画が、サービス供給計画には、介護保険事業計画、障害福祉計画、子ども・子育て支援事業計画がそれぞれ該当する。基本計画は各

*4
障害自立支援法は、2012（平成24）年、「障害者の日常生活及び社会生活を総合的に支援するための法律」（障害者総合支援法）に改正・改称された。現在はこの法律に基づく。

表10-1　福祉計画の体系

	高齢者分野	障害者分野	児童分野	地域福祉
根拠法等	老人福祉法 介護保険法	障害者基本法 障害者総合支援法 児童福祉法	少子化社会対策基本法 次世代育成支援対策推進法 子ども・子育て支援法	社会福祉法
国	基本指針	障害者基本計画（5か年） 基本指針	少子化社会対策大綱（5年） 行動計画策定指針 基本方針	
都道府県	老人福祉計画 介護保険事業支援計画	障害者計画 障害福祉計画 障害児福祉計画	行動計画 子ども・若者計画 子ども・子育て支援事業支援計画	地域福祉支援計画
市町村	老人福祉計画（3か年） 介護保険事業計画（3か年）	障害者計画 障害福祉計画（3か年） 障害児福祉計画（3か年）	行動計画（5か年） 子ども・子育て支援事業計画（5か年）	地域福祉計画

分野のサービス・事業や基本的取り組み事項を内容とする。これに対して、サービス供給計画は、各分野の認定された対象者に対してサービスを実施するための事業計画に当たる。

(3) 福祉行政と計画の導入

①地方自治体への権限移譲

地方自治体の福祉行政において計画が活用される背景として、国の進める地方分権化の進展がある。1980年代後半以降、福祉領域では権限委譲が他の領域に先立って実行された。1986（昭和63）年の事務整理合理化一括法により、老人ホーム、身体障害者更生援護施設、保育所、児童等福祉施設の入所措置事務などが市町村へと団体委任事務化された。1990（平成2）年の「福祉関係八法改正」では、在宅福祉及び施設福祉サービスの市町村への一元化とともに、在宅サービス提供の権限と施設への入所決定権が市町村に移譲された。そして、2000（同12）年には地方分権一括推進法が制定され、国の機関委任事務が廃止され地方自治体の自治事務が全般に拡充された。

②福祉行政の拡充と計画の活用

国から地方自治体への権限委譲により、市町村のサービス等の権限を含む裁量権の拡大とその実行責任の明確化、いわゆる市町村中心化の状況がもたらされた。また、この時期は在宅福祉サービスの供給が拡大する時期とも重なる。社会福祉協議会（以下「社協」）を中心に民間事業者が福祉サービスへと参入を始め、公私の役割分担、サービスの質の確保などの新たな課題を伴いながら、2000（平成12）年には公的介護保険制度が開始された。市町村の業務量とその執行責任は一気に高まることとなった。

福祉計画は、こうした福祉行政の市町村中心化が進行する中、新たな自治体福祉行政の確立をめざして導入・活用された。具体的には、市町村に委譲された新たな権限のもとに、必要なサービス資源と財源を見積もり調達し配分する目的をもって各分野別計画が順次導入された。

③中範囲の政策としての活用

こうした福祉分野での計画の活用に関連して、社会計画である福祉計画は、行政実務の場面では次のように位置づけられ活用される。グレンナスター（H. Glennerster）によれば、「社会計画とは、社会政策の高度に一般的な方針の決定と日々の行政実務との中間における意思決定段階であり、社会政策を実施するために必要となる優先順位の決定、資源の配分、サービス提供体制の設計を行うもの」[6]とされる。このように計画は、行政の政策方針と実務の間の中範囲の政策ないし意思決定として位置づけられ、その活用が現

実になされている。福祉計画もこの範疇に入る。

2．福祉計画の類型とプロセス、方法

(1)　福祉計画の基本的視点

①福祉計画の必要とねらい

　戦後から復興、高度経済成長を経る中で、社会福祉の対象は貧困中心から高齢者・障害者をはじめとする多様な領域へと拡大した。また、少子高齢社会の到来に伴ってサービスの絶対的必要量が増加した。こうした高まるサービス需要に応えること、そして関連する諸資源を効率的に調達し提供する必要から福祉計画は導入された。行政実務の面からは、ニーズを把握しこれに適合するサービス・支援を用意し実行するねらいのもとに計画は活用された。

②福祉計画の類型

　以上のような目的や背景をもとに、地方自治体の策定する福祉計画は、次のように類型される。

地域（地方自治体）の福祉サービスの提供に関する計画

　基本的には、調査に基づきニーズの種類と程度別にその総量を算出し、それに対応するサービス目標量と施策の体系、さらにサービス提供体制をその提供主体に関する情報も活用して構想する計画である。福祉サービスの供給を目的とする。

地域社会での福祉サービスや活動を推進する計画

　地域おいて福祉サービスや活動が利用者や地域住民に対して適切に機能することをめざして、民間の社協が中心になり、地域資源を活用しながらそのサービス活動基盤や仕組み（システム）を整備する計画である。福祉コミュニティの形成を目的とする。

③福祉計画の構成要素

　行政における福祉計画の構成要素と機能に関しては、次の3つの計画が検討される。福祉行政の組織（実施体制）と財政と連動した計画の活用が想定される[7]。

資源計画

　意図された目的を実現するための手段として様々な資源が必要となる。どのような福祉サービス資源をどの程度準備するかの目標（値）を設定することを内容とする。目標値の設定は、計画実施過程の進行管理と、最終的な計画の達成度の見通し、さらに達成状況の評価の中で、計画そのものの妥当性

を検証することを可能にする。

組織計画

　資源の計画的な整備（目的）を効果的に達成する実施体制を構築することが追求される。資源の効果的な利用を可能にするサービス実施体制の構築がめざされる。サービス圏域の設定、サービス拠点の整備、サービス提供に関わる情報提供・相談・判定あるいは紹介などの機能などが検討される。

財政計画

　資源の調達の予算を見積もり、自治体行政の財政状況を鑑みて、計画実施年度に対応させて財源を調整し効果的に配分することが行われる。事業別の財政計画には、第1に事業量の具体化があり、事業の種別、量的な目標の政策決定などが該当する。第2にその事業をいつ実施するかという時間的要素がある。第3に財源の内訳とその予測があり、それぞれの予測事業量あるいは目標事業量が貨幣的に表現される。

(2)　福祉計画の策定過程と方法

①計画策定の過程

　計画は、PLAN（計画）―DO（実行）―SEE（評価）の計画過程をとる。この3つの段階に加えてFEEDBACK機能を合わせもつ循環過程（サイクル）として設定される。この循環サイクルを繰り返すことで、より高度な目標の達成が追求される。

PLAN：計画を構想する（計画作成の段階）

　策定されるべき計画の性格や方向づけを検討する。計画に向けた枠組みの作成、計画目標、構想（方針）、計画方法を確立する。

DO：計画を実行する（実施計画の段階）

　計画策定過程で具体化された方策を実行するための計画（実施計画）の策定。実行を進行管理するためのプログラムを作成する。

SEE：計画の達成度を評価する（計画評価の段階）

　計画の実施状況の評価。所期のねらい通りに計画が進行しているかをチェックする。

FEEDBACK：計画を見直しする（計画サイクルの段階）

　SEE（評価）を経た計画内容は、その達成度、有効性などに基づき評価、選択されて、再びPLAN（計画）の段階へと差し戻される。

　同じ計画過程を提示するものに、PDCAサイクルがある。PLAN（計画）―DO（実行）―CHECK（評価）―ACTION（改善）の4段階のプロセスを繰り返すことで、業務を継続的に改善する手法である。近年、国や地方自

治体において、政策の立案・実施・評価・見直しを行う際に、マネジメント・サイクルとして活用されている。計画の運用においてもその活用が推進されている。

②サービスの推計－必要なサービス量の推計－

福祉計画の骨格をなすのは将来の必要なサービス量の推計である。分野別の福祉計画の基礎となった老人保健福祉計画では、次のような設定のもとに推計が行われた。

> サービスの必要量＝推計された高齢者数（推計人口×予測高齢化率）
> 　　　　　　　　　×出現率（要援護高齢者の出現割合）
> 　　　　　　　　　×利用率（要援護高齢者にしめる利用者の割合）
> 　　　　　　　　　×利用水準（当該サービスの量的単位、利用回数）

地方自治体の福祉計画には、現状の利用水準（サービスの実績）をどの水準まで高めるのか、現状の利用率を将来の利用率（必要度）にどう反映させ予測するかの目標設定の政策判断が求められた。この考え方と推計を基本に、高齢者から障害者、児童分野への計画行政の導入が順次図られた。

当初、サービス（目標）量の推計は、国が「参酌標準」を設定して誘導・関与した。現在は数次にわたり計画が見直され、自治体ごとの実績利用があることから、これに基づき必要サービス量の推計が行われている。

(3) 福祉計画の実施と評価

評価は、科学的、合理的、客観的に行われることが必要条件である。しかし、評価という行為は、それ自体が多元的かつ相対的なものである。誰が（主体）、いつ、どのような視点（立場）で、どのような方法や基準で行うかによって、評価の内容や結果は影響を受ける。計画の場合の評価も同じである。

①評価の主体による分類

以下は、福祉領域における評価主体の違いによる類型である。

> ①自己評価：社会福祉の組織（機関・施設）、その従事者（専門職）
> ②利用者評価：サービスの利用者
> ③第三者評価：両者と直接の関わりを持たない評価機関や評価者

②福祉計画の評価の視点と技法

プランニングとプログラミングは、相互に密接に関連し合い、不可分の関係にある、しかし評価の際は、両者を区別して、その関連性を考えて実行することが求められる。

プログラミングとは、計画の実質的な内容、または計画に基づいて実施されている具体的な福祉サービスのプログラムである。これに対し、プランニングとは、福祉計画が策定・実施されていく過程（プロセス）と、そこに関わる様々な行為主体、及びそこで用いられる方法・技術などの総体を指す。

　プランニング評価は、策定手順のモデルのステップ（手順及び段階）を評価基準として設定し、それに従ってその実施を含む過程を評価する。後述するサービス・プログラム評価の結果も踏まえて、計画の目標を実現するのに、より効果的・効率的かつ公正な"代替案"がなかったかどうかを評価する。

　サービス・プログラム評価は、過程の評価と効果・効率評価を個別のプログラムに関してそれぞれ行う。評価の主たる目的は、そのプログラムが全体として利用者に対し効果的であるかどうかを明らかにすることにある。

③評価の実際

　サービス支援に関して利用者や地域住民に対する「満足度調査」が多く実施されている。当初のニーズのどの程度満たされたかという視点で、サービスの利用状況、サービスや取り組みに対する満足度の評価が行われる。

　政策評価の領域においては「業績測定」が多く採用される。計画の目標の達成度や、プログラムの実施状況を表す業績指標を用いて計画を評価していく技法があげられる。ベンチマーク法は、業績指標の数値を達成目標の基準値と比較して評価する方法であり、福祉計画の領域では、サービス提供量に関する計画の達成度を評価する際に用いられる。

　福祉計画の場合、策定の過程（プロセス）評価に重点が置かれる。業績評価（効果・効率評価）の場合は、評価の方法自体をサービス提供者は元より、サービス利用者や地域住民との理解・協力のもとに選択、説明し、実施する必要性が高い。

(4)　福祉計画における住民参加

　計画策定過程への参加は、計画の専門性及び策定過程、あるいは社会の成熟化、サービスの多様化などから社会的に要請されてきている。近年は、住民が直接、計画策定の各段階に参加する場合が多くみられ、参加の方式も多様化している。参加の主体は、福祉計画の場合、利用者（当事者）または地域の住民のみならず、サービス・支援の提供者（事業者、ボランティア、NPOなど）もそこに含まれる。

住民参加の形態

　福祉計画における住民参加の対象及び内容について、次のような設定が基本として例示される[8]。

①　福祉サービス利用者としての意見や要望の反映（利用者意識調査の実施）。

②　福祉サービス提供者の実態と意見の把握（サービス事業者調査の実施）。

③　自治会や地縁型の組織等をベースに地域住民の声をくみ取る（ワークショップや座談会、説明会等の開催）。

④　福祉の担い手としてより具体的な参加を求める（ボランティア団体やNPO等）。

⑤　幅広い市民参加への取り組み（インターネット等を活用した広報・セミナーや公聴会の開催、各種委員会委員の公募等、企業・商店街・生協等各種団体への働きかけ）。

　住民参加の内容は、段階的かつ効果的に組まれ、実施される必要がある。どの住民や関係者を対象に、いつ、どのような参加を行うかが計画のねらいと内容に影響する。計画策定の過程（プロセス）に合わせて、時期・対象・内容等を一連の"住民参加プログラム"として組んで実施する必要がある。

3．福祉計画の種類

(1)　老人福祉計画、介護保険事業計画

①老人福祉計画

　老人福祉計画は、高齢者の介護サービスのニーズの急速な高まりに対する、必要な老人保健福祉サービスを地域において提供できる体制（「サービス提供体制」）の整備を目的に、老人保健計画と一体的に導入された。

　老人福祉計画は、高齢者を対象とする在宅福祉サービス及び施設サービス（老人福祉センターなどを含む）の事業や高齢者福祉の取り組み全般について定める。

老人福祉法
（市町村老人福祉計画）
第20条の8　市町村は、老人居宅生活支援事業及び老人福祉施設による事業（以下「老人福祉事業」という。）の供給体制の確保に関する計画（以下「市町村老人福祉計画」という。）を定めるものとする。
（都道府県老人福祉計画）
第20条の9　都道府県は、市町村老人福祉計画の達成に資するため、各市町村を通ずる広域的な見地から、老人福祉事業の供給体制の確保に関する計画（以下「都道府県老人福祉計画」という。）を定めるものとする。

計画の内容

　市町村老人福祉計画には、市町村の区域内における老人福祉事業の目標量を定める（必須事項）。また、老人福祉事業の量の確保のための方策について定めるよう努める（任意事項）。

　都道府県老人福祉計画には、都道府県の役割として、その定める区域ごとの養護老人ホーム及び特別養護老人ホームの必要入所定員総数、その他老人福祉事業の目標量を定める（必須事項）。また、老人福祉施設の整備及び施設相互間の連携に関する事項、従事者の確保または資質の向上に関する事項を定めるよう努める（任意事項）。

　老人福祉計画は、法に基づき介護保険事業計画と一体のものとして作成されなければならない。

②介護保険事業計画

　介護保険事業計画は、介護保険サービスを実施するために各市町村が策定する計画である。各種サービス事業量と介護保険サービスについての施策や取り組みについて定める。

介護保険法
　（基本指針）
第116条　厚生労働大臣は、地域における医療及び介護の総合的な確保の促進に関する法律（中略）第3条第1項に規定する総合確保方針に即して、介護保険事業に係る保険給付の円滑な実施を確保するための基本的な指針（以下「基本指針」という。）を定めるものとする。
　（市町村介護保険事業計画）
第117条　市町村は、基本指針に即して、3年を1期とする当該市町村が行う介護保険事業に係る保険給付の円滑な実施に関する計画（以下「市町村介護保険事業計画」という。）を定めるものとする。
　（都道府県介護保険事業支援計画）
第118条　都道府県は、基本指針に即して、3年を1期とする介護保険事業に係る保険給付の円滑な実施の支援に関する計画（以下「都道府県介護保険事業支援計画」という。）を定めるものとする。

計画の内容

　計画の内容は、表10－2に示すように、国の基本指針に定められた基本的記載事項と任意記載事項に分かれてそれぞれ定められる。

　市町村は日常生活圏域を定め、その圏域ごとに介護給付等対象サービスの種類ごとの量の見込み、地域支援事業の量の見込み、地域における自立した日常生活支援・介護予防または要介護状態等の軽減・悪化防止などに関して取り組む施策と目標を中心に定める。

　都道府県は同じように圏域を定め、その定める圏域ごとに介護給付等対象

表10－2　介護保険事業計画の計画事項

【基本的事項】

市町村介護保険事業計画	都道府県介護保険事業支援計画
1．日常生活圏域 2．各年度における介護給付等対象サービスの種類ごとの量の見込み 3．各年度における地域支援事業の量の見込み 4．被保険者の地域における自立した日常生活の支援、要介護状態等となることの予防又は要介護状態等の軽減若しくは悪化の防止及び介護給付の適正化への取組及び目標設定	1．老人福祉圏域 2．各年度における介護給付等対象サービスの種類ごとの量の見込み 3．市町村が行う被保険者の地域における自立した日常生活の支援、要介護状態等となることの予防又は要介護状態等の軽減若しくは悪化の防止及び介護給付の適正化への取組への支援に関する取組及び目標設定 4．老人福祉圏域を単位とする広域的調整 5．市町村介護保険事業計画との整合性の確保

【任意記載事項】

市町村介護保険事業計画	都道府県介護保険事業支援計画
1．地域包括ケアシステム構築のため重点的に取り組むことが必要な事項 2．各年度における介護給付等対象サービスの種類ごとの見込み量の確保のための方策 3．各年度における地域支援事業に要する費用の額及びその見込み量の確保のための方策 4．地域包括ケアシステムを支える人材の確保及び資質の向上並びにその業務の効率化及び質の向上に資する事業に関する事項 5．介護給付等対象サービス及び地域支援事業の円滑な提供を図るための事業等に関する事項 6．認知症対策の推進 7．特定施設入居者生活介護の指定を受けていない有料老人ホーム及びサービス付き高齢者向け住宅の入居定員総数 8．地域包括支援センター及び生活支援・介護予防サービスの情報公表に関する事項 9．市町村独自事業に関する事項 10．療養病床の円滑な転換を図るための事業に関する事項 11．災害に対する備えの検討 12．感染症に対する備えの検討	1．地域包括ケアシステム構築のための支援に関する事項 2．介護給付等対象サービスを提供するための施設における生活環境の改善を図るための事業に関する事項 3．地域包括ケアシステムを支える人材の確保及び資質の向上並びにその業務の効率化及び質の向上に資する事業に関する事項 4．介護給付等対象サービス及び地域支援事業の円滑な提供を図るための事業に関する事項 5．認知症対策の推進 6．特定施設入居者生活介護の指定を受けていない有料老人ホーム及びサービス付き高齢者向け住宅の入居定員総数 7．介護サービス情報の公表に関する事項 8．療養病床の円滑な転換を図るための事業に関する事項 9．災害に対する備えの検討 10．感染症に対する備えの検討

サービスの種類ごとの量の見込み、地域における自立した日常生活支援・介護予防または要介護状態等の軽減・悪化防止などに関して、都道府県が取り組む施策と目標を中心に定める。また都道府県の役割（支援）として、介護保険サービス情報の公表、介護給付等対象サービス及び地域支援事業従事者の確保または資質の向上に関する事項などについて定める。

(2)　障害者計画、障害福祉計画及び障害児福祉計画

①障害者計画

障害者計画は、障害者基本法第11条に基づき、国、都道府県、市町村でそれぞれ策定しなければならない。

表10－3　障害者施策の基本的方向

(1)	安全・安心な生活環境の整備	(6)	保健・医療の推進
(2)	情報アクセスビリティの向上及び、意思疎通支援の充実	(7)	行政等による配慮の充実
		(8)	雇用・就業、経済的自立の支援
(3)	防災・防犯等の推進	(9)	教育の振興
(4)	差別の解消、権利擁護の推進及び、虐待の防止	(10)	文化芸術活動・スポーツ等の振興
(5)	自立した生活の支援・意思決定支援の推進	(11)	国際社会での協力・連携の推進

　国の第4次障害者基本計画（2018［平成30］～2022［令和4］年度）では、計画の基本理念を「障害者を、必要な支援を受けながら、自らの決定に基づき社会のあらゆる活動に参加する主体として捉え、障害者が自らの能力を最大限発揮し自己実現できるよう支援するとともに、障害者の活動を制限し、社会への参加を制約している社会的な障壁を除去するため、政府が取り組むべき障害者施策の基本的な方向を定める」としている。

　障害者計画では、障害者の自己実現の支援と社会参加の保障を目的として、障害者に関する施策全般の基本的な方向を定める。各分野における障害者施策の基本的方向は国の基本指針に表10－3のように示されている。

②障害福祉計画

　障害福祉計画は、障害福祉サービスが各自治体（地域）において提供体制が様々であり、その実施内容に差が生じていた状態に対して、障害者に地域で必要十分なサービスが提供されるよう将来に向けて計画的なサービス提供体制の整備を進める観点から、必要なサービス量とそれを確保するための方策を定める計画として導入された。地域の障害者の自立生活に活用できるよう、地域の実情にあった具体的な基盤整備を進めていくねらいをもつ。

> **障害者の日常生活及び社会生活を総合的に支援するための法律**
> **（基本方針）**
> **第87条**　厚生労働大臣は、障害福祉サービス及び相談支援並びに市町村及び都道府県の地域生活支援事業の提供体制を整備し、自立支援給付及び地域生活支援事業の円滑な実施を確保するための基本的な指針（以下「基本指針」という。）を定めるものとする。
> **（市町村障害福祉計画）**
> **第88条**　市町村は、基本指針に即して、障害福祉サービスの提供体制の確保その他この法律に基づく業務の円滑な実施に関する計画（以下「市町村障害福祉計画」という。）を定めるものとする。
> **（都道府県障害福祉計画）**
> **第89条**　都道府県は、基本指針に即して、市町村障害福祉計画の達成に資するため、各市町村を通ずる広域的な見地から、障害福祉サービスの提供体制の確保その他この法律に基づく業務の円滑な実施に関する計画（以下「都道府県障害福祉計画」という。）を定めるものとする。

計画の内容

　計画の内容は、国の基本指針により「定めなければならない事項」「定めるよう努めなければならない事項」、さらに「盛り込むことが望ましい事項」がそれぞれ示されている（表10－4）。

　市町村障害福祉計画には、障害福祉サービス、相談支援、及び地域生活支援事業の提供体制の確保に係る目標、障害福祉サービス・地域相談支援・計画相談支援の種類ごとの必要な量の見込み、地域生活支援事業の種類ごとの

表10－4　障害福祉計画・障害児福祉計画の計画事項

【定めなければならない事項】

市町村障害福祉計画等	都道府県障害福祉計画等
１．提供体制の確保に係る目標 (1)　障害福祉サービス、相談支援、及び地域生活支援事業の提供体制の確保に係る目標 (2)　障害児通所支援、及び障害児相談支援の提供体制の確保に係る目標 ２．支援の種類ごとの必要な量の見込み (1)　各年度における指定障害福祉サービス等の種類ごとの必要な量の見込み (2)　各年度における指定通所支援等の種類ごとの必要な量の見込み ３．市町村の地域生活支援事業の種類ごとの実施に関する事項	１．提供体制の確保に係る目標 (1)　障害福祉サービス、相談支援、及び地域生活支援事業の提供体制の確保に係る目標 (2)　障害児通所支援等の提供体制の確保に係る目標 ２．支援の種類ごとの必要な量の見込み (1)　各年度における指定障害福祉サービス等の種類ごとの必要な量の見込み (2)　各年度における指定通所支援等の種類ごとの必要な量の見込み ３．各年度の指定障害者支援施設、及び指定障害児入所施設等の必要入所定員総数 ４．都道府県の地域生活支援事業の種類ごとの実施に関する事項

【定めるよう努めなければならない事項】

市町村障害福祉計画等	都道府県障害福祉計画等
１．支援の種類ごとの必要な見込量の確保のための方策 (1)　各年度における指定障害福祉サービス等の種類ごとの必要な見込量の確保のための方策 (2)　各年度における指定通所支援等の種類ごとの必要な見込量の確保のための方策 ２．関係機関との連携に関する事項 (1)　指定障害福祉サービス等、及び地域生活支援事業の提供体制の確保に係る医療機関、教育機関、公共職業安定所その他の職業リハビリテーションの措置を実施する機関、その他の機関との連携に関する事項 (2)　指定通所支援等の提供体制の確保に係る医療機関、教育機関、その他の関係機関との連携に関する事項	１．支援の種類ごとの必要な見込量の確保のための方策 (1)　各年度における指定障害福祉サービス等の種類ごとの必要な見込量の確保のための方策 (2)　各年度における指定通所支援等の種類ごとの必要な見込量の確保のための方策 ２．指定障害福祉サービス等支援に従事する者の確保、又は資質の向上のために講ずる措置 ３．関係機関との連携に関する事項 (1)　区域ごとの指定障害福祉サービス、又は指定地域相談支援、及び地域相談支援事業の確保に係る医療機関、教育機関、公共職業安定所その他の職業リハビリテーションの措置を実施する機関、その他の機関との連携に関する事項 (2)　区域ごとの指定通所支援の提供体制の確保に係る医療機関、教育機関、その他の関係機関との連携に関する事項

【盛り込むことが望ましい事項】

市町村障害福祉計画等	都道府県障害福祉計画等
１．市町村障害福祉計画等の基本的理念等 ２．市町村障害福祉計画等の期間 ３．市町村障害福祉計画等の達成状況の点検、及び評価	１．都道府県障害福祉計画等の基本的な理念等 ２．区域の設定 ３．圏域単位を標準とした指定障害福祉サービス、及び指定通所支援の見通し、及び計画的な基盤整備の方策 ４．都道府県障害福祉計画等の期間 ５．都道府県障害福祉計画等の達成状況の点検、及び評価

実施に関する事項を中心に定める。また、障害福祉サービス・地域相談支援・計画相談支援の種類ごとの必要な見込み量の確保のための方策、さらに医療機関・教育機関・公共職業安定所（ハローワーク）・その他職業リハビリテーション実施機関などとの連携に関する事項を定めるよう努める。

都道府県障害福祉計画には、市町村障害福祉計画に定める以外の都道府県の取り組みとして、障害者支援施設の必要入所定員総数を定める。また、サービス及び支援に従事する者の確保または資質の向上、障害者支援施設のサービスの質向上のために取り組む事項を定めるよう努める。

③障害児福祉計画

2017（平成29）年児童福祉法の改正により、障害児福祉計画を障害福祉計画と一体的に作成することとなった。

障害児福祉計画は、障害児本人の最善の利益を擁護しながら、障害児の健やかな育成を支援することの必要性から、障害の疑いがある段階から身近な地域で支援することを目的とし、障害児が障害児支援を利用することにより、地域の保育、教育等の支援を受けられることを可能にすることで、障害の有無にかかわらず、すべての児童がともに成長できるよう地域社会への参加や包容（インクルージョン）を推進することをねらいとして導入された。

児童福祉法

第33条の19　厚生労働大臣は、障害児通所支援、障害児入所支援及び障害児相談支援（以下（中略）「障害児通所支援等」という。）の提供体制を整備し、障害児通所支援等の円滑な実施を確保するための基本的な指針（以下（中略）「基本指針」という。）を定めるものとする。

第33条の20　市町村は、基本指針に即して、障害児通所支援及び障害児相談支援の提供体制の確保その他障害児通所支援及び障害児相談支援の円滑な実施に関する計画（以下「市町村障害児福祉計画」という。）を定めるものとする。

第33条の22　都道府県は、基本指針に即して、市町村障害児福祉計画の達成に資するため、各市町村を通ずる広域的な見地から、障害児通所支援等の提供体制の確保その他障害児通所支援等の円滑な実施に関する計画（以下「都道府県障害児福祉計画」という。）を定めるものとする。

計画の内容

市町村障害児福祉計画には、表10−5にみるように、障害児通所支援及び障害児相談支援の提供体制の確保に係る目標と、種類ごとの必要な見込み量を定める。また、障害児通所支援及び障害児相談支援の種類ごとの必要な見込み量確保ための方策、さらに、その提供体制確保に係る医療機関・教育機関・その他の関係機関との連携に関する事項について定めるように努める。

都道府県障害児福祉計画には、市町村以外に都道府県の定める取り組みと

して、障害児入所施設等の必要入所定員総数を定める。同じく、通所及び入所支援・相談支援の質の向上に関する事項、区域ごとの通所支援の提供体制の確保に係る医療機関・教育機関その他の関係機関との連携に関する事項を定めるよう努める。

(3)　次世代育成支援行動計画、子ども・子育て支援事業計画

①次世代育成支援行動計画

次世代育成支援対策推進法に基づく市町村行動計画は、2003（平成15）年に国の「少子化対策プラスワン」を踏まえて、これまでの少子化対策全体の見直しと結果を求める声に応えて、10年間の時限立法として制定され、現在2024（令和6）年度末まで延長されている。

国は「社会全体での子育て家庭の支援」の理念を前面に押し出した計画策定を進めた。従業員301人以上の事業主（2007年の改正により101人以上に変更）[*5]と、すべての地方自治体に子育て支援のための行動計画の策定を義務づけた。企業による計画策定が推進されたことで、働き方の見直し、男性（父親）の育児参加など仕事と家庭の両立の観点から改善が図られた。

次世代育成支援対策推進法の規定

市町村及び都道府県は、行動計画策定指針に即して、当該市町村の事業及び事業に関し、5年を1期として、❶地域における子育ての支援、❷母性並びに乳児、及び幼児の健康の確保及び増進、❸子どもの心身の健やかな成長に資する教育環境の整備、❹子どもを育成する家庭に適した良質な住宅及び良好な居住環境の確保、❺職業生活と家庭生活との両立の推進、❻その他の次世代育成支援対策の推進に関する計画（「市町村行動計画」及び「都道府県行動計画」）を策定することができる（第8条ならびに第9条）。

計画の内容として、支援対策の実施により達成しようとする目標、支援対策の内容及びその実施時期を定める。保護を要する子どもの養育環境の整備のみが都道府県の計画項目になっている。

国（主務大臣）は、次世代育成支援対策の総合的かつ効果的な推進を図るため、基本理念にのっとり、市町村及び都道府県行動計画、一般事業主及び特定事業主行動計画の策定に関する指針を定める（第7条）。

国の行動計画策定指針には、市町村行動計画及び都道府県行動計画の内容に関する事項として、表10-5のような事項を掲げている。

②子ども・子育て支援事業計画

近年の家族構成の変化や地域のつながりの希薄化によって、子育てに不安や孤立感を感じる家族が少なくないこと、待機児童の解消が喫緊の課題と

*5
一般事業主であって、常時雇用する労働者の数が100人以下のものは、一般事業主行動計画を策定し厚生労働大臣に届け出るように努めなければならない（努力義務）。

表10－5　市町村行動計画及び都道府県行動計画の内容に関する事項

(1)　地域における子育ての支援 　ア　地域における子育て支援サービスの充実 　イ　保育サービスの充実 　ウ　子育て支援のネットワークづくり 　エ　子どもの健全育成 　オ　地域における人材育成 　カ　その他 (2)　母性並びに児童及び幼児等の健康の確保及び増進 　ア　切れ目のない妊産婦・乳幼児への保健対策 　イ　学童期・思春期から成人期に向けた保健対策の充実 　ウ　「食育」の推進 　エ　子どもの健やかな成長を見守り育む地域づくり 　オ　小児医療の充実 （カ　小児慢性特定疾病対策の推進） （キ　不妊に悩む方に対する支援充実） (3)　子どもの心身の健やかな成長に資する教育環境の整備 　ア　次代の親の育成 　イ　子どもの生きる力の育成に向けた学校の教育環境等 　　の整備 　ウ　家庭や地域の教育力の向上 　エ　子どもを取り巻く有害環境対策の推進	(4)　子育てを支援する生活環境の整備 　ア　良質な住宅の確保 　イ　良好な居住環境の確保 　ウ　安全な道路交通環境の整備 　エ　安心して外出できる環境の整備 　オ　安全・安心まちづくりの推進等 (5)　職業生活と家庭生活との両立の推進等 　ア　仕事と生活の調和の実現のための働き方の見直し 　イ　仕事と子育ての両立のための基盤整備 (6)　結婚・妊娠・出産・育児の切れ目のない支援の推進 (7)　子どもの安全の確保 　ア　子どもの交通安全を確保するための活動の推進 　イ　子どもを犯罪等の被害から守るための活動の推進 　ウ　被害に遭った子どもの保護の推進 (8)　要保護児童への対応などきめ細やかな取組の推進 　ア　児童虐待防止対策の充実 （イ　社会的養護体制の充実） 　ウ　母子家庭及び父子家庭の自立支援の推進 　エ　障害児施策の充実等

注：（　　）は都道府県行動計画のみの表記

なっている本格的な人口減少社会が到来する中で、子どもを生み育てたいという個人の希望がかなうようにするためのサポートが強く求められていることを背景に、子ども・子育て支援事業計画が策定されている。地域における創意工夫を生かしつつ、小学校就学前の子どもに対する教育及び保育、ならびに保護者に対する子育て支援の総合的な提供の推進を目的とする。

> **子ども・子育て支援法**
> 　（基本指針）
> **第60条**　内閣総理大臣は、教育・保育及び地域子ども・子育て支援事業の提供体制を整備し、子ども・子育て支援給付並びに地域子ども・子育て支援事業及び仕事・子育て両立支援事業の円滑な実施の確保その他子ども・子育て支援のための施策を総合的に推進するための基本的な指針（以下「基本指針」という。）を定めるものとする。
> 　（市町村子ども・子育て支援事業計画）
> **第61条**　市町村は、基本指針に即して、5年を一期とする教育・保育及び地域子ども・子育て支援事業の提供体制の確保その他この法律に基づく業務の円滑な実施に関する計画（以下「市町村子ども・子育て支援事業計画」という。）を定めるものとする。
> 　（都道府県子ども・子育て支援事業支援計画）
> **第62条**　都道府県は、基本指針に即して、5年を一期とする教育・保育及び地域子

> ども・子育て支援事業の提供体制の確保その他この法律に基づく業務の円滑な実施に関する計画（以下「都道府県子ども・子育て支援事業支援計画」という。）を定めるものとする。

計画の内容

　市町村子ども・子育て支援事業計画、及び都道府県子ども・子育て支援事業支援計画の内容は、基本指針に必須記載事項と任意記載事項に分けて定められている（表10－6）。

　市町村は、定める区域（教育・保育提供区域）ごとの各年度の特定教育・保育施設、及び特定地域型保育事業所に係る必要利用定員数、その他の教育・保育の量の見込み、教育・保育の提供体制の確保の内容、及びその実施時期、さらに子ども・子育て支援給付に係る教育・保育の一体的提供、及び当該教育・保育の推進に関する体制の確保の内容を中心に定める。

　都道府県は、市町村子ども・子育て支援事業計画以外に都道府県が定める

表10－6　子ども・子育て支援事業計画の計画事項

【必須記載事項】

市町村子ども・子育て支援事業計画	都道府県子ども・子育て支援事業支援計画
1．教育・保育提供区域の設定 2．各年度における教育・保育の量の見込み、並びに教育・保育の提供体制の確保の内容、及びその実施時期 3．各年度における地域子ども・子育て支援事業の量の見込み、並びに地域子ども・子育て支援事業の提供体制の確保の内容、及びその実施時期 4．子ども・子育て支援給付に係る教育・保育の一体的提供、及び当該教育・保育の推進に関する体制の確保の内容 5．子育てのための施設等利用給付の円滑な実施の確保の内容	1．都道府県設定区域の設定 2．各年度における教育・保育の量の見込み、並びに教育・保育の提供体制の確保の内容、及びその実施時期 3．子ども・子育て支援給付に係る教育・保育の一体的提供及び当該教育・保育の推進に関する体制の確保の内容に関する事項 4．子育てのための施設等利用給付の円滑な実施の確保を図るために必要な市町村との連携に関する事項 5．特定教育・保育及び特定地域型保育を行う者並びに地域子ども・子育て支援事業に従事する者の確保、及び資質の向上のために講ずる措置に関する事項 6．子どもに関する専門的な知識及び技術を要する支援に関する施策の実施、並びにその円滑な実施を図るために必要な市町村との連携に関する事項

【任意記載事項】

市町村子ども・子育て支援事業計画	都道府県子ども・子育て支援事業支援計画
1．市町村子ども・子育て支援事業計画の理念等 2．産後の休業及び育児休業後における特定教育・保育施設等の円滑な利用の確保に関する事項 3．子どもに関する専門的な知識及び技術を要する支援に関する都道府県が行う施策との連携に関する事項 4．労働者の職業生活と家庭生活との両立が図られるようにするために必要な雇用環境の整備に関する施策との連携に関する事項 5．市町村子ども・子育て支援事業計画の作成の時期 6．市町村子ども・子育て支援事業計画の期間 7．市町村子ども・子育て支援事業計画の達成状況の点検及び評価	1．都道府県子ども・子育て支援事業計画の基本理念等 2．市町村の区域を超えた広域的な見地から行う調整に関する事項 3．教育・保育情報の公表に関する事項 4．労働者の職業生活と家庭生活との両立が図られるようにするために必要な雇用環境の整備に関する施策との連携に関する事項 5．都道府県子ども・子育て支援事業支援計画の作成の時期 6．都道府県子ども・子育て支援事業支援計画の期間 7．都道府県子ども・子育て支援事業支援計画の達成状況の点検及び評価

取り組みとして、保育並びに子ども・子育て支援事業に従事する者の確保及び資質の向上に関する事項、保護を要する子どもの養育環境の整備、障害児に対する保護並びに日常生活上の指導及び知識技能の付与、その他の子どもに関する専門的な知識及び技術を要する支援に関する施策の実施に関する事項などを定める。

⑷　その他の関連する福祉計画

その他、高齢者、障害者、児童分野以外に、福祉に関連する計画として表10-7に示すような計画がある。

いずれも2016（平成28）年以降、法に基づいて市町村計画を策定することを規定された分野別計画である。法定計画とすることで、地方自治体に取り組み対策を国が要請または促進している分野と理解される。

このように、今や福祉分野において、計画は国が推進しようとする政策及び施策の実行手段として積極的に活用されている。計画に定めて施策や事業を運用する計画行政化はすでに地方自治体に定着している。

一方で、国からの補助金等交付事業を計画への規定を条件に運用することも行われてきている。この場合、市町村福祉計画は、国の地方自治体に政策を推進させる便法として活用されているといえる。"はじめに計画ありき"の政策運営は、国の財政規律化の要請を伴って市町村の柔軟な行政運営や取り組みにも影響を及ぼしかねない状況もまた懸念される。

表10-7　その他福祉に関連する計画の概要

計画名	根拠法	策定年	策定主体	市町村の規定
自殺対策計画	自殺対策基本法第13条第2項	2006年	国・都道府県・市町村	必須規定（2016年4月施行）
成年後見制度利用促進基本計画	成年後見制度の利用の促進に関する法律（成年後見制度利用促進法）第23条	2016年	国・市町村	努力規定
再犯防止推進計画	再犯の防止等の推進に関する法律（再犯防止推進法）第8条	2016年	国・都道府県・市町村	努力義務規定
高齢者居住安定確保計画	高齢者の居住の安定確保に関する法律（高齢者居住安定確保法）第4条の2	2001年	国・都道府県・市町村	任意規定（2016年8月施行）
賃貸住宅供給促進計画	住宅確保要配慮者に対する賃貸住宅の供給の促進に関する法律（住宅セーフティネット法）第6条	2007年	国・都道府県・市町村	任意規定（2017年10月施行）

【引用文献】

1）新建築学体系編集委員会編『新建築学体系23　建築計画』彰国社　1982年　p.3
2）柴田啓二「これからの自治体計画行政の視点」日本都市センター編『自治体と計画行政─財政危機下の管理と参加─』日本都市センター　2003年　p.3
3）同上書　pp.4-5
4）富永健一「社会計画の理論的基礎」経済企画庁国民生活政策課編『総合社会政策を求めて─福祉社会への論理─』大蔵省印刷局　1977年　p.128
5）同上書　p.126
6）坂田周一『社会福祉政策─現代社会と福祉─』有斐閣　2000年　p.185
7）小林良二「社会福祉計画の類型と構成要素」定藤丈弘・坂田周一・小林良二編『社会福祉計画』有斐閣　1996年　pp.45-56
8）地域福祉計画に関する調査研究委員会編『地域福祉計画・支援計画の考え方と実際』全国社会福祉協議会　2002年　p.21

【参考文献】

・大山博・武川正吾編『社会政策と社会行政─新たな福祉の理論の展開をめざして─』法律文化社　1991年
・定藤丈弘・坂田周一・小林良二編『社会福祉計画』有斐閣　1996年
・橋本和孝『ソーシャル・プランニング─市民生活の醸成を求めて─』東信堂　1996年
・橋本和孝・藤田弘夫・吉原直樹編『都市社会計画の思想と展開』東信堂　2009年
・成瀬龍夫『増補改訂　総説　現代社会政策』櫻井書店　2011年

第11章

地域福祉計画の策定と運用

●本章のねらい

> 　地域福祉計画は、地域福祉を実践する方法及び手段として、これまで用いられて
> きている。この地域福祉計画は2000（平成12）年の社会福祉法改正に伴い法制化さ
> れ、地域福祉を実践する上での計画策定がなされてきた。
> 　本章では、この地域福祉計画の基本的位置づけについて、これまでの経緯、法制
> 化のねらいを通してまず理解する。その上で、地域福祉計画の基本構成と、その策
> 定プロセスと方法を学ぶ。さらに、計画策定の事例に基づき、地域福祉計画の策定
> 過程、内容、実行体制等の実際を学ぶとともに、これからの課題を把握・理解する。

●プロローグ

　近年、報道にみるような孤立化の進行、東日本大震災以降の災害意識の高
まりなどを受けて、その対策としてコミュニティの見直し・再生が強く指摘
されている。こうした社会的潮流の中で、今の地域社会には何が求められて
いるのか。これからの地域福祉に求められることは何なのか。これらの要請
に応えて、将来の望ましい社会像（ビジョン）を構想し、その実現のための
具体的なシステムを住民、関係者、事業者、NPOなどの参加と協力のもと
に構築し実行していくことが地域福祉計画には求められている。こうした期
待に計画の策定主体である市町村は応えられているだろうか。地域福祉は市
町村（行政）が法に基づき計画を策定し、これを自ら推進するというもので
はない。地域でサービスや活動を担う多様な主体との間の連携と協働なしに、
計画の策定、さらにその実現は今や不可能である。それぞれの地域での様々
な実践や取り組みが進められている中、また地域共生社会の形成が法改正に
より推進される中、地域福祉計画は今後どう構想・策定、実行していけばい
いのだろうか。

180

1．地域福祉計画の位置づけと目的

(1)　地域福祉計画の経緯と目的

①地域福祉計画とは

　地域福祉計画は、地域福祉を実施するため、地域の資源を配分し、サービス提供体制の設計を行うことと理解される。計画とは、社会資源を効果的に組み合わせ配分する行為を指し、地域社会の人、設備、資金、さらに情報を調整し、新たに配分することを目的とする。地域福祉の推進は、資源を新しく用意、あるいはすでにある資源を調整し、サービスや活動を効果的に進めることで取り組まれる。その推進手段として計画の必要性が極めて高い。

②これまでの経緯と法制化

　この地域福祉の推進手段である地域福祉計画は、これまでコミュニティ・オーガニゼーションの理論に基づき、地域福祉活動の組織化等の手法、地域のサービス及び活動の指針として、民間の社会福祉協議会（以下「社協」）を中心に策定が進められてきた。1990年代に入り行政（市町村）の福祉計画の策定が進行する中、社協は1992（平成４）年に基本的姿勢を明確にする目的から「地域福祉活動計画策定の手引き」を公表した。一方、2000（同12）年には社会福祉法が改正され、社会福祉の利用制度が大きく転換される。第４条には「地域福祉の推進」が新たに規定され、その推進手段として第107条に「市町村地域福祉計画」が法制化された。

③法制化の背景とねらい

　地域福祉計画は、「地方公共団体が、地域住民の合意を形成して、地域の実情に応じた地域福祉の推進に自主的かつ積極的に取り組むための一つの有力な手段」[1] として、社会福祉法に市町村と都道府県に策定することが規定された。この法制化の背景には、虐待、家庭内暴力、閉じこもり、自殺などの生活課題の深まりや福祉問題の複雑化、また、福祉事務の権限委譲や介護保険制度導入等にみる地方分権化、分野別計画による専門分化などに対する福祉行政マネジメントの高まり、さらにボランティア・NPO活動の広がり及びこれとの協働の必要性などが挙げられる。

　こうした状況下での地域（市町村）における福祉の推進には、地域の課題解決へ向けての、住民を巻き込んだ計画的な取り組みを必要とする。

④地域福祉推進の基本目標

　地域福祉推進の基本目標として、国の策定指針は次の４点を挙げ、これら

の目標実現へ向けて地域福祉計画への取り組みを促している[2]（以下、筆者一部要約）。

① 生活課題の達成への住民等の積極的参加：地域住民の参加や関係団体と連携した活動、NPO法の成立など、地域では新たな活動の基盤整備が進んでいる。こうした地域住民等を地域福祉の担い手として位置づけるとともに、住民の自主的な活動と関係諸団体及び公共的なサービスとの間の連携を図っていくことが重要である。

② 利用者主体のサービスの実現：利用者本位の考え方に立って、その人の生活課題を総合的かつ継続的に把握し、対応する適切なサービスが総合的かつ効率的に提供され、その利用へのアクセスが阻害されないような体制を、身近な地域において構築する必要がある。

③ サービスの総合化の確立：地域の身近なところで総合的な相談が受けられ、サービスの適切な利用と結びつけられる体制を整備することが重要である。多様なサービスが十分な連携を図って総合的に展開されていくことが不可欠であり、今後は総合的なサービスの提供体制を確保していくことが必要である。

④ 生活関連分野との連携：地域福祉の範囲として、保健・医療・福祉の一体的な運営はもとより、教育、就労、住宅、交通、環境、まちづくりなどの生活関連分野との連携が必要となる。生活課題に対応する施策は、個別にすでに存在しているものも多いが、これらに新しいアイデアを取り入れてシステム化し、地域密着型のコミュニティビジネスあるいはNPOなどを創出していくこと（社会的起業）が考えられる。

⑤地域共生社会の実現

今後地域共生社会の実現に向けた取り組みを推進するため、「市町村地域福祉計画」の充実と包括的な支援体制の整備などを内容とする社会福祉法の一部改正が2017（平成29）年に行われた。これらの取り組みを「市町村地域福祉計画」に位置づけて確実に推進することが新たに組み込まれた。

地域における少子高齢化の進展、複合的な課題の深まり、全対象型の包括的な支援体制整備を背景に、高齢者、障害者、児童、その他の福祉の各分野における共通的な事項を定めることが併せて規定され、「市町村地域福祉計画」の福祉分野の「上位計画」としての位置づけがより強められた。

(2) 地域福祉計画の規定

①市町村地域福祉計画の規定

こうした背景やねらいを受けて、地域福祉計画は、社会福祉法（以下「法」）

にそれぞれ次のように規定されている。

　法第107条は、市町村が地域福祉の推進に関して、５つの基本事項を一体的に努力義務として定めることを規定している。

---

① 高齢者、障害者、児童、その他の福祉の各分野に共通して取り組むべき事項
② サービスの適切な利用を推進する事項
③ サービス及び事業の健全な発達に関する事項
④ 地域福祉の活動に対する住民参加の促進に関す事項
⑤ 市町村における「包括的な支援体制の整備」に関する事項

　計画の策定に際しては、地域住民等（住民、社会福祉を目的とする事業を経営する者、社会福祉に関する活動を行う者）の計画策定における手続き上の参加を規定している。また、策定後の計画の公表を定めている。さらに、策定した計画については、定期的に調査、分析及び評価の手続きを行い、必要に応じて見直しを行うことを規定している。

社会福祉法（市町村地域福祉計画）
第107条　市町村は、地域福祉の推進に関する事項として次に掲げる事項を一体的に定める計画（以下「市町村地域福祉計画」という。）を策定するよう努めるものとする。
　1　地域における高齢者の福祉、障害者の福祉、児童の福祉その他の福祉に関し、共通して取り組むべき事項
　2　地域における福祉サービスの適切な利用の推進に関する事項
　3　地域における社会福祉を目的とする事業の健全な発達に関する事項
　4　地域福祉に関する活動への住民の参加の促進に関する事項
　5　地域生活課題の解決に資する支援が包括的に提供される体制の整備に関する事項
2　市町村は、市町村地域福祉計画を策定し、又は変更しようとするときは、あらかじめ、地域住民等の意見を反映させるよう努めるとともに、その内容を公表するよう努めるものとする。
3　市町村は、定期的に、その策定した市町村地域福祉計画について、調査、分析及び評価を行うよう努めるとともに、必要があると認めるときは、当該市町村地域福祉計画を変更するものとする。

　また通知により、要援護者に関わる情報の把握・共有、及び安否確認方法等を盛り込むこと、同時に要援護者の把握方法、関係機関間の情報共有方法、日常的な見守り活動や助け合い活動の推進方策などが規定されている。

　さらに、生活困窮者自立支援制度が、地域福祉を拡充したまちづくりを進めていく上でも重要な施策であることから、その自立支援方策を地域福祉計画に位置づけて取り組むことが通知されている。既存の地域福祉計画との連携に関する事項、生活困窮者の把握等に関する事項、生活困窮者の自立支援に関する事項などが規定される。

②都道府県地域福祉支援計画の規定

　法第108条は、都道府県が広域的な見地から各市町村を支援する計画を策定することを規定している。この場合も、計画の策定及び変更するにあたって住民その他関係者の参加の実施を条件づけている。また、計画事項として上位計画としての規定に加えて、市町村支援の基本的方針、サービスの質の確保へ向けた人材育成や事業の健全な発達のための基盤整備、さらに市町村の包括的支援体制への支援など都道府県の支援策を定める。

社会福祉法（都道府県地域福祉支援計画）

第108条　都道府県は、市町村地域福祉計画の達成に資するために、各市町村を通ずる広域的な見地から、市町村の地域福祉の支援に関する事項として次に掲げる事項を一体的に定める計画（以下「都道府県地域福祉支援計画」という。）を策定するよう努めるものとする。
　1　地域における高齢者の福祉、障害者の福祉、児童の福祉その他の福祉に関し、共通して取り組むべき事項
　2　市町村の地域福祉の推進を支援するための基本的方針に関する事項
　3　社会福祉を目的とする事業に従事する者の確保又は資質の向上に関する事項
　4　福祉サービスの適切な利用の推進及び社会福祉を目的とする事業の健全な発達のための基盤整備に関する事項
　5　市町村による地域生活課題の解決に資する支援が包括的に提供される体制の整備の実施の支援に関する事項
　2　都道府県は、都道府県地域福祉支援計画を策定し、又は変更しようとするときは、あらかじめ、公聴会の開催等住民その他の者の意見を反映させるよう努めるとともに、その内容を公表するよう努めるものとする。
　3　都道府県は、定期的に、その策定した都道府県地域福祉支援計画について、調査、分析及び評価を行うよう努めるとともに、必要があると認めるときは、当該都道府県地域福祉支援計画を変更するものとする。

　法制化された地域福祉計画は市町村が定める行政計画であり、都道府県は広域的な視点から市町村の計画策定を支援する地域福祉支援計画を定める。これらに基づく地域福祉の推進は、行政のみの責務にとどまらず、地域住民と福祉関係者等との共同の責任のもとに行うことがめざされる。こうした背景から計画策定への住民及び福祉関係者等の参加が条件づけられている。

2．地域福祉計画の基本構成

(1)　福祉分野の総合計画

　以上のような地域福祉計画の経緯、法制化のねらい、地域福祉推進の目標、また法改正による変更などを受けて、地域福祉計画の基本構成は、より幅広

い位置づけと対応を必要としている。

　地域福祉計画は、福祉分野の「上位計画」（総合計画）としての性格及び役割をもっている。法制化された地域福祉計画は、既存の高齢者、障害者、児童の計画（以下「福祉3計画」）を総合化する役割を法に定められている。さらに、関連する生活関連分野の施策及び計画と連携していくことを要請されている。福祉分野の総合計画としての地域福祉計画の骨格は、図11－1のようにまとめられる。

①地域福祉計画の基本構成

　福祉分野の計画を総合化する視点から、基本構想*¹・総合計画などの上位計画や地方創成計画*²、高齢者・障害者・児童の分野別計画をはじめ、地域の生活課題に関連する領域の諸計画との間で調整と整合を図る。

　生活困窮者自立支援方策を位置づけるとともに、成年後見制度利用促進基本計画*³は一体的に策定することが想定される。また、地域生活課題への具体的な対応を考える上で、賃貸住宅供給促進計画、再犯防止推進計画、自殺対策計画*³などは一体的な展開が望ましい。さらに、地域防災計画*⁴との間では、避難行動支援などの観点から整合化を図ることに留意する。

　地域福祉の推進において、地域課題に関わる関連分野の計画との連携が想

*1　基本構想
旧地方自治法第2条第4項に基づく基本構想。市町村行政の基本となる方向を定める構想として策定が義務づけられていたが、地方分権下で市町村の自治事務であることから、2011（平成23）年の法改正により規定は削除された。しかし、現在でも市町村全体の基本方向を定める基本構想（総合計画）として引き続き策定する市町村が多い。

図11－1　地域福祉計画の基本的骨格

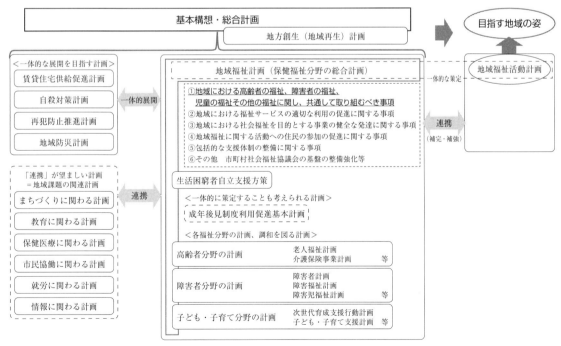

出典：全国社会福祉協議会「地域共生社会の実現に向けた地域福祉計画の策定・改定ガイドブック」2019年　p.49を参考に筆者作成

＊2　地方創成計画
まち・ひと・しごと創
生法第8条に基づく
「市町村まち・ひと・
しごと創生総合戦略」。
市町村にまち・ひと・
しごと創生に関する基
本的な計画を定める努
力義務が規定されてい
る。少子高齢化と人口
減少下にあって、活力
のある豊かな生活を安
心して営むことができ
る地域社会（まち）を
めざして、豊かで多様
な人材の確保及び魅力
ある多様な就業機会の
創出を一体的に推進す
ることをねらいとして
いる。

＊3　成年後見制度利
用促進基本計画、賃貸
住宅供給促進計画、再
犯防止推進計画、自殺
対策計画
第10章を参照。

＊4　地域防災計画
災害対策基本法第42条
に基づく市町村防災計
画。市町村の設置する
防災会議に計画の策定
が義務づけられている。
防災に関して、地方自
治体の必要な体制を確
立することを目的に、
災害予防、災害応急対
策、災害復旧などその
他必要な災害対策を定
めている。地域の災害
時要支援者の安全な避
難も、防災の観点から
対象とされている。

定される。保健・医療、教育、就労、情報、まちづくり、市民協働に関する
計画などとの連携の取り組みについて、“福祉の視点”から再点検すること か
ら始めて、地域福祉計画がめざす方向や取り組みとの関連で検討する。

②5つの計画事項

　地域福祉計画は、まず地域（市町村）において「地域福祉推進のための共
通の理念・目標」を提示する。そのことで福祉3計画及びその他保健・医療
をはじめとする関連分野の計画との間で取り組むべき目標の共有化を図る。
続いて、高齢者、障害者、児童、その他福祉の「共通して取り組むべき事項」
を定める。さらに、それ以外の4つの計画事項を定める。これらの事項は新
たな「包括的な支援体制の整備」を含む地域福祉推進の中核をなす取り組み
に該当する。これら計画事項の間で協調・連携していく方向を基本とする。
　3つの分野間での共通した取り組み、地域で展開される分野ごとの基本的
なサービスや活動が地域福祉計画には定められる。

③地域福祉活動計画との関係

　民間の社協の策定する「地域福祉活動計画」とは、共通の理念・目標のも
とに協働・連携する関係にあることから、一体的な策定を検討する。行政、
社協それぞれの特性及び責務を受けて、連携のあり方や施策・取り組みを役
割分担する。地域福祉計画においては、地域住民、関係団体等、社協、地方
自治体が実施する個別の施策・事項等を明確にするなど、地域福祉の推進や
包括的な支援体制の整備に向けた責任と役割分担を明確にする。

(2)　多様化・複雑化する課題への対応

①地域福祉計画の策定内容

　地域福祉計画には、5つの基本事項を定める。この基本事項には、表11-
1のような内容が盛り込むべき内容として国の策定指針に示されている。
　「地域における高齢者の福祉、障害者の福祉、児童の福祉その他の福祉に
関し、共通して取り組むべき事項」では、各分野に共通してみられる課題へ
の対応、分野横断的に取り組む必要のある事項、制度の狭間の問題への対応、
生活困窮者及び就労・居住等困難者への支援の方向、福祉以外の多様な分野
との連携に関する事項などが定められる。
　「地域における福祉サービスの適切な利用の推進に関する事項」では、情
報提供や相談支援体制の整備、社会福祉従事者の職員の専門性の向上、ケア
マネジメント体制の整備、利用者の権利擁護、日常的な見守り・支援の推進
方策などが定められる。
　「地域における社会福祉を目的とする事業の健全な発達に関する事項」で

表11-1　地域福祉計画に盛り込むべき内容

基本事項 （社会福祉法第107条）	想定される計画事項
地域における高齢者の福祉、障害者の福祉、児童の福祉その他の福祉に関し、共通して取り組むべき事項	○様々な生活課題を抱える者の就労や活躍の場の確保等を目的とした、福祉以外の様々な分野との連携に関する事項 ○高齢、障害、子ども・子育て等の各福祉分野のうち、特に重点的に取り組む分野に関する事項 ○制度の狭間の課題への対応のあり方 ○生活困窮者のような各分野横断的に関係する者に対応できる体制 ○共生型サービス等の分野横断的な福祉サービス等の展開 ○居住に課題を抱える者への横断的な支援のあり方 ○就労に困難を抱える者への横断的な支援のあり方 ○自殺対策の効果的な展開も視野に入れた支援のあり方 ○市民後見人等の育成や活動支援、判断能力に不安がある者への金銭管理、身元保証人等、地域づくりの観点も踏まえた権利擁護のあり方 ○高齢者、障害者、児童に対する虐待への統一的な対応や、家庭内で虐待を行った養護者又は保護者が抱えている課題にも着目した支援のあり方 ○保健医療、福祉等の支援を必要とする犯罪をした者等への社会復帰支援のあり方 ○地域住民等が集う拠点の整備や既存施設等の活用 ○地域住民等が主体的に地域生活課題を把握し解決に取り組むことができる地域づくりを進めるための圏域と、各福祉分野の圏域や福祉以外の分野の圏域との関係の整理 ○地域づくりにおける官民協働の促進や地域福祉への関心の喚起も視野に入れた寄附や共同募金等の取り組みの推進 ○地域づくりに資する複数の事業を一体的に実施していくための補助事業等を有効に活用した推進体制 ○全庁的な体制整備
地域における福祉サービスの適切な利用の推進に関する事項	○福祉サービスを必要とする地域住民に対する相談支援体制の整備 ・福祉サービスの利用に関する情報提供、相談体制の確保、支援関係機関間の連携 ○支援を必要とする者が必要なサービスを利用することができるための仕組みの確立 ・社会福祉従事者の専門性の向上、ケアマネジメント、ソーシャルワーク体制の整備 ○サービスの評価やサービス内容の開示等による利用者の適切なサービス選択の確保 ○利用者の権利擁護 ・成年後見制度、日常生活自立支援事業、苦情解決制度など適切なサービス利用を支援する仕組み等の整備 ○避難行動要支援者の把握及び日常的な見守り・支援の推進方策
地域における社会福祉を目的とする事業の健全な発達に関する事項	○社会福祉を目的とする多様なサービスの振興・参入促進およびこれらと公的サービスの連携による公私協働の実現 ・民間の新規事業の開発やコーディネート機能への支援 ・社会福祉法人による「地域における公益的な取り組み」の推進
社会福祉に関する活動への住民の参加の促進に関する事項	○地域住民、ボランティア団体、NPO法人等の社会福祉活動への支援 ・活動に必要な情報の入手、必要な知識、技術の習得、活動拠点に関する支援 ・地域住民の自主的な活動と公共的なサービスの提供 ○住民等による問題関心の共有化への動機付けと意識の向上、地域福祉推進への主体的参加の促進 ・地域の福祉のあり方について住民等の理解と関心を深めることによる主体的な生活者、地域の構成員としての意識の向上 ・住民等の交流会、勉強会等の開催 ○地域福祉を推進する人材の養成 ・福祉活動専門員、社会福祉従事者等による地域組織化機能の発揮 ・民生委員・児童委員活動の充実に向けた環境整備
包括的な支援体制の整備に関する事項	○「住民に身近な圏域」において、住民が主体的に地域生活課題を把握し解決を試みることができる環境の整備 ・地域福祉に関する活動への地域住民の参加を促す活動を行う者に対する支援 ・地域住民等が相互に交流を図ることができる拠点の整備 ・地域住民等に対する研修の実施 ○「住民に身近な圏域」において、地域生活課題に関する相談を包括的に受け止める体制の整備 ・地域住民の相談を包括的に受け止める場の整備 ・地域住民の相談を包括的に受け止める場の周知 ・地域の関係者等との連携による地域生活課題の早期把握 ・地域住民の相談を包括的に受け止める場のバックアップ体制の構築 ○多機関の協働による市町村における包括的な相談支援体制の構築 ・支援関係機関によるチーム支援 ・協働の中核を担う機能 ・支援に関する協議及び検討の場 ・支援を必要とする者の早期把握 ・地域住民等との連携

出典：厚生労働省「地域共生社会の実現に向けた地域福祉の推進について」（社援発1212第2号2017年12月12日）より筆者作成

は、民間の新規事業の開発やコーディネート機能への支援、社会福祉法人の「地域における公益的な取組」の推進などが定められる。

「社会福祉に関する活動への住民の参加の促進に関する事項」では、地域住民、ボランティア団体、NPO法人等の社会福祉活動への支援、住民等による問題関心の共有化と意識の向上への対応、地域福祉を推進する人材の養成などが定められる。

「包括的な支援体制の整備に関する事項」では、身近な圏域において住民が主体的に地域生活課題を把握し解決を試みることができる環境の整備、地域生活課題に関する相談を包括的に受け止める体制の整備、多機関の協働による市町村における包括的な相談支援体制の構築が定められる。

②住民に身近な地域への対応

地域福祉計画は、多層化する地域への対応が求められている。地域共生社会づくりでは、「住民に身近な圏域」が基本になる。国の策定指針は、「❶『住民に身近な圏域』において、地域住民等が主体的に生活課題を把握し解決を試みることができる環境の整備、❷『住民に身近な圏域』において、地域生活課題に関する相談を包括的に受け止める体制の整備、❸多機関の連携による包括的な相談支援体制の構築等を通じた包括的な支援体制の整備が必要である」[3] として、日常生活圏域での支援体制の整備を基軸に据えている。

この圏域は住民が見渡せて関心を寄せやすい、かつ住民参加を取り組みやすい広がりであるとともに、サービスや活動が実施される基本的な範囲として設定される。

3．計画策定のプロセスと方法

前節のような基本構成をなす地域福祉計画の策定過程（プロセス）は、図11-2にみるように、計画推進体制の検討→調査の実施→理念及び方針の検討→計画内容の検討→計画の決定及び公表→計画の実施→計画の評価の各段階で順に展開する。各段階では次のような取り組みが行われる。

(1) 計画推進体制の検討

計画の策定は、庁内で計画策定の合意を得ること、具体的には担当課が予算を申請し確保することから始まる。これを受けて、計画策定担当（事務局）を明確にして、関連部局の協力のもとに庁内の策定体制を構築する。さらに策定の方法・手順、スケジュールを検討する。その方法・手順の中では、住民参加の実施内容と体制の検討が必要になる。

図11－2　地域福祉計画の策定プロセス

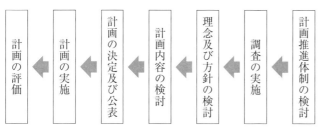

計画推進体制の検討 → 調査の実施 → 理念及び方針の検討 → 計画内容の検討 → 計画の決定及び公表 → 計画の実施 → 計画の評価

⑵　調査の実施

　調査の実施は、計画策定のための材料（資料）を収集・整理するために行う。地域福祉計画では、まずニーズ及び課題を把握・整理する。そのために基礎調査を実施する。基礎調査は、一つは地域福祉実態調査を実施する。市民を対象に、福祉への意識及び取り組みと地域での福祉活動の実態及び課題を把握する。もう一つは福祉活動組織・団体調査を実施する。民間活動施設・団体を対象に、サービス及び活動の実態と課題を把握する。これにより地域福祉についての現状と課題を把握し、さらに課題間での比較順位づけを行い、解決へと取り組むべき課題（整備課題）を明確にする。

　一方で、行政の福祉関連サービス及び事業・取り組みの現状と課題を整理する。社協のサービス及び活動についての現状等も併せて把握・整理する。先行する計画での位置づけがある場合は、その目標に照らして達成状況・評価が明示される必要がある。その上で、地域福祉についての行政、社協等の取り組みについて整備課題を取りまとめる。

⑶　理念及び方針の検討

　現状と課題の整理を受けて、計画の理念及び目標、または計画によりめざす将来像を検討する。地域福祉計画では、福祉3計画などとの間で理念及び目標等の共有化を図る。これらの検討を受けて、計画の基本方針を検討・策定する。基本方針は、計画の基本的な整備方向を確定する、あるいは計画の骨格を形づくるものとして重要である。

⑷　計画内容の検討

　基本方針を受けて、その基本とする方向の実現へ向けて、さらに下位の整備方向（項目）を段階的に設定する。これを計画体系として組み立てる。その上で、この下位の取り組み方向を実現するための具体的な実現方策（サービス及び事業、取り組み）をそれぞれ検討する。実現方策の検討では、整備

時期と主体、対象、内容、目標量、財源などをプログラムとして明示する。また、緊急性や優先性等に基づき当面の重点的な取り組み（重点事業）を設定する。さらに、実現方策の展開をめぐって関係各課との間で調整を行う。

⑸　計画の決定及び公表

実現方策の検討を終えた計画素案に対して、計画の決定手続きをとる。説明会等の開催や議会への説明、広報等への掲示、またパブリック・コメントの実施などを活用して意見を募集する。意見等に基づき計画を修正して案が作成される。最後に行政計画として首長が最終的に決定し、インターネットの活用や概要版の作成などを通してその内容を公表する。

⑹　計画の実施

決定された計画は実行の段階に移される。計画は担当主管課のもとに関係各課との間で共同して進行管理を行う。庁内のみならず関係団体、地域住民等に呼びかけて計画推進・評価委員会を組織する。施策や取り組みについて、年度ごとの進捗状況の確認と、計画期間内の目標との間でその達成状況を確認・評価する。

⑺　計画の評価

計画は一定の期間を経た後に評価して見直す。年度ごとの進行管理に基づく評価や計画期間内での中間評価を行い、進捗を阻害する要因や課題を把握し分析する。

評価した内容は、目標達成に向けて必要な対策や施策・取り組みを検討することで、次期計画として組み直す。また、評価は庁内にとどまらず、計画推進・評価委員会を活用して外部の意見を求めて実施することも必要になる。

４．地域福祉計画策定の実際－埼玉県春日部市の場合－

⑴　策定事例の概要

この章では、地域福祉計画策定の事例から、計画の策定過程、内容、実行体制などの実際をみる。策定事例として取り上げる埼玉県春日部市は、県の南西部に位置し、県庁所在地さいたま市の東に隣接する。2020（令和2）年4月の人口は約34.7万人、直近10年間の人口増減率は5.95%で横ばいである。高齢化率25.1%、少子化率12.8%、面積60.31km^{2}の首都圏の郊外都市である。

(2)　計画策定体制

　春日部市では、2017（平成29）年10月から2019（同31）年2月にかけて地域福祉計画の策定が行われた。

①庁内体制

　計画策定の庁内体制は、生活支援課社会福祉担当が主管で、事務局は担当市職員と民間コンサルタントにより構成された。庁内の策定協力体制としては、関係各課に呼びかけて「庁内検討委員会」が組織された。

②計画策定体制

　計画策定体制は、「計画審議会」と「庁内検討委員会」、さらに「市民意見提出手続き」を設けた。

　「計画審議会」は、条例に基づき、市内各種団体を代表する者10名、公募市民2名、学識経験者2名の計14名で構成され、市長の諮問に応じ計画に関する事項を調査審議することを目的に設置された。

　「庁内検討委員会」は、保健、福祉、教育を中心に関係する21課の長で構成された。福祉部次長を委員長とし、計画の策定に関することを調査審議することを目的とした。

　「市民意見提出手続き」は、計画（案）に対してパブリック・コメントを実施した。

(3)　計画策定過程

　「計画審議会」は市長の諮問のもとに2018（平成30）年7月から翌年2年にかけて実施された。第1回で地域福祉計画の概要について確認し、統計資料に基づき整理された市の地域福祉をめぐる状況と、地域福祉に関するアンケート調査の結果について報告に基づき審議した。第2回目以降、計画骨子（案）の検討、計画（素案）の検討、計画（案）及び計画答申（案）の検討を重ねて実施した。5回の審議を経て市長への計画（案）の答申を完了した。

　「庁内検討委員会」は、事務局から提案される「計画策定審議会」の各回の議題内容を審議会に先行して検討した。

①調査の実施状況

　地域福祉に関するアンケート調査は、市民意識調査と福祉関係団体調査を実施している。2017（平成29）年12月中旬から翌年1月末にかけてそれぞれ実施した。対象、方法、調査項目、回収状況は表11-2の通りである。

②計画体系

　計画の基本理念を「笑顔でつながり支え合う　安心していきいきと暮らし

表11－2　地域福祉に関するアンケート調査の概要

調査の名称	対象	方法	回収状況	調査項目
市民意識調査	18歳以上の市民より無作為抽出した2,000名を対象	記入式の調査票形式で、郵送配布・回収	回収数699件回収率35.0%	・回答者の属性 ・地域との関わり ・地域福祉について ・ボランティア活動について ・災害時の対応について ・福祉サービスについて ・社会福祉協議会について ・自由記述（回答）
福祉関係団体調査	市内の福祉関係団体499団体を対象	記入式の調査票形式で、郵送配布・回収	回収数250件回収率55.7%	・団体の概要 ・団体の活動について ・関係団体ついて ・災害時の対応について ・市の福祉施策について ・自由記述（回答）

出典：春日部市地域福祉計画策定資料より筆者作成

続けるまち　春日部」とし、4つの基本目標を設定した。この基本理念及び目標を受けて、施策の方向性が整理され、図11－3のような計画体系が組まれた。この計画体系は法に定める5つの計画事項に必ずしも沿ってはいない。施策の方向性及び展開の中でそれぞれ関係する計画事項にふれる形で取り上げている。

　第1の基本目標「福祉意識の向上と担い手づくり（情報・人材）」は、市民が福祉に対する理解を深めるよう、効果的に福祉に関する情報の発信と共有を進めるとし、情報発信・意識づくりの推進、社会参加・交流の促進、担い手づくりの推進、地域活動・社会貢献活動への支援・連携強化を施策の方向性として掲げている。

　第2の基本目標「助け合い・支え合いの仕組みづくり（地域）」は、市民同士が近所で困っている人に気づき、相談できる窓口や支援機関につなげられるよう、助け合い・支え合いの仕組みづくりを進めるとして、居場所・拠点づくりの推進、地域力の強化、見守り体制の推進を施策の方向性として掲げる。

　第3の基本目標「包括的支援体制づくり（基盤）」は、専門機関などと連携・協力しながら、福祉サービスの提供基盤と総合的な相談支援体制づくりを進めるとして、総合相談・包括的支援体制の構築、生活困窮者対策の推進、社会福祉協議会との連携強化、福祉サービスの充実を掲げている。法第106条第3項に該当する規定となっている。

図11－3　春日部市地域福祉計画の体系

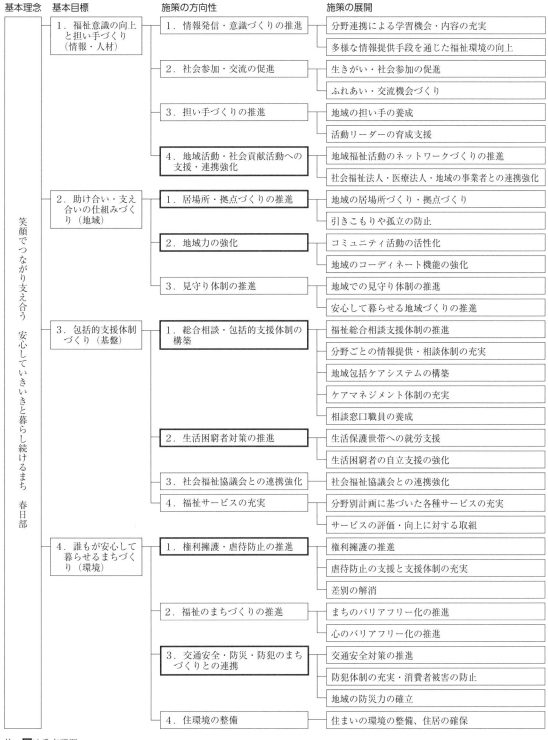

注：□は重点課題。
出典：春日部市地域福祉計画（2019年3月）より筆者加工・作成

第4の基本目標「誰もが安心して暮らせるまちづくり（環境）」は、個人の尊厳の尊重や虐待の防止の他、福祉のまちづくりを進めるとともに、交通安全・防犯・防災など、住み慣れた地域で、誰もが安心して安全に暮らし続けることができるまちづくりを進めるとして、権利擁護・虐待防止の推進、福祉のまちづくりの推進、交通安全・防犯・防災のまちづくりとの連携、住環境の整備を掲げる。

③地域福祉圏域の設定

　地域における課題や福祉ニーズを的確に把握し、きめ細やかに対応して「地域共生社会づくり」を進めていくために、より身近な地域福祉の推進機関として、春日部市では、市内7つの地区自治会連合会及び武里団地の地区（図11−4を参照）に、支部社会福祉協議会が設置され、地域の課題に応じた事業が実施されている。このことから、地区自治会連合会及び武里団地の地区を地域福祉圏域として位置づけ、地域特性を生かせる支え合いの仕組みづくりの構築を進めるとしている。

④計画実行体制

　計画実行体制は、進行管理や各種連絡・調整等を行う事務局を生活支援課が所管する。また、地域住民の抱える多様かつ複合的な生活課題に対して、保健医療福祉のみならず、雇用・労働、教育、権利擁護などの多岐にわたる分野の連携・協力体制が必要なことから、全庁的に関連する各施策・事業の

図11− 4　地域福祉圏域

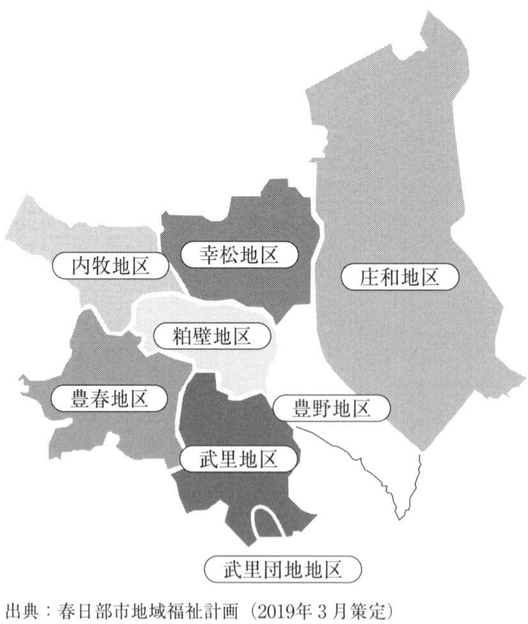

出典：春日部市地域福祉計画（2019年3月策定）

担当課との連絡・調整を図るとしている。

　計画の進捗管理は、計画に位置づける各施策・事業の達成状況を「地域福祉計画審議会」に報告し、基本目標ごとに総合的に判断・評価し、必要に応じて見直しや改善を検討する。さらに、高齢者、障害者、児童の各分野に関連する分野別計画との整合、各審議会との連携を図りながら、進捗管理を進めるとしている。

⑤計画策定の要点

　計画策定の事例を通して、地域福祉計画を策定する上での要点は以下のように整理できる。

　第1に、計画策定体制をまず構築し、計画策定の進行に合わせて計画策定過程を設計することから始める。計画の策定プロセス（本章p.188を参照）に基づき、策定過程への住民参加を効果的に組み合わせて実行する。計画策定全般のマネジメントが必要である。

　第2に、計画体系を構築することが肝要である。基本目標を実現するための施策項目を図11－3にみるように、下から組み上げて整序することが計画検討の要である。本来であれば、これを市民の意見・提案に基づいて、少人数参加のグループで検討することが望ましい。

　第3に、計画実行体制を構築する必要がある。計画は策定に終わらず実行されるものであり、行政（庁内）と市民それぞれの参加に基づく実行体制が伴わないと実現していかない。計画の策定体制を基本に運用するなどの対応が求められる。

　第4に、福祉生活圏域の設定は、既存の圏域を活用することが基本になる。公民館あるいは自治会活動の範域、支部社協の圏域、高齢者等福祉サービス圏域などを活用して設定するなど、行政の他分野の地域別施策と連動して設定することが有効である。

　第5に、包括的支援体制に向けて、「住民に身近な圏域」を基盤に支援を行う人員と拠点の整備が求められる。地域共生社会の形成へ向けて、問題解決の地域力強化を目的とした人的支援と、活動及び相談支援と調整を行う拠点の整備、さらに全庁での包括的支援体制の整備が必要である。

5．地域福祉計画運用の課題

⑴　孤立化と防災への取り組み

　住民の孤立化と防災への取り組みは、すでに各地の計画策定事例の中で

様々に取り組まれてきている。中でも、今後地域で対応が必要な方向として、地域の生活課題の発見方法や仕組み、「地区福祉計画」の策定、少数者の意見を反映させる仕組みづくり、さらに防災との連携強化が指摘できよう。

　地域の生活課題の発見方法等については、地域で生活課題を抱えるニーズを把握し適切な支援サービスにつなぐシステムを構築することが求められる。地域の実情に合わせた包括的支援体制の整備はその有効な対策といえる。

①孤立化への対応と取り組み

　ひとり暮らし高齢者や閉じこもりなど孤立化への対策として、潜在的なニーズ把握の中でこれらを発見・対応するとともに、地域住民の支え合いの取り組みにつないでいく仕組みの整備と活用が求められる。

　これらに向けて、計画策定対象を「住民に身近な圏域」≒“地区”に設定し対策を講じていく必要性は高い。生活への関心を寄せやすい範囲での住民の参加と協働に基づく計画策定が有効である。

②防災への対応と取り組み

　また、地震や豪雨など自然災害の発生が毎年繰り返される中、地域での防災への取り組みは重要になってきている。地域の防災への備えとして、避難場所の確認や防災資源の整備、「災害時要支援者名簿」の作成・活用をはじめ、地域に生活する要支援者の安全かつ速やかな避難の確保、福祉避難所の整備、避難場所での生活支援サービスの継続・確保などの対応が必要とされている。これらに向けた通常時の支え合いシステムの構築と、システムづくりを基盤とした地域の課題解決力の向上が、今後の地域福祉計画の取り組み課題としてその対応を迫られている。

(2)　地域共生社会づくりへの取り組み

①地域共生社会の形成

　「市町村地域福祉計画」は、2017（平成29）年の法改正により包括的な支援体制の整備と福祉分野の「上位計画」としての位置づけ強化が導入され、計画に定める内容とその役割がより明確化された。目標とする地域共生社会の形成へ向けて、さらに法に基づく支援体制が整えられつつある[*5]。

　一方で、地域のそれぞれの特性に基づいて、民間資源を活用した関係者の組織化やネットワーク構築を行い、地域のサービス支援や活動を推進するといった地域福祉推進のこれまでの取り組みとの間で、誰が、どの主体が中心となって包括的支援体制を整備していくのか。この整備に関して、計画を策定する行政（市町村）の関わりと責任が、関係機関の調整役（コーディネーター）としての役割がより明確にされたといえよう。

＊5
2020（令和2）年6月の社会福祉法改正により2021（同3）年4月から施行された「重層型支援体制整備事業」は、❶断らない支援、❷参加支援、❸地域づくりに向けた支援を地域（自治体）に整備することを要請している。地域共生社会の形成については第12章を参照。

②地域の特性に合わせた取り組みの推進

　地域の支援を必要とする全世帯を対象とした包括的な支援体制の整備は、地域福祉の目標であることに間違いはない。しかし、そこに至る過程や方法は様々であり、その地域に合わせた固有の手法を選択し調整していくことが現実的な対応となる。

　国の定める包括的な支援体制は、問題解決へ向けた地域の課題解決力の強化と、これを支える行政の包括的な支援体制の整備から構想されている。行政の側の支援メニュー及び支援体制が、サービス支援や活動の関係者との参加・協力を得る中で開発・整備され、地域の特性に合わせて柔軟に活用されることが望ましい。そのための計画的な基盤整備とシステム開発がこれからの地域福祉計画には求められる。

【引用文献】
1 ）社会福祉法令研究会編『社会福祉法の解説』中央法規出版　2001年　p.321
2 ）厚生労働省社会保障審議会福祉部会「市町村地域福祉計画及び都道府県地域福祉支援計画策定指針のあり方について（一人ひとりの地域住民への訴え）」2002年
3 ）厚生労働省「地域共生社会の実現に向けた地域福祉の推進について」2017年

【参考文献】
・地域福祉計画に関する調査研究委員会編『地域福祉計画・支援計画の考え方と実際—地域福祉計画に関する調査研究事業報告書—』全国社会福祉協議会　2002年
・厚生労働省「要援護者に関わる情報の把握・共有及び安否確認等の円滑な実施について」2007（平成19）年 8 月10日社援発第081001号
・厚生労働省「市町村地域福祉計画及び都道府県地域福祉支援計画の策定について」2014（平成26）年 3 月27日社援発0327第13号
・これからの地域福祉のあり方に関する研究会（厚生労働省社会・援護局）「地域における『新たな支え合い』を求めて—住民と行政の協働による新しい福祉—」2008年
・厚生労働省「『地域共生社会に向けた包括的支援と多様な参加・協働の推進に関する検討会』（地域共生社会推進検討会）最終とりまとめ」2019年
・全国社会福祉協議会「地域共生社会の実現に向けた地域福祉計画の策定・改定ガイドブック」2019年
・春日部市「春日部市地域福祉計画」2019年 3 月
・日本地域福祉研究所監、大橋謙策・原田正樹編『地域福祉計画と地域福祉実践』万葉社　2001年
・武川正吾編『地域福祉計画—ガバナンス時代の社会福祉計画—』有斐閣　2005年
・木下聖『地方分権と地域福祉計画の実践—コミュニティ自治の構築へ向けて—』みらい　2007年
・牧里毎治・野口定久編『協働と参加の地域福祉計画—福祉コミュニティの形成に向けて—』ミネルヴァ書房　2007年
・牧里毎治・野口定久・武川正吾他編『自治体の地域福祉戦略』学陽書房　2007年
・岩間伸之・原田正樹『地域福祉援助をつかむ』有斐閣　2012年
・川島ゆり子・永田祐・榊原美樹他『地域福祉論』ミネルヴァ書房　2017年

第12章

包括的支援体制の構築と地域共生社会

●本章のねらい

> 家族や地域社会の変化に伴って多様化・複雑化している福祉ニーズに対応し、誰もが安心して暮らし続けられるようにするため、包括的支援体制の整備を進め「地域共生社会」を実現していくことが求められている。
>
> 本章では、まず包括的支援体制の考え方について押さえた上で、地域包括ケアシステムについて検討する。その上で、地域包括ケアシステムの進化・深化による「地域共生社会」の形成へと政策が変遷していった経緯とこれまでの取り組みについて明らかにする。

●プロローグ

2021（令和3）年3月現在、わが国を含め世界のあらゆる地域の人々がコロナ禍による試練にさらされている。外出・移動の自粛要請や一斉休校等により人とつながることを制限されたことで"つながりをもたない（もてない）"状況を経験し、人と人とが"つながる"ことがかけがえのない営みであることを痛感した人も多かったのではないだろうか。

厚生労働省は、❶新型コロナウイルス感染症の影響により失業した方の活躍の場が求められていること、❷複数人が屋内で集まることを前提とした居場所づくりの活動の実施が難しくなっていることにより、住民相互の関係性が希薄化し、地域の中で孤立のリスクが高まっていることに対応するため、2020（令和2）年度に「新型コロナウイルス感染症対応地方創生臨時交付金」を活用した「新しいつながり事業」を創設した[1]。本事業は既存のつながりを再構築していくとともに、新しいつながりづくりの環境を醸成していくことをめざすものであり、「地域共生社会」の実現に資するものとしても期待される。

当該事業を活用して「つながり」を再構築あるいは創出し、「地域共生社会」を実現していく過程で、年齢や立場を超えて共有された想いや試みた工夫、経験から得られた想像力や共感への姿勢は「地域共生社会」を実現するための大きな推進力になると考えられる。

1．包括的支援体制とは何か

　現在、国や地方自治体において地域共生社会の実現に向けた取り組みが進められている。いつから「地域共生社会」という用語が用いられるようになったのであろうか。また、それはどのようなものなのであろうか。

　この点について知るためには、2015（平成27）年９月に厚生労働省が発表した「誰もが支え合う地域の構築に向けた福祉サービスの実現―新たな時代に対応した福祉の提供ビジョン―」（以下「新ビジョン」）を理解する必要がある。新ビジョンにおいて地域共生社会がめざされるようになった背景や、その実現のために必要とされる改革の方向性がどのように示されているのかみていこう。

(1)　新たな時代に対応するための福祉サービスの実現に向けた改革

　厚生労働省は2015（平成27）年に「新たな福祉サービスのシステム等のあり方検討プロジェクトチーム」を設置し、以下のような現状と課題に対応するための検討を行った。

　①　家族や地域社会の変化に伴い、支援ニーズが多様化・複雑化しているため、これまでの高齢、児童、障害等による対象ごとの支援体制では十分に対応できない支援ニーズが増加している。そのため、対象者の状況に応じて分野を問わず包括的に相談・支援を行えるようにすることが求められている。

　②　人口減少に伴い労働力人口が減少する中で、福祉人材の確保や効果的、効率的な福祉サービスの提供が課題となっている。

　③　誰もが支え、支えられる社会の実現を目標として、地域の状況に照らして適切な福祉サービスの提供体制を確立することが必要とされている。

　検討結果は新ビジョンとしてまとめられ、その中で新たな時代に対応する福祉サービスを構築するための改革の方向性と主な対策が掲げられ、多様な主体が福祉以外の分野（就労支援、保健医療、教育、司法、地域振興等）と協働・連携してまちづくりをめざしていくことの必要性が述べられた。

「新ビジョン」に掲げられた３つの改革の方向性
①新しい地域包括支援体制の確立
②効果的、効率的なサービス提供のための生産性の向上
③総合的な福祉人材の育成・確保

以下では、改革の方向性①として掲げられた「新しい地域包括支援体制の確立」を中心に検討を進める。

(2)　「地域共生社会」の実現に向けた包括的支援体制の確立

　新ビジョンが改革の方向性として掲げる「新しい地域包括支援体制」とはどのようなものであろうか。

　新ビジョンでは、「新しい地域包括支援体制」を「高齢者に対する地域包括ケアシステムや生活困窮者に対する自立支援制度といった包括的な支援システムを、制度ごとではなく地域というフィールド上に、高齢者や生活困窮者以外に拡げるもの」であるとしている。その上で「対象者を制度に当てはめるのではなく、本人のニーズを起点に支援を調整する」という考え方に立ち、「高齢者、障害者、児童、生活困窮者といった別なく、地域に暮らす住民誰もがその人の状況に合った支援が受けられるという新しい地域包括支援体制を構築していく」ことをめざすとしている。

　これは、これまで高齢者への相談支援（地域包括支援センター等）を主な対象範囲としてきた地域包括ケアシステムや生活困窮者自立支援制度に基づく包括的な自立支援の理念や実践について、障害者を対象にした相談支援（基

図12－1　地域共生社会の実現に向けた包括的支援体制

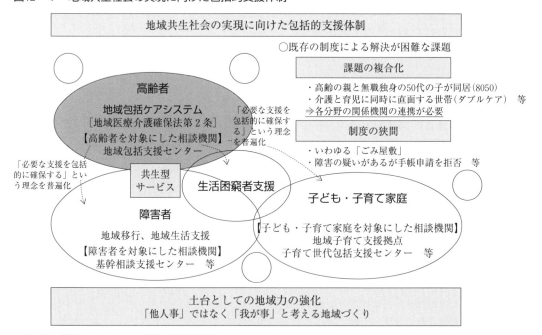

出典：厚生労働省ウェブサイト「「地域共生社会」の実現に向けて」
　　　https://www.mhlw.go.jp/stf/seisakunitsuite/bunya/0000184346.html

幹相談支援センター等）や、子ども・子育て家庭を対象にした相談支援（地域子育て支援拠点、子育て世代包括支援センター*¹等）にも普遍化することにより、必要な支援を包括的に確保していく体制を構築することといえる。

　各分野の関係機関が連携することにより、全ての人が年齢や状況を問わず、その人のニーズに応じた適切な支援が受けられる「地域づくり」を進めていくことにより、課題の複合化や制度の狭間に陥っていること等により既存の制度では解決が困難な課題にも対応できるようにすることがめざされている（図12−1参照）。このことから、「新しい地域包括支援体制」は「全世代・全対象型地域包括支援体制」と言い換えることができる。

　これからの時代に求められる包括的支援体制のビジョンが示されたことにより、体制の構築に向けた具体的な取り組みが進められていくこととなる*²。

（3）　社会福祉法における「包括的支援体制」の規定

　新ビジョンで掲げられた包括的支援体制づくりをめざす取り組みの経緯については第3節で詳述するが、重要なことは「包括的支援体制」について社会福祉法に規定されたことである。2017（平成29）年に「地域包括ケアシステムの強化のための介護保険法等の一部を改正する法律」が成立したことにより社会福祉法が改正され、第106条の3の規定が新設された。

　改正社会福祉法第106条の3第1項は、❶地域住民が自ら暮らす地域の課題を「我が事」として捉えられるような地域づくりの取り組み、❷様々な相談を「丸ごと」受け止める場の整備、❸相談機関の協働、ネットワーク体制の整備等を通じ、包括的な支援体制を整備していくことを市町村の新たな努力義務とするものである。第106条の3第2項では、厚生労働大臣は、重層的支援体制整備事業*³をはじめとする第106条の3第1項に掲げる施策に関して適切かつ有効な実施を図るため必要な指針を公表するものとしている。

　なお2020（令和2）年6月、さらに社会福祉法の改正が行われ（2021［令和3］年4月施行）、以下の条文となっている。

社会福祉法（包括的な支援体制の整備）
第106条の3　市町村は、次条第2項に規定する重層的支援体制整備事業をはじめとする地域の実情に応じた次に掲げる施策の積極的な実施その他の各般の措置を通じ、地域住民等及び支援関係機関による、地域福祉の推進のための相互の協力が円滑に行われ、地域生活課題の解決に資する支援が包括的に提供される体制を整備するよう努めるものとする。
　1　地域福祉に関する活動への地域住民の参加を促す活動を行う者に対する支援、地域住民等が相互に交流を図ることができる拠点の整備、地域住民等に対する研修の実施その他の地域住民等が地域福祉を推進するために必要な環境の整備に関する施策

---

*1
母子保健法第22条を法的根拠とする。実施主体は市町村であり（委託可）、設置は任意である（努力義務）。母子保健に関する各種の相談対応や支援に必要な実情の把握、保健指導の実施等の包括的な支援を行う。

*2
高齢者に限定されない地域包括ケアシステムについては「社会保障制度改革国民会議報告書〜確かな社会保障を将来世代に伝えるための道筋〜」（2013［平成25］年8月）において言及されているが、"施策"として取り上げられたのは「新ビジョン」が初めてとなる[2]。

*3　重層的支援体制整備事業
2020（令和2）年6月の社会福祉法改正により、第106条の4として新たに規定された。後述参照。

> 2 地域住民等が自ら他の地域住民が抱える地域生活課題に関する相談に応じ、必要な情報の提供及び助言を行い、必要に応じて、支援関係機関に対し、協力を求めることができる体制の整備に関する施策
> 3 生活困窮者自立支援法第3条第2項に規定する生活困窮者自立相談支援事業を行う者その他の支援関係機関が、地域生活課題を解決するために、相互の有機的な連携の下、その解決に資する支援を一体的かつ計画的に行う体制の整備に関する施策

　次節では、地域共生社会を実現するために必要とされる「新しい地域包括支援体制」について理解を深めるため、地域包括ケアシステムが登場した経緯や考え方、展開される様子についてみていく。

2. 地域包括ケアシステムとは

　本節では、「地域包括ケアシステム」が登場した経緯を踏まえた上で、地域包括ケアシステムの考え方やその展開の様子について検討を進めるが、「地域共生社会」と「地域包括ケアシステム」との関係は、どのようにとらえたらよいであろうか。

　両者の関係について地域包括ケア研究会*4は、「地域共生社会」は日本社会がこれから実現していこうとする社会全体の「イメージやビジョン」を示すものであり、高齢者分野を出発点として改善を重ねてきた「地域包括ケアシステム」は、地域共生社会を実現するための「システム」「仕組み」であると整理している[3]。以下ではこの関係性を念頭において検討を進める。

(1) 「地域包括ケアシステム」が政策に登場した経緯

　「地域包括ケア」という概念は、1970年代に広島県にある御調国保病院（現：公立みつぎ総合病院）を基盤として展開された実践に対して当時の院長の山口昇が用いたものとされる。医療機関が福祉行政と協働しながら、ケアを提供できる地域づくりに向けて保健・医療・福祉サービスを包括的に推進する体制を構築することを「地域包括ケアシステム」と表現したという[4]。

　2003（平成15）年に厚生労働省老健局長の私的検討会である「高齢者介護研究会」によりまとめられた「2015年の高齢者介護～高齢者の尊厳を支えるケアの確立に向けて～」という報告書の中で、政府関連文書として初めて「地域包括ケアシステム」の用語が用いられた。2005（同17）年には介護保険制度が改正され、地域包括ケアを推進する主体として「地域包括支援センター」の設置が進められることとなった。2011（同23）年には、高齢者が住み慣れた地域で自立した生活を営めるよう、医療、介護、予防、住まい、生活支援

*4
厚生労働省の老人保健健康増進等事業に基づき有識者によって設置された「地域包括ケア研究会」は、2009（平成21）年以降、複数回にわたり報告書をまとめ、個人と家族の変化や地域社会の変化に対応した「地域包括ケアシステム」を構築するための論点を示し、政策に影響を与えてきた。

サービスが切れ目なく提供される地域包括ケアシステムの構築に向けた取り組みを進めることを目的として介護保険法が改正され、国及び地方公共団体は地域包括ケアシステムの構築に努めるべきであることが規定された（介護保険法第5条第3項）。

2013（平成25）年12月に成立した「持続可能な社会保障制度の確立を図るための改革の推進に関する法律」（社会保障改革プログラム法）第4条第4項において「地域包括ケアシステム」は「地域の実情に応じて、高齢者が、可能な限り、住み慣れた地域でその有する能力に応じ自立した日常生活を営むことができるよう、医療、介護、介護予防（要介護状態若しくは要支援状態となることの予防又は要介護状態若しくは要支援状態の軽減若しくは悪化の防止をいう（中略））、住まい及び自立した日常生活の支援が包括的に確保される体制」（下線は筆者追記）と定義された*5。『平成28年版厚生労働白書』においてはより簡略化し、「医療、介護、介護予防、住まい及び生活支援が包括的に提供されるネットワークを作る」[5]（下線は筆者追記）こととしている。

以上のことから地域包括ケアシステムは、「医療・保健・福祉サービス等のフォーマルサービスと地域住民による支え合い等によるインフォーマルサービスをネットワークでつなぎ包括的にケアを提供できる体制を地域の実情に応じて構築すること」といえる。

地域包括ケアシステムが国の政策として法的に位置づけられたことにより、一部の先進的な市町村だけでなく、全ての市町村が取り組むべき事業となったという点が重要である[6]。

⑵　「地域包括ケアシステム」構築のプロセス

市区町村における具体的な地域包括ケアシステムの構築は、❶地域の課題の把握と社会資源の発掘、❷地域の関係者による対応策の検討（介護保険事業計画の策定、地域ケア会議等）、❸対応策の決定・実行（介護サービス、医療・介護連携、住まい、生活支援／介護予防、人材育成）をPDCAサイクルに基づき進めていくことになる[7]。

2014（平成26）年6月には「地域における医療及び介護の総合的な確保を推進するための関係法律の整備等に関する法律」（医療介護総合確保推進法）が成立したことにより介護保険法が改正された。この改正により、地域包括ケアシステムの構築に向けて地域支援事業の充実化（❶在宅医療・介護連携の推進、❷認知症施策の推進、❸地域ケア会議の推進、❹生活支援サービスの充実・強化）が図られた。

(3)　「地域包括ケアシステム」の考え方

　団塊の世代が75歳以上となる2025（令和7）年をめどに、重度な要介護状態となっても可能な限り住み慣れた地域で自分らしい暮らしを継続することができるよう、高齢化の進展状況等を踏まえた地域包括ケアシステムの構築が進められてきた。各市町村がめざす「地域包括ケアシステムの姿」は図12－2のようなものである。

①地域包括ケアシステムの構成要素

　地域包括ケアシステムは、❶医療、❷介護、❸介護予防、❹住まい、❺生活支援の5つの要素から構成される。これらの必要なサービスがおおむね30分以内に提供される日常生活圏域（具体的には中学校区）において「地域包括ケアシステム」が整備されることが想定されている。

　それではこれらの構成要素はどのような関係にあるのか、「地域包括ケア研究会」の報告書において「植木鉢」として表現された図12－3をもとに考えてみよう[8]。「地域包括ケアシステム」を表現しているこの植木鉢は以下の要素から構成される。

①「本人の選択と本人・家族の心構え」【植木鉢を支える土台】
②「すまいとすまい方」【植木鉢】
③「介護予防・生活支援」【土】
④「医療・看護」「介護・リハビリテーション」「保健・福祉」【葉】

図12－2　地域包括ケアシステムの姿

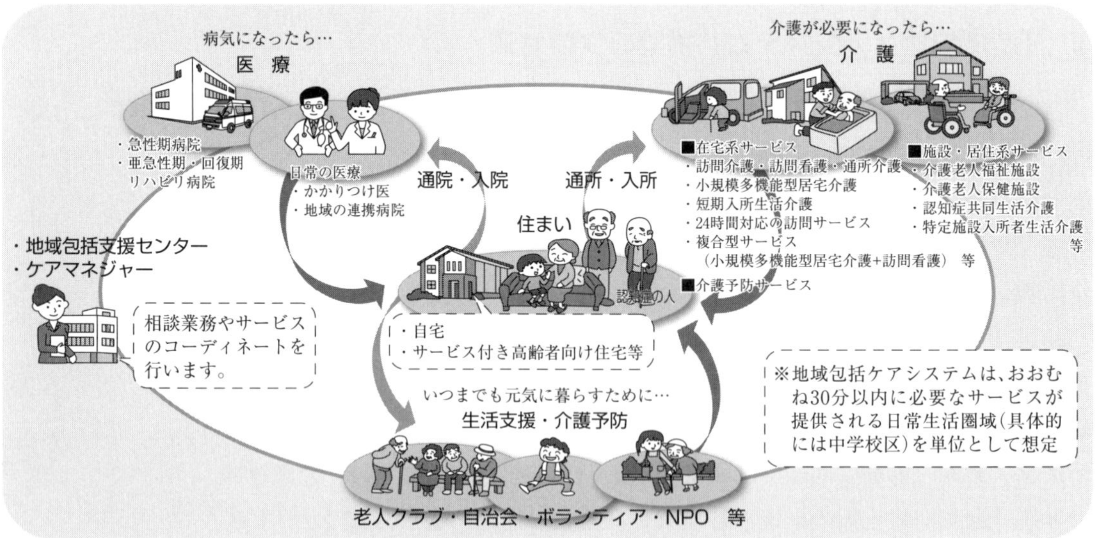

出典：厚生労働省ウェブサイト「『地域共生社会』の実現に向けて」

図12－3　地域包括ケアシステムの「植木鉢」

出典：地域包括ケア研究会『地域包括ケア研究会報告書―2040年に向けた挑戦―』
　　　三菱UFJリサーチ＆コンサルティング　2017年　p.48
　　　https://www.murc.jp/sp/1509/houkatsu/houkatsu_01/h28_01.pdf

　本人が地域で生活することを選択し、その選択について本人と家族が心構えをもつことが【植木鉢を支える土台】となる。その上で、本人の尊厳とプライバシーが守られる「すまい」【植木鉢】と、すまいで安定した生活を送るための「介護予防・生活支援」【土】が必要となる。「介護予防・生活支援」【土】が満たされることにより、専門職の提供する「医療・看護」「介護・リハビリテーション」「保健・福祉」の力が効果的に発揮される（【葉】の成長が促進される）。

　このように、それぞれの住民にとって必要な資源やサービスを適切に組み合わせ、それらを一体的に提供できる体制を担保していくことが住み慣れた地域で暮らし続けていくことを可能にすると考えられる。

②地域包括ケアシステムを支える「自助・互助・共助・公助」

　それでは、地域包括ケアシステムの5つの要素を支えるための負担は誰が担うのであろうか。これについて地域包括ケア研究会は、地域包括ケアシステムを支える「自助・互助・共助・公助」の区分について図12－4のように提案している[9]。

　このような「自助」「互助」「共助」「公助」の相互の役割分担については、時代や地域によって異なり、また変化していくものであることから、「自助」

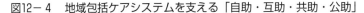

図12－4　地域包括ケアシステムを支える「自助・互助・共助・公助」

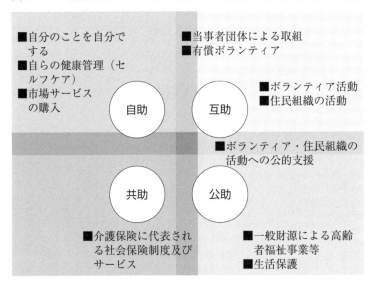

■自分のことを自分で
　する
■自らの健康管理（セ
　ルフケア）
■市場サービス
　の購入

自助

互助

■当事者団体による取組
■有償ボランティア

■ボランティア活動
■住民組織の活動

共助

公助

■ボランティア・住民組織の
　活動への公的支援

■介護保険に代表され
　る社会保険制度及び
　サービス

■一般財源による高齢
　者福祉事業等
■生活保護

出典：地域包括ケア研究会『地域包括ケア研究会報告書—2040年に向けた挑戦—』三
　　　菱UFJリサーチ＆コンサルティング　2017年　p.50
　　　https://www.murc.jp/sp/1509/houkatsu/houkatsu_01/h28_01.pdf

や「互助」のもつ意味の変化に合わせて「共助」や「公助」の範囲やあり方
を再検討していくことが必要であるとしている。

⑷　「地域包括ケアシステム」の展開

①精神障害にも対応した「地域包括ケアシステム」の展開

　2017（平成29）年に成立した「地域包括ケアシステムの強化のための介護
保険法等の一部を改正する法律」を踏まえ、「平成30年度に向けた障害福祉
計画及び障害児福祉計画に係る基本指針の見直し」のポイントの一つに「精
神障害に対応した地域包括ケアシステムの構築」が盛り込まれた。これは地
域包括ケアシステムの対象を障害者等に拡大し、精神障害者を地域で支える
基盤として展開していくことを要請するものである。

　「精神障害にも対応した地域包括ケアシステム構築のための手引き」[10] に
よると、「精神障害にも対応した地域包括ケアシステム」とは、日常生活圏
域を単位とし、「精神障害者が地域の一員として、安心して自分らしい暮ら
しをすることができるよう、医療、障害福祉・介護、住まい、社会参加（就
労）、地域の助け合い、教育が包括的に確保されたシステム」とされる（構
成要素として、❶地域の助け合い・教育（普及啓発）、❷住まい、❸社会参
加（就労）、❹保健・予防、❺医療、❻障害福祉・介護が挙げられている）。

②さらに先を見据えた改革の推進

　市町村においては、3年ごとの介護保険事業計画の策定・実施を通じた PDCAサイクルに基づき、地域包括ケアシステムの構築が進められている。

　また、2018（平成30）年度には医療と介護の取り組みに整合性が確保されるよう医療計画、介護保険事業（支援）計画、診療報酬、介護報酬の同時改定が行われた。国も、地域包括ケアシステムの構築に向けた取り組みを推進するため、全国の自治体から先駆的な事例を収集し、自治体間で共有することができるよう事例紹介を行っている＊6。

　「地域包括ケア研究会」（2017年）では、死亡者数がピークを迎えると予測される2040年を見据え、要介護者・中重度者や看取りニーズの増加、人的・財政的制約という変化に対応できる地域包括ケアシステムを構築するため、❶「尊厳」と「自立支援」を守る「予防」、❷中重度者を地域で支える仕組みの構築、❸サービス事業者の生産性向上、❹市町村・保険者による地域マネジメントを推進していくこと、が自治体に求められると指摘している[11]。

＊6
詳細については厚生労働省ウェブサイト「地域包括ケアシステム」を参照。
https://www.mhlw.go.jp/stf/seisakunitsuite/bunya/hukushi_kaigo/kaigo_koureisha/chiiki-houkatsu/

3．地域共生社会の実現に向けた包括的支援体制づくり

　本節では、「新ビジョン」（第1節参照）を起点として、地域共生社会の実現に向けて政策が変遷していく経緯をたどる。

⑴　「ニッポン一億総活躍プラン」に掲げられた「地域共生社会」

　2016（平成28）年6月に閣議決定された「ニッポン一億総活躍プラン」（以下「活躍プラン」）において、政府の公式文書として初めて「地域共生社会」という用語が用いられた[12]。本プランにおいて、「一億総活躍社会」とは「女性も男性も、お年寄りも若者も、一度失敗を経験した方も、障害や難病のある方も、家庭で、職場で、地域で、あらゆる場で、誰もが活躍できる、いわば全員参加型の社会」であり、「地域共生社会」は「子供・高齢者・障害者など全ての人々が地域、暮らし、生きがいを共に創り、高め合うことができる」社会として提示された[13]。地域共生社会の実現は「介護離職ゼロ」に向けた取り組みの一つとして掲げられ、実現に向けた具体的な施策として以下のことが掲げられた（本節に関連のあるものを抜粋）。

> ○地域包括支援センター、社会福祉協議会、地域に根ざした活動を行うNPOなどが中心となって、小中学校区等の住民に身近な圏域で、住民が主体的に地域課題を把握して解決を試みる体制づくりを支援し、2020年〜2025年を目途に全国展開を図る。その際、社会福祉法人の地域における公益的な活動との連携も図る。

○育児、介護、障害、貧困、さらには育児と介護に同時に直面する家庭など、世帯全体の複合化・複雑化した課題を受け止める、市町村における総合的な相談支援体制作りを進め、2020年～2025年を目途に全国展開を図る。

(2) 「地域共生社会」の実現に向けた取り組みの始動

① 「『我が事・丸ごと』地域共生社会実現本部」の設置（2016[平成28]年7月）

「活躍プラン」において「地域共生社会」の実現が政策に明確に位置づけられたことを受け、厚生労働省内に厚生労働大臣を本部長とする「『我が事・丸ごと』地域共生社会実現本部」（以下「実現本部」）が設置された。

「実現本部」では「地域共生社会」の実現を今後の福祉改革を貫く基本コンセプトと位置づけ、2017（平成29）年の介護保険法の法改正、2018（同30）年度・2021（令和3）年度の介護・障害福祉の報酬改定、生活困窮者支援制度の見直し等に向けて部局横断的に幅広く検討が行われた。

② 「地域力強化検討会中間とりまとめ」（2016 [平成28] 年12月）

2016（平成28）年10月には「地域における住民主体の課題解決力強化・相談支援体制の在り方に関する検討会」（以下「地域力強化検討会」）が設置された。本検討会は、❶住民主体による地域課題の解決力強化・体制づくりのあり方、❷市町村による包括的な相談支援体制の整備のあり方、❸寄附文化の醸成に向けた取り組みについて具体的事例に基づく検討を行い、「実現本部」における議論に資することを目的としていた。

検討結果は2016（平成28）年12月に「地域力強化検討会中間とりまとめ～従来の福祉の地平を超えた、次のステージへ～」として公表され、以下の論点が示された。

①他人事を「我が事」に代える働きかけをする機能が必要。
②「複合課題丸ごと」「世帯丸ごと」「とりあえず丸ごと」受け止める場を設けるべき。
③協働の中核を担う機能が必要。
④地域福祉計画等の法令上の取扱い。
⑤自治体等の役割。

①～③の論点をもとに「市町村における包括的相談支援体制」を具体化していくにあたっては様々な方法が想定されるとした上で、実施のために必要な財源のあり方については具体的な検討を行うべきであるとした[14]。

③ 「地域共生社会」の実現に向けた当面の改革工程（2017 [平成29] 年2月）

2017（平成29）年2月に「実現本部」は「『地域共生社会』の実現に向けて（当面の改革工程）」を公表し、2020年代初頭の「我が事・丸ごと」の全

面展開に向けて改革を着実に実施していくための工程を4つの柱に沿って示した。改革の実施に当たっては「法律への位置づけやモデル的な事業の実施を通じて、現場の創意工夫ある取り組みや先進的な取り組みを促すとともに、多様な取り組みを蓄積し周知していく」こととした[15]。

改革の柱①地域課題の解決力の強化
・住民相互の支え合い機能の強化、公的支援と協働して地域課題の解決を試みる体制の整備
・複合課題に対する包括的相談支援体制の構築
・地域福祉計画の充実
改革の柱②地域丸ごとのつながりの強化
・多様な担い手の育成・参画、民間資金活用の推進、多様な就労・社会参加の場の整備
・社会保障の枠を超え、地域資源（耕作放棄地、環境保全等）と丸ごとつながることで地域に「循環」を生み出す、先進的な取り組みの支援
改革の柱③地域を基盤とする包括的支援の強化
・高齢者だけでなく、生活上の困難を抱える方への包括的支援体制を構築することによる地域包括ケアの理念の普遍化
・共生型サービスの創設
・市町村の地域保健の推進機能の強化、保健福祉横断的な包括的支援のあり方の検討
改革の柱④専門人材の機能強化・最大活用
・対人支援を行う専門資格に共通の基礎課程創設の検討
・福祉系国家資格をもつ場合の保育士養成課程・試験科目の一部免除の検討

---

(3)　「地域共生社会」の実現に向けた社会福祉法の改正

①改正社会福祉法の公布（2017［平成29］年6月）

2017（平成29）年に「地域包括ケアシステムの強化のための介護保険法等の一部を改正する法律」が成立したことにより、「地域力強化検討会中間とりまとめ」の内容をもとに改正社会福祉法が公布された（施行は2018［平成30］年4月1日）。

この改正社会福祉法は「地域共生社会の実現に向けた地域づくり・包括的な支援体制の整備」を行うことを目的とし、❶地域福祉推進の理念、❷❶の理念を実現するために市町村が包括的な支援体制づくりに努めること、❸地域福祉計画の充実、について規定している。地域福祉に関わる改正のうち、前述のように第106条の3において包括的な支援体制の整備が規定された。

第107条の規定により、市町村地域福祉計画に「地域における高齢者の福祉、障害者の福祉、児童の福祉その他の福祉に関し、共通して取り組むべき事項」等に加え、第106条の3に示された包括的な支援体制の整備についての事項

＊7
社会福祉法第107条第5項は、2020（令和2）年6月に公布された「地域共生社会実現のための社会福祉法等の一部を改正する法律」により、「地域生活課題の解決に資する支援が包括的に提供される体制の整備に関する事項」に改正された。

（第107条第5項）を位置づけるよう努めることとされた＊7。

2017（平成29）年12月には「市町村における包括的な支援体制の整備に関する指針」により、改正社会福祉法に基づき市町村が包括的な支援体制の整備を推進していくための事業内容や留意点等が示された。同時に厚生労働省の3局長連名通知「地域共生社会の実現に向けた地域福祉の推進について」が発出され、社会福祉法改正の主旨、上記の指針の内容に関する補足説明、社会福祉法改正による記載事項の追加等を踏まえて改訂した「市町村地域福祉計画及び都道府県地域福祉支援計画の策定ガイドライン」が示された。

②「地域力強化検討会最終とりまとめ」（2017［平成29］年9月）

2017（平成29）年9月には、「総論」「各論」「終わりに」の3部から構成される「地域力強化検討会最終とりまとめ〜地域共生社会の実現に向けた新たなステージへ〜」が公表された。

「総論」では、❶地域共生が文化として定着する挑戦、❷「待ち」の姿勢から「予防」の視点に基づく早期発見、早期支援へ、❸専門職による多職種連携、地域住民等との協働による地域連携、❹「支え手」「受け手」が固定されない多様な参加の場、働く場の創造、❺「点」としての取り組みから、有機的に連携・協働する「面」としての取り組みへ、という今後の方向性が示された。

「各論1」では、市町村における包括的な支援体制の構築について、❶他人事を「我が事」に変えていくような働きかけをする機能、❷「複合課題丸ごと」「世帯丸ごと」「とりあえず丸ごと」受け止める場、❸市町村における包括的な支援体制が示された。

「各論2」では地域福祉（支援）計画において取り組むべき具体的な事例と計画策定にあたっての留意点について、「各論3」では自治体、国の役割について述べられ、「終わりに」において今後の課題が示された。

⑷「地域共生社会」の実現に向けた当面の改革の進捗状況

2018（平成30）年4月1日の改正社会福祉法の施行までの期間に「当面の改革工程」に沿って進められた改革の進捗状況は以下のようになる（本章に関連のある主なものを抜粋）16)。

改革の柱①地域課題の解決力の強化
・社会福祉法の改正（2018［平成30］年4月1日施行）。
・「社会福祉法に基づく市町村における包括的な支援体制の整備に関する指針」「地域共生社会の実現に向けた地域福祉の推進について」（ともに2017［平成29］年）の発出。

改革の柱②地域丸ごとのつながりの強化
・市町村や社会福祉施設等の事業者が、地域づくりに取り組みやすくする観点から「地域づくりに資する事業の一体的な実施について」「社会福祉施設等の職員が行う地域活動の推進について」（ともに2017［平成29］年）の発出
改革の柱③地域を基盤とする包括的支援の強化
・高齢者と障害児者が同一の事業所でサービスを受けやすくするため、介護保険法、障害者総合支援法、児童福祉法の改正により介護保険と障害福祉両方の制度に新たに共生型サービスを位置づけた。これにより、介護保険または障害福祉のいずれかの指定を受けている事業所が、もう一方の制度における指定も受けやすくなる（2018［平成30］年4月1日施行）。
改革の柱④専門人材の機能強化・最大活用
・福祉系国家資格をもつ者への保育士養成課程・保育士試験科目を一部免除（2018［平成30］年度より）。

　なお、「当面の改革工程」では、2019（平成31）年以降についても「地域課題の解決力強化のための体制の全国的な整備のための支援方策」（制度のあり方を含む）、「保健福祉行政横断的な包括的支援のあり方」、「保健医療福祉の共通基礎課程」について検討を進めていくこととしている。

(5)　社会福祉法改正以降のさらなる取り組み

①「地域共生社会の実現に向けた包括的支援体制構築事業」の実施

　改正社会福祉法第106条の3の規定に基づき、包括的な支援体制を整備する市町村等の創意工夫ある取り組みを支援することにより「地域共生社会」の実現に向けた地域福祉の推進を図ることを目的として、2016（平成28）年度から「地域共生社会の実現に向けた包括的支援体制構築事業」（「地域力強化推進事業」「多機関の協働による包括的支援体制構築事業」）がモデル事業として開始された[17]。

②地域力強化推進事業

　市区町村等が実施主体となって、❶住民が主体的に地域課題を把握して解決を試みる体制づくり（「我が事」の地域づくり）、❷地域生活課題を包括的に受け止める体制の構築（「丸ごと」の地域づくり）等を行う。

③多機関の協働による包括的支援体制構築事業

　市区町村等が実施主体となって、地域の中核となる相談支援機関を選定し、「相談支援包括化推進員」を配置し、相談支援を行う。多様なニーズに対応するため関係機関との調整を行う「相談支援包括化ネットワーク」を構築し、多機関・多分野の関係者による「相談支援包括化推進会議」を開催する。

　また、自主財源の確保のための取り組みの推進や、ボランティア等地域住民の参加を促し、各種制度の対象とならない生活支援サービス等の地域に不

足する社会資源の創出を図るための取り組みを行う。

　これらの事業が"住民に身近な圏域における相談支援体制"と"多機関協働による包括的支援体制の構築"を目的として実施される過程において把握された先進的な取り組みや課題等は、「地域共生社会推進検討会」（後述）において「新たな事業」の創設に向けた議論に反映されることとなった。

④「地域共生社会推進検討会」による「中間とりまとめ」「最終とりまとめ」（2019［令和元］年7月、12月）

　社会福祉法改正以降も「地域共生社会」は様々な政策場面に登場する。

　厚生労働省に設置された「2040年を展望した社会保障・働き方改革本部」において「地域共生・地域の支え合い」が検討課題として取り上げられた他、2019（令和元）年6月に閣議決定された「財政運営と改革の基本方針2019（骨太の方針）」において、「断らない相談支援などの包括支援や多様な地域活動の普及・促進について、新たな制度の創設の検討を含め、取り組みを強化する」ことが掲げられた[18]。

　2019（令和元）年5月には、次期社会福祉法改正に向けた市町村における包括的な支援体制の整備や、「地域共生社会」の実現に向けて中長期の視点から社会保障・生活支援において強化すべき機能について検討を行うことを目的として「地域共生社会に向けた包括的支援と多様な参加・協働の推進に関する検討」（以下「地域共生社会推進検討会」）が設置された。検討結果は同年7月に「中間とりまとめ」、同年12月に「最終とりまとめ」として公表され、福祉政策の新たなアプローチとして以下のことが必要であるとした。

○専門職による対人支援は「具体的な課題解決を目指すアプローチ」と「つながり続けることを目指すアプローチ（伴走型支援）」の2つを支援の両輪として組み合わせていくこと。
○伴走型支援を実践する上では、「専門職による伴走型支援」と日常の暮らしの中で行われる「地域住民同士の支え合いや緩やかな見守り」の双方の視点を重視すること。

　また、市町村において包括的な支援体制の構築を推進するため、前述したモデル事業の実施内容を踏まえた上で、以下の3つの支援を一体的に行う「新たな事業」を創設すべきであるとした。

①**断らない相談支援**：本人や世帯の属性にかかわらず受け止める相談支援。
②**参加支援**：本人や世帯の状態に合わせ、地域資源を活かしながら、就労支援、居住支援等を提供することで社会とのつながりを回復する支援。
③**地域づくりに向けた支援**：地域社会からの孤立を防ぐとともに、地域における多世代の交流や多様な活躍の機会と役割を生み出す支援。

⑤「地域共生社会実現のための社会福祉法等の一部を改正する法律」の公布（2020［令和2］年6月）

　「地域共生社会推進検討会最終とりまとめ」の内容をもとに、2020（令和2）年6月に「地域共生社会実現のための社会福祉法等の一部を改正する法律」が公布された（施行は2021［同3］年4月1日）。これにより、「地域共生社会推進検討会」で議論された内容を基盤として、「市町村において、既存の相談支援等の取り組みを生かしつつ、地域住民の抱える課題の解決のための包括的な支援体制の整備を行う新たな事業（重層的支援体制整備事業）、及びその財政支援等の規定を創設するとともに、関係法律の規定の整備を行う」こととなった[19)]。

社会福祉法（重層的支援体制整備事業）

106条の4　市町村は、地域生活課題の解決に資する包括的な支援体制を整備するため、前条第一項各号に掲げる施策として、厚生労働省令で定めるところにより、重層的支援体制整備事業を行うことができる。

2　前項の「重層的支援体制整備事業」とは、次に掲げるこの法律に基づく事業及び他の法律に基づく事業を一体のものとして実施することにより、地域生活課題を抱える地域住民及びその世帯に対する支援体制並びに地域住民等による地域福祉の推進のために必要な環境を一体的かつ重層的に整備する事業をいう。

1　地域生活課題を抱える地域住民及びその家族その他の関係者からの相談に包括的に応じ、利用可能な福祉サービスに関する情報の提供及び助言、支援関係機関との連絡調整並びに高齢者、障害者等に対する虐待の防止及びその早期発見のための援助その他厚生労働省令で定める便宜の提供を行うため、次に掲げる全ての事業を一体的に行う事業

　イ　介護保険法第115条の45第2項第1号から第3号までに掲げる事業

　ロ　障害者の日常生活及び社会生活を総合的に支援するための法律第77条第1項第3号に掲げる事業

　ハ　子ども・子育て支援法第59条第1号に掲げる事業

　ニ　生活困窮者自立支援法第3条第2項各号に掲げる事業

2　地域生活課題を抱える地域住民であつて、社会生活を円滑に営む上での困難を有するものに対し、支援関係機関と民間団体との連携による支援体制の下、活動の機会の提供、訪問による必要な情報の提供及び助言その他の社会参加のために必要な便宜の提供として厚生労働省令で定めるものを行う事業

3　地域住民が地域において自立した日常生活を営み、地域社会に参加する機会を確保するための支援並びに地域生活課題の発生の防止又は解決に係る体制の整備及び地域住民相互の交流を行う拠点の開設その他厚生労働省令で定める援助を行うため、次に掲げる全ての事業を一体的に行う事業

　イ　介護保険法第115条の45第1項第2号に掲げる事業のうち厚生労働大臣が定めるもの

　ロ　介護保険法第115条の45第2項第5号に掲げる事業

　ハ　障害者の日常生活及び社会生活を総合的に支援するための法律第77条第1項第9号に掲げる事業

　ニ　子ども・子育て支援法第59条第九号に掲げる事業

4　地域社会からの孤立が長期にわたる者その他の継続的な支援を必要とする地域住民及びその世帯に対し、訪問により状況を把握した上で相談に応じ、利用可能な福祉サービスに関する情報の提供及び助言その他の厚生労働省令で定める便宜の提供を包括的かつ継続的に行う事業

5　複数の支援関係機関相互間の連携による支援を必要とする地域住民及びその世帯に対し、複数の支援関係機関が、当該地域住民及びその世帯が抱える地域生活課題を解決するために、相互の有機的な連携の下、その解決に資する支援を一体的かつ計画的に行う体制を整備する事業

6　前号に掲げる事業による支援が必要であると市町村が認める地域住民に対し、当該地域住民に対する支援の種類及び内容その他の厚生労働省令で定める事項を記載した計画の作成その他の包括的かつ計画的な支援として厚生労働省令で定めるものを行う事業

3　市町村は、重層的支援体制整備事業（前項に規定する重層的支援体制整備事業をいう。以下同じ。）を実施するに当たつては、母子保健法第22条第2項に規定する母子健康包括支援センター、介護保険法第百十五条の46第1項に規定する地域包括支援センター、障害者の日常生活及び社会生活を総合的に支援するための法律第77条の2第1項に規定する基幹相談支援センター、生活困窮者自立支援法第三条第二項各号に掲げる事業を行う者その他の支援関係機関相互間の緊密な連携が図られるよう努めるものとする。

4　市町村は、第2項各号に掲げる事業の一体的な実施が確保されるよう必要な措置を講じた上で、重層的支援体制整備事業の事務の全部又は一部を当該市町村以外の厚生労働省令で定める者に委託することができる。

5　前項の規定による委託を受けた者若しくはその役員若しくは職員又はこれらの者であつた者は、正当な理由がないのに、その委託を受けた事務に関して知り得た秘密を漏らしてはならない。

改正社会福祉法第106条の4では、市町村において既存の相談支援等の取り組みを生かしつつ、地域住民の複雑化・複合化した支援ニーズに対応する包括的な支援体制を構築するため、「重層的支援体制整備事業」が規定された。重層的支援体制整備事業の内容は社会福祉法第106条の4第2項第1号（包括的相談支援事業）、同条の4第2項第2号（参加支援事業）、同条の4第2項第3号（地域づくり事業）に規定され、それらを支えるための事業が同条の4第2項第4号（アウトリーチ等を通じた継続的支援事業）、同条の4第2項第5号（多機関協働事業）、同条の4第2項第6号（支援プランの作成）に規定されている。

　この事業は希望する市町村が実施するものである（任意事業）が、事業実施の際には上記①〜③の支援を一体的に行う必要がある。市町村が取り組みを進めるにあたっては、すでに地域にある地域のつながりや支え合う関係性を十分理解し、地域住民の主体性を中心において活動を応援することを基本とすることに留意する必要がある[8]。

(6)　おわりに

　これまで地域共生社会が政策に登場してきた経緯をたどってきたが、改めて「地域共生社会」とはどのようなものかみてみよう（図12－5参照）。地域共生社会に含まれる考え方はこれまでも地域福祉の理論や基本理念として受け継がれてきたものであり、住民参加型在宅福祉サービスをはじめとするコミュニティサービス等の活動を支えてきたものといえる。

　"支え手側と受け手側に分かれるのではなく地域のあらゆる住民が役割をもち、支え合いながら自分らしく活躍できる地域コミュニティ"を「地域共生社会」として今日的な文脈の中に位置づける上で、「ケアリングコミュニティ」というコンセプト（概念）が注目される。「ケアリングコミュニティ」とは"人と人との関係性、ケアする側とケアされる側との人間関係の中で双方向性が大切にされ、相互に成長していく過程を重視する"という看護の領域で用いられてきたケアリングの考え方をコミュニティに展開しようとする地域福祉の新しい概念であり、「共に生き、相互に支え合うことができる地域」

図12－5　地域共生社会とは

◆制度・分野ごとの『縦割り』や「支え手」「受け手」という関係を超えて、地域住民や地域の多様な主体が『我が事』として参画し、人と人、人と資源が世代や分野を超えて『丸ごと』つながることで、住民一人ひとりの暮らしと生きがい、地域をともに創っていく社会

支え・支えられる関係の循環
〜誰もが役割と生きがいを持つ社会の醸成〜

◇居場所づくり
◇社会とのつながり
◇多様性を尊重し包摂する地域文化

◇生きがいづくり
◇安心感ある暮らし
◇健康づくり、介護予防
◇ワークライフバランス

すべての人の生活の基盤としての地域

◇社会経済の担い手輩出
◇地域資源の有効活用、雇用創出等による経済価値の創出

◇就労や社会参加の場や機会の提供
◇多様な主体による、暮らしへの支援への参画

地域における人と資源の循環
〜地域社会の持続的発展の実現〜

すべての社会・経済活動の基盤としての地域

農林　　　　　　環境　　　　　　産業　　　　　　交通

出典：厚生労働省「令和2年度　地域共生社会の実現に向けた市町村における包括的な支援体制の整備に関する全国担当者会議」資料1
https://www.mhlw.go.jp/content/12201000/000652457.pdf

と定義される[20]。

　実際に、「ケアリングコミュニティ」の育成をコンセプトとして福祉、産業、農業、地域防災、観光、教育、文化など暮らしを取り巻く様々な分野が連携し、住民が中心となって"ケアする地域をめざす取り組み"と、"専門職によるソーシャルワークの伴走により住民相互の共感を醸成する場をつくる取り組み"の双方を実践している自治体もある[21]。このような取り組みは身近な地域を基盤としてインフォーマルなサービスとフォーマルなサービスとが連携し、個別支援と地域づくりを同時に展開するコミュニティソーシャルワークの実践につながるものである。

　それでは、誰もが役割をもって参加できる地域づくりを進める上でどの地域にも共通して適用できる方法は存在するのであろうか。

　地域を取り巻く実情は一様ではないため、そのような方法は存在しないであろう。それぞれの地域が❶持続可能な地域社会を構築していくための「地域再生」の動きと連動した地域づくり、❷地域課題の発見・共有化と問題解決に向けた福祉関係者の地域組織化による地域づくり、❸一人ひとりを支えることができる地域づくりを組み合わせて進めていくことが求められる[22]。

　年齢や立場（地域住民、福祉専門職、民間事業者等）を超えて「地域共生社会」がめざす価値を共有し、一人ひとりが自らの役割と生きがいを認識できる機会をいかに創り出していくかが、福祉という枠を超えて「地域共生社会」の実現に向けたプロセスを着実に進めていく上で重要な鍵となるであろう。

【引用文献】
1）厚生労働省「新しいつながり事業」
　　https://www.mhlw.go.jp/content/12201000/000649835.pdf
2）隅田好美・藤井博志・黒田研二編『よくわかる地域包括ケア』ミネルヴァ書房　2018年　pp.18−19
3）三菱UFJリサーチ＆コンサルティング「＜地域包括ケア研究会＞2040年に向けた挑戦」（地域包括ケアシステム構築に向けた制度及びサービスのあり方に関する研究事業）平成28年度厚生労働省老人保健健康増進等事業　2017年
4）坪井真・木下聖編『地域福祉の理論と方法［第2版］』みらい　2014年　p.210
5）厚生労働省『平成28年版厚生労働白書』2016年　p.149
6）前掲書3）　p.1
7）厚生労働省老健局「第15回社会保障制度改革国民会議（2013［平成25］年6月13日開催）」資料1
　　https://www.mhlw.go.jp/file/05-Shingikai-12301000-Roukenkyoku-Soumuka/0000170085.pdf
8）前掲書3）　p.48
9）前掲書3）　p.50

10）日本能率協会総合研究所「精神障害にも対応した地域包括ケアシステム構築のための手引き」2020年　p.20

11）三菱UFJリサーチ＆コンサルティング「＜地域包括ケア研究会＞2040年に向けた挑戦（概要版）」（地域包括ケアシステム構築に向けた制度及びサービスのあり方に関する研究事業）平成28年度厚生労働省老人保健健康増進等事業　2017年　p.3

12）二木立『地域包括ケアと福祉改革』勁草書房　2017年　p.83

13）内閣府「ニッポン一億総活躍プラン」（平成28年6月2日閣議決定）

14）厚生労働省「『地域力強化検討会』中間とりまとめ～従来の福祉の地平を超えた、次のステージへ～」2016年
https://www.mhlw.go.jp/file/05-Shingikai-12201000-Shakaiengokyokushougaihokenfukushibu-Kikakuka/sankoushiryou_1.pdf

15）厚生労働省「我が事・丸ごと」地域共生社会実現本部「『地域共生社会』の実現に向けて（当面の改革工程）」2017年
https://www.mhlw.go.jp/file/04-Houdouhappyou-12601000-Seisakutoukatsukan-Sanjikanshitsu_Shakaihoshoutantou/0000150632.pdf

16）厚生労働省「『地域共生社会』の実現に向けて当面の改革工程に基づく取組の進捗」
https://www.mhlw.go.jp/stf/seisakunitsuite/bunya/0000184346.html

17）株式会社日本総合研究所「地域力強化および包括的な相談支援体制構築の推進に関する調査研究」2018年　pp.14-15

18）地域共生社会に向けた包括的支援と多様な参加・協働の推進に関する検討会（地域共生社会推進検討会）「最終とりまとめ」2019年　p.4

19）厚生労働省「社会福祉法の改正趣旨・改正概要」（令和2年度の地域共生社会の実現に向けた市町村における包括的な支援体制の整備に関する全国担当者会議資料）2020年　p.27
https://www.mhlw.go.jp/content/12201000/000652457.pdf

20）原田正樹「ケアリングコミュニティの構築をめざして」『月刊自治研』2017年9月号　pp.16-22

21）一般社団法人日本老年学的評価研究機構（JAGES）「参加と協働によるセーフティネットの構築～誰もがつながりをもち、役割と物語が生まれる地域社会へ～」2018年　p.10

22）前掲書20）

【参考文献】
・上野谷佳代子編『共生社会創造におけるソーシャルワークの役割―地域福祉実践の挑戦―』ミネルヴァ書房　2020年

・隅田好美・藤井博志・黒田研二編『よくわかる地域包括ケア』ミネルヴァ書房　2018年

・三菱UFJリサーチ＆コンサルティング「＜地域包括ケア研究会＞2040年に向けた挑戦」（地域包括ケアシステム構築に向けた制度及びサービスのあり方に関する研究事業）平成28年度厚生労働省老人保健健康増進等事業

・新川達郎・川島典子編『地域福祉政策論』学文社　2019年

・二木立『地域包括ケアと福祉改革』勁草書房　2017年

・日本社会福祉士会編『地域共生社会に向けたソーシャルワーク―社会福祉士による実践事例から―』中央法規出版　2018年

・平野隆之『地域福祉マネジメント―地域福祉と包括的支援体制―』有斐閣　2020年

第13章　生活困窮者自立支援の考え方

●本章のねらい

> 　わが国において、1990年代以降バブル経済が崩壊し、構造的な景気低迷が続き、長期失業者や非正規雇用者が増加しはじめ、2000年頃から政策課題として貧困問題が取り上げられるようになった。加えて、世帯構造の変化、社会的孤立などが社会問題となり、複合的な課題を抱え制度の狭間におかれた生活困窮者に対して新しいセーフティネットが求められるようになってきた。そのような状況で2015（平成27）年4月に生活困窮者自立支援法が施行された。
>
> 　本章では、まず第1節で地域における現代的貧困の状況として、「子どもの貧困」と「高齢者の貧困」を取り上げた上で、「これからの地域福祉と貧困問題」について考えていく。第2節・第3節では生活困窮者自立支援制度の理念や生活困窮者自立支援の方法や実際について地域福祉の視点に重点をおいて学んでいく。
>
> 　地域では、様々な生活困窮者支援の実践が行われている。機会があれば、自分の住んでいる地域や働いている地域の活動に参加して、現場で実践している人々の話を伺いながら、学習を進めてほしい。

●プロローグ

　週1回、平日の夕方、ある大学の教室には学校帰りの中学生が訪れる。大学生のボランティアやスタッフがあたたかく受け入れ、スマートフォンを一緒に見ながら雑談をしたり、修学旅行の話を始めたりした。しばらくすると、中学生は宿題やスタッフが用意したプリントを開き、わからない部分を聞き始めた。これは、2019（令和元）年度に実施されたある学習教室の一コマである。2020（同2）年度はこの教室も新型コロナウイルス感染症の感染拡大の影響で、大学での実施が難しく、公民館で時間帯を2つに分けて実施している。

　このように近年、保健・福祉分野で広がりをみせてきた、寄り添う・集うといった活動が困難になり、サロン活動や子ども食堂等が休止を余儀なくされた。その一方でフードパントリーなど新たな手法も広がってきた。

　加えて、コロナを機に離職を余儀なくされたり、生活に困難が生じている人々も増加している。2040年には約4割の世帯が単独世帯になると見込まれるが、生活困窮者を地域で支えるためにどのような取り組みが行われているのか、どのような課題があるのか、何ができるのか、考えてみてほしい。

1. 現代の貧困問題と地域福祉

(1) 現代の貧困とは

　戦後の社会福祉は、貧困者対策などから、高齢者福祉施策、障害者福祉施策等そのときどきのニーズに応じ分野ごとに整備されてきた。しかし近年、ホームレス・児童虐待など社会福祉のみならず、様々な問題が生じている[*1]。

　そこで注目されているのは、「現代の貧困」である。現代における貧困や生活困窮の課題は多様かつ複合的である。例えば、このような虐待やドメスティック・バイオレンス（DV）、孤独死、自殺等、様々な社会問題の背景にも、貧困が潜んでいる場合が少なくない。貧困に関わりの深い施策としては、生活保護制度、生活困窮者自立支援制度などが挙げられる。加えて、矯正施設退所者などの地域定着支援、ひきこもり対策などの分野横断の取り組みも重要視されている。

　加えて、新型コロナウイルス感染症の拡大は、特に女性への影響が深刻であり、女性就業者数が多いサービス業等が受けた影響は極めて大きい。2020（令和2）年4月には非正規雇用労働者の女性を中心に就業者数は対前月で約70万人の減少（男性の約2倍）となり、女性の非労働力人口は増加した。DVや性暴力の増加・深刻化、予期せぬ妊娠の増加が懸念され、10月の女性の自殺率は速報値で851人と、前年同月と比べ増加率は8割にも上る[2]コロナ禍で、「女性の貧困」や母子世帯の貧困がより深刻になっている。

　次項以降では、具体的な2つのトピックを通して貧困問題について理解を深めた上で、地域福祉と貧困問題について考えてみることにする。

(2) 子どもの貧困

① 「子どもの貧困」とは

　わが国においては、1990年代後半に経済的・社会的格差等に関する関心が高まりはじめ、2008（平成20）年頃には「子どもの貧困」をテーマにした書籍も発売され、社会的関心を集めるようになった。子ども食堂が全国的に広がっているが、これも、子どもの貧困を親の自己責任として放置できないと地域住民が考えたことが、その発端の一つとなっている。

　2009（平成21）年には、わが国で初めて「相対的貧困率」[*2]と、子どもの相対的貧困率が公表され、貧困問題が政策課題の一つとなってきた。相対的貧困率は、1990年代半ばからおおむね上昇傾向にあり、国際的にも高い数値

*1
「現代社会における消費生活は、万事にお金がかかる構造の中で営まれていて、そのことが低所得世帯を生活困難に追い込むことになり、低所得＝貧困という側面が非常に強い」[1]。

*2　相対的貧困率
ある国における貧困の状況を示す指標として国際的によく用いられる数値であり、一定の基準（貧困線）を下回る所得しか得ていない者の割合。ここで「所得」としては、各世帯の世帯員ごとの所得を算出するために等価可処分所得が用いられる。等価可処分所得とは、ある世帯の収入から税金・社会保険料等を除いたいわゆる手取り収入をその世帯人員数の平方根（$\sqrt{\ }$）で割って調整したもので、これがその世帯に属する各世帯員の所得となる。また、貧困線とは、その全国民について、この等価可処分所得を、低い方から並べて、その中央値となる所得の半分の額をいう[3]。

である。2018（同30）年時点で、子どもがいる現役世帯の相対的貧困率は13.2%であり、そのうち大人が1人の世帯の相対的貧困率が48.2%と、大人が2人以上いる世帯（11.3%）に比べて非常に高くなっている[4]。

　2014（平成26）年1月には、「子どもの貧困対策の推進に関する法律」が施行された。法律では、子どもの貧困対策を総合的に推進する方針を示すとともに、関係省庁で連携し対策に総合的に取り組むことが謳われている。

② 「子どもの貧困」がもたらすもの

　では、このような貧困状態にある子どもやその家族は、具体的にどのような影響があるのだろうか。まず、低所得のため、経済的資源が限られることによって、子どもやその家族の社会的不利や困難に結びつくことである。例えば、費用の面から高校進学をあきらめざるを得ないなど、教育機会の制限や学力達成の不利が生じるだけではなく、必要なときに病院に受診できないなど健康への影響、失業などの影響による親の不仲等による「居場所」の喪失、経済的な不安などにより将来的な展望がもちにくいなど、様々な困難や不利が貧困と相互に関係してくるのである。

　ここ最近増加している児童虐待の問題も、「家族における生活の不安定化と貧困、養育者の心身の疾病や障害、家族関係上の葛藤、子どもの健康と発達上の困難、社会的孤立と排除、社会資源や公的支援のアクセス困難等が複合的に連鎖する中で生起し、あるいは深刻化する」[5]のである。

③ 「子どもの貧困」への支援

　このような貧困の問題を抱える子どもや子育て家庭をどのように地域で支えていくべきなのであろうか。例えば埼玉県では、2010（平成22）年から生活保護受給者チャレンジ支援事業（愛称：アスポート）[6]を立ち上げ、民間団体と連携して生活保護受給者に対する支援を行ってきた。生活困窮者自立支援法の成立により、埼玉県が全国に先駆けて取り組んできた学習支援事業が法定事業化された。現在は、埼玉県内の一部の市町村の委託を受けて事業を実施している。アスポートでは、学習支援事業を、「家庭訪問」と「学習教室」の2本柱で実施している。「家庭訪問」では支援員が対象世帯を訪問し信頼関係を築き、勉強を教えたり学習教室への参加を促している。「学習教室」では、老人福祉施設等の一室を借りて、主に中学生を対象として支援員や大学生のボランティアによる1対1での学習指導を通じて、高校への進学等をサポートしている。この事業の特徴的な点は、老人福祉施設や大学生を巻き込んだことである。学習教室は、子どもたちに学習の支援だけでなく、安心できる居場所を提供し、社会の中に信頼できる大人がいることを伝えてきた。地域の福祉施設を活用し、学生ボランティアが関わり、子どもの居場

所をつくることも、このような世帯を支援する方法の一つであろう。

⑶　高齢者と貧困問題

　生活保護に関する統計では、被保護世帯を、それぞれの世帯主の主たる属性によって、「高齢者世帯」*³「母子世帯」「傷病者世帯」「障害者世帯」「その他の世帯」の５つに分けて把握している。2021（令和３）年４月（概数）の被保護者調査によれば、被保護世帯全体の55.8％が高齢者世帯である[7]。

　高齢者の多くは、公的年金を受給し、所得を得ている。しかし、自営業者など国民年金のみの加入者は40年間保険料を満額で納めても、受け取れる年金額は月額６万5,000円程度である。例えば、家計調査（家計収支編）によれば、65歳以上の単身高齢者世帯の１世帯当たりの平均支出は、月約14万6,000円である[8]。また、生活保護の生活扶助額の例（2018［平成30］年10月時点）によれば、高齢者単身世帯（68歳）の東京都区部等の生活扶助費は月約８万円である[9]。また、2019（令和元）年度末現在、国民基礎年金しか受給していない高齢者は534万人にのぼり、平均受給額は月約５万1,700円（25年以上加入者）である[10]。このような状況を見ると、国民年金の基礎年金だけでは、生活が難しい状況がうかがえる。

　加えて、いわゆる「団塊の世代」が75歳を迎える2025（令和７）年が近づき、高齢社会が進行していく中で、高齢の生活保護受給世帯や低年金の高齢者の問題は、いっそう重要な課題となってくるだろう。加えて、65歳以上のひとり暮らし高齢者の増加は、男女ともに顕著であり、2015（平成27）年には、男性約192万人、女性約400万人となっており、65歳以上人口に占める割合は、男性13.3％、女性21.1％となっている[11]。このような高齢者を地域福祉において、どのように支えていくのかが重要な課題となってくるだろう。

⑷　これからの地域福祉と貧困問題

　ここまで、「子どもの貧困」「高齢者と貧困問題」というトピックから地域福祉の関わりについてみてきたが、次のような広く生活困窮者として制度の狭間にある人々を支援しようとする実践も行われてきた。

　例えば、埼玉県の「彩の国あんしんセーフティネット事業」[12]では、「埼玉県社会福祉法人社会貢献活動推進協議会」に加盟している県内社会福祉法人が必要な費用を負担し、既存の制度では対応できない生活困窮等様々な生活課題を抱える人たちに寄り添う支援を行ってきた。具体的には、利用可能な制度の紹介や支援機関への橋渡しを行うとともに、公的制度やサービス等による支援が受けられず、生命に関わる緊急・逼迫した生活困窮状況に対して、

＊３　高齢者世帯
男女とも65歳以上の者のみで構成されている世帯か、これらに18歳未満の者が加わった世帯。

現物給付を行い、生活困窮者の自立を支援している。

　生活困窮者や複合的な課題を抱えた人々の中には、家族や親戚から見放され、相談できず、孤立している者も多い。相談機関や利用できる制度を知らない場合もあれば、行政や社会福祉協議会（以下「社協」）など相談機関に行っても、困っている状況を伝えられない、説明を十分理解できない、制度の申請に必要な書類を整えられないことも少なくない。相談依頼があると、会員施設・社協の担当相談員（担当者）と県内４か所に配置した社会貢献支援員が生活困窮者のところへ訪問する。そこで、生活状況を把握し必要な制度への接続や、緊急を要すると判断した場合に現物給付による経済的支援を行い、自立を目標に、継続的な相談支援や見守りを行っている。また、働くことに課題を抱えている相談者の希望や状況に合わせた就労訓練や、社会参加のきっかけづくりの場を提供する就労支援事業も行っている。

　2015（平成27）年４月には生活困窮者自立支援法が施行され、生活困窮者に対し、自立相談支援事業の実施や住居確保給付金の支給などの支援が行われている。2020（令和２）年のコロナ禍では、生活困窮世帯などを対象に、生活福祉資福祉資金の緊急小口資金等の貸付や住居確保給付金も要件等が緩和されるとともに、これまでにない規模で支援が行われている[13]。また、ひとり親世帯を対象に臨時特別給付金の支給が実施された[14]。近年、このような社会情勢や社会福祉制度が変わる中で、制度の狭間にある人々も含めて、その人の生活課題を丁寧に把握し、利用できる社会資源やサービスを活用しつつ、地域生活を支えることがソーシャルワーカーには求められる。

2．生活困窮者自立支援制度の理念

⑴　生活困窮者自立支援制度創設の背景

　わが国では、1950（昭和25）年に生活保護法が施行され、生活困窮者へ最低生活保障が行われてきたが、1990（平成２）年以降、バブル経済が崩壊し、構造的な景気低迷が続き、長期失業者や非正規雇用者が増加している。その中で、社会保険などの「第１のセーフティネット」機能が低下し、安定した経済基盤やキャリアを築くことができない生活困窮者が増加した。リーマンショック以降、生活保護以外の生活困窮者への支援（第２のセーフティネット）の重要性が認識され、2011（同23）年に求職者支援制度が創設された。

　しかし、全国的には、生活保護に至る前の生活困窮者に対して体系的な支援を行う仕組みが出来ておらず、人材や財源などが十分でないなどの課題が

あった。また貸付制度を利用していても、その対象となる給付・貸付対象者の中には就労に結びつけることができず、最後のセーフティネットである生活保護制度を利用せざるを得ない者がいる状況となった。加えて生活困窮者の中には、その背景に複雑な課題や複合的な課題を抱えた家族も少なくない。それに対して、現行の社会福祉制度は十分に対応できず、孤立していく状況もみられ、制度の狭間におかれた生活困窮者に対して、新しいセーフティネットが求められた。

　このような状況に対して、生活困窮者自立支援制度の創設及び生活保護制度の見直しを一体的に検討することが要請された。そこで2012（平成24）年2月の「社会保障・税一体改革大綱」において、生活困窮者対策の充実強化と生活保護制度の見直しが打ち出された。同年4月、社会保障審議会に「生活困窮者の生活支援の在り方に関する特別部会」が設置され、2013（同25）年1月に報告書が取りまとめられた。この部会報告を踏まえ、2014（同26）年7月に生活保護法の一部を改正する法律が施行され、2015（同25）年4月には生活困窮者自立支援法が施行された。

　生活困窮者自立支援法は、施行後3年をめどに見直しを行うとなっており、2017（平成29）年5月から12月にかけて「生活困窮者自立支援及び生活保護部会」が設置され、報告書がまとめられた。この報告を踏まえて2018年（同30）年10月に生活困窮者自立支援法の一部改正が行われた。

　また、2020（令和2）年の社会福祉法の改正では、重層的支援体制整備事業が創設されるなど、市町村全体で断らない相談支援を整備するにあたり、生活困窮者自立支援制度への期待も高まっている。

⑵　生活困窮者自立支援制度の理念

　この制度の目標は2つ挙げられる。まずは、「生活困窮者の自立と尊厳の確保」であり、最も重要な目標である。自立の概念には、健康や日常生活をよりよく保持する「日常生活自立」、社会的なつながりを回復・維持する「社会生活自立」、経済状況をよりよく安定させる「経済的自立」がある。「自立」を考える際に重要な要素は自己決定、自己選択であるが、生活困窮者の中には、自己肯定感を失っている人も少なくない。そのため尊厳の確保に配慮し、本人の意思や希望を中心に据えて、支援を実施することが求められる。

　もう一つの目標は「生活困窮者支援を通じた地域づくり」である。生活困窮者が自立するためには、自分の居場所を発見し、人とのつながりを実感できることも必要である。このように、居場所やつながりの形成など、個々人へのアプローチのみならず、地域に向けた取り組みも必要である。また、生

活困窮者の課題解決のためには、包括的な支援を用意することが必要である。そのためには、公的な制度だけではなく、インフォーマルな支援や地域住民の協力も重要である。生活困窮者の早期把握や見守りのための地域づくりの取り組みは、地域福祉の分野で進められてきたが、これらを一層充実させていくことが求められる。また、生活困窮者支援を通じて、地域を豊かにするなど、地方創生にも寄与する取り組みへと発展させることが期待される。

　この法律の理念は、制度創設時は運用の中で示されてきたが、2018（平成30）年の改正で、下記のように法律の中で基本理念として明記された。また、生活困窮者の定義も下記のように改正された。

生活困窮者自立支援法（基本理念）
第2条　生活困窮者に対する自立の支援は、生活困窮者の尊厳の保持を図りつつ、生活困窮者の就労の状況、心身の状況、地域社会からの孤立の状況その他の状況に応じて、包括的かつ早期に行われなければならない。
2　生活困窮者に対する自立の支援は、地域における福祉、就労、教育、住宅その他の生活困窮者に対する支援に関する業務を行う関係機関（以下単に「関係機関」という。）及び民間団体との緊密な連携その他必要な支援体制の整備に配慮して行われなければならない。
第3条　この法律において、「生活困窮者」とは、<u>就労の状況、心身の状況、地域社会との関係性その他の事情により</u>、現に経済的に困窮し、最低限度の生活を維持することができなくなるおそれのある者をいう。

注：第2条は新設。第3条は下線が改正部分。

　この制度は、「人が人を支援する制度」ともいわれ、住居確保給付金の給付金以外は、すぐに給付できる金品があるわけではない。最後のセーフティネットは生活保護であるが、その要件に該当しない場合があり得る。その場合は、その人の最後のセーフティネットになり得ることも忘れてはならない。

(3)　生活困窮者自立支援制度における支援

　この制度の支援の重要な点として、「断らない相談支援」を理念としていることが挙げられる。例えば、この制度によりいわゆる8050問題[＊4]の存在に対する認識も進んだ。このような形で、複合的な課題を抱え制度の狭間に陥る人が社会に多く存在し、支援のニーズがあるという事実を社会に示すことになった。そこで、住居確保給付金と一時支援事業の給付メニューを除き、相談支援そのものを制度の中心に据え、家計改善支援事業や就労支援事業など、相談支援を中心とした事業になっている。特に家計改善支援事業は、「家計」に関する支援を「相談支援」によって行う新しい視点の事業であり、家計の収支の均衡が取れていないなど、家計に課題を抱える者に相談支援を行

＊4　8050問題
「高齢の親と働いていない独身の50代の子とが同居している世帯」[15]のことである。

224

う事業である。

　実際にこの制度で支援するためには、「新しい支援の形」として、以下の
５点に配慮することが必要である。

①包括的な支援

　相談を広く受け止め、就労の課題、心身の不調、家計の問題、家族問題な
ど多様な問題に対応するという対象者横断的な包括的な相談支援を実施する。

②個別的な支援

　生活困窮者がおかれた状況が多様であることを十分に認識し、事情や想い
に寄り添いつつ、適切なアセスメントを通じて課題を把握し、問題の打開を
図る個別的支援や伴走型支援*5を行う。

③早期な支援

　真に困窮している人ほどSOSを発することが難しいため、早期に生活困窮
者を把握し、課題がより深刻になる前に問題解決を図る。

④継続的な支援

　本人の状況に合わせて、支援を継続的に提供する。生活保護が必要だと判
断した場合には、確実に生活保護につなげる。

⑤分権的・創造的な支援

　まず、地域にどのような生活困窮者が存在し、社会資源がどの程度存在し
ているのか把握する。社会資源が不足している場合には、創造していくこと
も不可欠である。この包括的な仕組みを創造していくためには、国と自治体、
官と民、民と民が協働し、支援体制を創造していく必要がある。

　以上①～⑤までを組み合わせて支援していくことが求められる。

３．生活困窮者自立支援制度の方法と実際

(1) 生活困窮者自立支援機関における支援過程と方法

　では、どのような過程を経て支援が実施されるのだろうか。ここではこの
制度の各事業を取り上げた上で、支援についてみていく（図13－１参照）。

①自立相談支援事業の実施および住居確保給付金の支給：必須事業

　自立相談支援事業では、生活保護の至る手前の段階の自立支援を強化する
ため、生活困窮者に対し、就労支援やその他の自立に関する相談に応じ、課
題を把握・分析し、自立支援計画の策定を行う。また、住居確保給付金は、
離職等により経済的に困窮し、住居を失ったまたはそのおそれがある者に対
し、住居確保給付金を支給する事業である。住居確保給付金を支給すること

図13－1　生活困窮者自立支援制度の概要

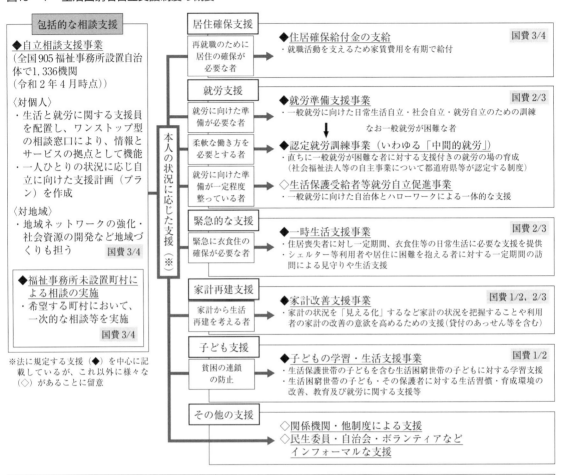

出典：厚生労働省『令和3年版　厚生労働白書』2021年　p.287

により、安定した住居の確保と就労自立を図る。

②就労準備支援事業と就労訓練事業

　就労準備支援事業（任意事業）は、直ちに一般就労への移行が困難な生活困窮者に対して、一般就労に従事する準備としての基礎能力の形成を、計画的かつ一貫して支援する。

　就労訓練事業（都道府県等の認定事業により必須事業）は、対象者の状態等に応じた就労（清掃等）の機会の提供と併せ、個々人の就労支援プログラムに基づき、就労支援担当者による一般就労に向けた支援を、社会福祉法人等の自主事業として実施する。

③その他一時生活支援事業等

　一時生活支援事業（任意事業）は、住居のない生活困窮者であって、所得が一定水準以下の者に対して、一定期間（３か月を想定）内に限り、宿泊場所の供与や衣食の供与を実施するものである。

　家計改善支援事業（任意事業）は、失業や債務問題を抱える生活困窮者に対して、❶家計収支等に関する課題の評価・分析と相談者の状況に応じた支援計画の作成、❷家計の再建に向けた相談支援、❸日本司法支援センター（通称：法テラス）等への関係機関へのつなぎ、❹貸付のあっせんなどを行うものである。

　子どもの学習・生活支援事業（任意事業）では、生活困窮世帯の子ども等の生活習慣・育成環境の改善に関する助言、教育及び就労（進路選択等）に関する相談に対する情報提供、助言、関係機関との連絡調整を行う。

　その他生活困窮者の自立の促進に必要な事業（任意事業）では、生活困窮家庭の養育相談や学び直しの機会の提供など、地域の実情に応じた柔軟かつ多様な取り組みを統合補助金事業により実施するものである。

　実施主体は、福祉事務所を設置する自治体（基本的に都道府県と市）であり、自治体は法の事業を直接または委託により実施する（社協や社会福祉法人、NPO［非営利組織］等への委託が可能）。中でも自立相談支援事業は、この制度の中核的な事業である。自立相談支援事業の運営方法は、直営35.1％、委託54.7％、直営＋委託10.2％となっており、委託先で最も多いのが社協（72.6％）である[17]。この事業は、生活困窮者が地域で様々な関わりをもって自立した生活を営めるよう支援していくことから、地域福祉の施策の中核的な事業の一つに位置づけられる。これまで社協の進めてきた地域福祉や総合相談・生活支援の取り組みと重なるものであり、地域福祉推進の中核団体である社協においては、自立相談支援事業への積極的な取り組みが期待される。

　生活困窮者が最初に相談を行う場が「自立相談支援機関」であり、ここには、下記の３職種を配置することが基本とされている。

① 　主任相談支援員：主に相談支援業務のマネジメントや地域の社会資源の開拓と連携を行う。
② 　相談支援員：相談支援全般を行う
③ 　就労支援員：就労支援を行うとともに、就労の場などに接続し、必要に応じて開拓するという地域連携業務を行う。

　支援は、表13−１のような流れで行われるが、あくまでも基本的な流れであり、生活困窮者の状況に応じて支援を行うことが大切である。

表13-1　相談支援の概要

①把握・アウトリーチ	生活困窮者の課題は複合していることが多いことや自らSOSを発することができない者も多いことを踏まえ、「待ちの姿勢」ではなく、アウトリーチを含めた対応を行い、幅広い対象者の把握に努める。
②包括的相談・振り分け	相談受付時には相談者が抱える課題を的確に把握し、自立相談支援機関による支援か、他制度の相談窓口等につなげるべきかを判断する。また、緊急的な支援の必要性の判断を行い、調整する。
③アセスメント	生活困窮に陥っている状況を包括的に把握（情報収集）し、その中で対応するべき課題領域を捉え、背景・要因等を分析し、解決の方向を見定める。アセスメントを通じて、信頼関係を築いていく。
④プラン策定	アセスメント結果を踏まえ、本人と相談支援員の協働によりプラン（案）を作成する。プラン策定の間にも必要な支援を提供するなど、状況に応じた対応も必要である。
⑤支援調整会議	本人と相談支援員が作成したプラン案をもとに、課題解決に向けた内容になっているか（プランの適切性の協議）等を自立相談支援機関が主催し関係者が参加する支援調整会議で共有・協議を行う。会議のメンバーは、主任相談支援員、相談支援員、就労支援員、自治体職員、サービス提供事業者、専門機関、医師などの専門職が想定される。プラン作成・評価時、再プラン作成時、自立相談支援機関としての支援の終結時、プランの中断の決定時、社会資源の充足状況の把握と開発に向けた検討を行う時などに開催される。
⑥支援決定	支援調整会議において協議したプラン案にそって住居確保給付金の支給など法定サービスを実施することを決定する。
⑦支援サービスの提供	プランや支援決定に基づき、本人に必要な支援を提供する。
⑧モニタリング	支援過程において定期的にサービスの提供状況を確認し、目標達成に向かっているかなどを把握する。必要に応じて修正する。
⑨終結	基本的には、本人の目指す自立が達成された場合、支援の「終結」とすることができると考えられる。しかし終結することは難しいことも考えられるため、終結の判断は支援調整会議にかけて行い、その後も継続して確認することが必要である。

出典：自立相談支援事業従事者養成研修テキスト編集委員会編『自立相談支援事業従事者テキスト』中央法規出版　2014年　pp.30-34をもとに筆者作成

(2)　生活困窮者自立支援機関における支援の実際

　次に、生活困窮者自立支援機関では、どのように支援を行っているのだろうか。具体的に2つの事例を通して、支援の実際を見ていく。

【事例1】　就業・自立に向けた母子家庭への支援

　Aさん（41歳・女性）は長女14歳と二人暮らしである。夫のDVが原因で、31歳の時に離婚した。離婚後、飲食店でのアルバイトと児童扶養手当による収入で生活していたが、コロナ禍で勤めていた飲食店が閉店になり、失業した。自治体のホー

ムページを見て、住居確保給付金を知り、自立相談支援機関に相談に訪れた。Aさんは、失業し今後の見通しが立たないこと、これから娘の進学等で教育費がかかるが金銭的に余裕がないこと、さらに夫のDVを時々思い出すことで、眠れない時や精神的に不安定になることがある。また、長女はいじめにあうなどして授業についていけないため、学校を休みがちである。このような状況の中、アパートの家賃や携帯電話料金は２〜３か月分滞納している。Aさんの両親は70代後半で健在だが、遠方に暮らしており、年金でギリギリの生活であるため頼ることが難しい状況である。Aさんは、正社員の仕事を見つけ、経済的に安定した生活を送ることを希望している。

　自立相談支援機関では、まずAさんと面接をし、Aさんの状況や希望を詳しく聞き取りを行った。その上で、アセスメントを行い、自立のためのプラン案を作成した。まずは、住居確保給付金の申請を行い、そのあとで就労支援、家計改善支援を利用しながら、正社員での就職に向けて自立を目指していくことになった。Aさんとの信頼関係ができ、生活が少し安定したところで、長女に学習支援事業への参加等を促していくことになった。また、Aさんは、精神的に不安定になることがあるという話があったため、一度精神科を受診してみてはどうかと助言を行った。

　Aさんに対してどのような事業があり、どのような支援ができるのか。事例と併せてみていく。

①住居確保給付金の支給：必須事業

　住居確保給付金は、自立相談支援事業と共に必須事業である。Aさんは、支援員に書類の書き方を相談しながら、申請を行った。その結果無事申請が通り、当面家賃を支払えることになり、Aさんも少し安心した様子だった。

②就労支援

　同法の任意事業として就労準備支援事業と就労訓練事業があるが、Aさんの場合、この事業の利用は適切ではないと考えられた。そこでハローワークと連携を取りながら就労支援員が相談にのり、再就職先を探していった。

③家計改善支援事業：任意事業

　この事業も任意事業の一つである。Aさんは、家賃や携帯電話料金の滞納、失業給付や今後の生活費について支援を受けることになった。

④子どもの学習・生活支援事業：任意事業

　この事業も任意事業である。Aさんの自治体も生活保護受給世帯や児童扶養手当を受給している世帯の子どもを対象に学習支援教室を実施しており、Aさんの長女も教室に通うことになった。最初は、知らない人が多いため行くことを渋っていたが、大学生のボランティアと趣味の話をしたり、勉強を教えてもらえるのが楽しみになり、定期的に学習支援教室に通えるようになった。教室内で同じ学校の友人もでき、学校に通える回数も増えてきた。

⑤その他の支援

　自立支援にあたっては、この法律の事業以外の事業や取り組みも活用する

ことが求められる。例えば、Aさんの自治体では社協が「子ども食堂」を月1回実施しており、長女も子ども食堂を利用している。Aさんには子どもと一緒に食事を作る余裕はなかったが、子ども食堂では、ボランティアと一緒に食事をつくったり、小学生の面倒を見たりと、自分でできることを探して楽しそうに過ごしている様子がみられるようになった。また、将来の進路として保育士や小学校教諭になりたいという希望をもつようになった。

　上記のような支援の結果、Aさんは、精神的にも安定し、6か月後、契約社員という形であるが福祉施設の調理員として就職が決まった。長女も学校に通える日数が増えたため、自立相談支援機関は、定期的に連絡をとり、今後の様子を見守ることになった。

　このように、本人のニーズや課題に基づいて、生活困窮者自立支援法の事業やその他の事業を活用したり、医療機関やハローワーク等の関係機関と連携しながら、その人の自立に合わせた支援が求められる。

【事例2】　B市社協によるひきこもり相談支援事業

　B市社会福祉協議会（以下「B市社協」）は、現在自立相談支援事業、就労準備支援事業、家計改善支援事業、子どもの学習・生活支援事業を受託し、実施している。そのきっかけは、市の委託を受けて実施したひきこもり相談支援事業である。この事業のきっかけは、B市社協が実施している福祉関係者の座談会である。座談会では区長・民生委員などの役割を担っている地域住民が地域の課題や情報の共有を行っていた。その座談会で、ひきこもりや不登校について課題提起があり、B市社協は中学校へ問い合わせや実態把握を進め、市と協議の結果、B市はこの事業を開始し、B市社協が事業を受託した。

　事業開始当初は、B市社協の活動が地域に浸透しておらず、県内外先駆的に活動している行政やNPOが実施している関係者同士の交流会や研修会への参加、アウトリーチを行っていくことになった。支援者とのつながりを作ったことで、多くの支援者から協力を得られるようになった。

　また、B市社協の既存の事業の利用者の中にも、ひきこもり等で悩んでいる世帯があったため、本事業の担当者が各事業担当者と同行訪問を行った。

　そのような結果、事業の認知度が高まり、ひきこもり等の相談や同行依頼が増加していった。また個別的な支援を行った際には、お互いに情報共有をするなど、子どもを見守るネットワークができはじめた。しかし、事業が認知されるにつれて、就労に課題を抱えたひきこもりの人からの相談が増えてきた。そこで、B市社協は、内職の仕事を受注してもらえないか、市内外の工場や事業所を回り、協力を得られた会社の内職を受注し、B市社協の会議室で週3回、「ちょっとしごとスペース」を実施することになった。参加者は仕事をしながら参加者同士でコミュニケーションを取ったり、わからないことを教えあったり、就労に意欲的になる様子も見受けられるようになってきた。また、内職を受注した工場からインターンシップの依頼も出てきた。

　この事例では、生活困窮者支援を通して、地域の福祉や学校関係者とのネットワークができたり、内職を受注し、ひきこもりの人々へ新しい仕事を生み出したりと、社会資源の開発や地域づくりが行われた。「生活困窮者支援を通じた地域づくり」は、この制度の目標の一つである。コロナ禍で経済の落ち込みが予測され、地域包括ケアが求められる中、「生活困窮者支援を通じた地域づくり」への期待がより一層高まってくるだろう。

　しかし、この制度には課題もある。Aさんの事例では自治体が任意事業を実施していたが、任意事業を実施していない自治体も少なくない。全事業において実施自治体数は増加傾向であるが、2018（平成30）年度の就労準備事業は48％、一時生活支援事業は31％、家計相談支援事業は45％、子どもの学習支援事業は59％の自治体の実施に留まっている[18]。

　生活困窮者の自立にあたっては、国や地方自治体の取り組みが重要であり、任意事業を実施する自治体を増やし、生活困窮者に限らず誰もが住み慣れた地域で安心して必要な支援を受けられる体制づくりが求められる。

【引用文献】
1 ）杉村宏『人間らしく生きる現代の貧困とセーフティネット』左右社　2010年　p.30
2 ）内閣府「コロナ下の女性への影響と課題に関する研究会　緊急提言」2020年
　　https://www.gender.go.jp/kaigi/kento/covid‐19/siryo/pdf/teigen.pdf
3 ）厚生労働統計協会編『国民の福祉と介護の動向　2020／2021』厚生労働統計協会　2020年　p.211
4 ）厚生労働省「2019年　国民生活基礎調査の概況」2020年　p.14
5 ）松本伊智郎編『子ども虐待と家族―「重なり合う不利」と社会的支援―』明石書店　2013年　p.6
6 ）駒村康平・田中聡一郎編『検証・新しいセーフティネット―生活困窮者自立支援制度と埼玉県アスポート事業の挑戦―』新泉社　2019年　pp.42‐77
7 ）厚生労働省「被保護者調査（令和3年4月分概数）」2021年
8 ）総務省統計局「家計調査年報（家計収支編）2019年（令和元年）」
9 ）厚生労働省「生活保護制度の概要等について」（第1回生活保護基準の新たな検証手法の開発等に関する検討会　参考資料2）2019年
　　https://www.mhlw.go.jp/content/12002000/000488808.pdf
10）厚生労働省「令和元年度　厚生年金保険・国民年金事業年報」2021年
11）内閣府『令和3年版高齢社会白書』2021年　p.10
12）埼玉県社会福祉法人社会貢献活動推進協議会
　　https://safety.fukushi‐saitama.or.jp/
13）厚生労働省『令和2年版厚生労働白書』2020年　p.135
14）同上書　p.135
15）鏑木奈津子『詳説　生活困窮者自立支援制度と地域共生―政策から読み解く支援論―』中央法規出版　2020年　p.56
16）厚生労働省「『地域共生社会に向けた包括的支援と多様な参加・協働の推進に関する検討会』（地域共生社会推進検討会）最終とりまとめ」2019年　p.5

17）厚生労働省「平成30年度生活困窮者自立支援制度の実施状況調査集計結果」2018年　p.5
18）同上書　p.1

【参考文献】

・杉村宏『人間らしく生きる―現代の貧困とセーフティネット―』左右社　2010年
・松本伊智郎編『子ども虐待と家族―「重なり合う不利」と社会的支援―』明石書店　2013年
・自立相談支援事業従事者養成研修テキスト編集委員会編『自立相談支援事業従事者養成研修テキスト』中央法規出版　2014年
・社会的包摂サポートセンター編『相談支援員必携　事例でみる生活困窮者』中央法規出版　2015年
・岡部卓編『生活困窮者自立支援ハンドブック』中央法規出版　2015年
・新保美香「生活困窮者支援におけるソーシャルワーク（１）―生活困窮者自立支援制度の理念と支援者に求められる基本姿勢―」『ソーシャルワーク研究』Vol.45No.1　相川書房　2019年　pp.59－65
・厚生労働省「『地域共生社会に向けた包括的支援と多様な参加・協働の推進に関する検討会』（地域共生社会推進検討会）最終とりまとめ」2019年
・駒村康平・田中聡一郎編『検証・新しいセーフティネット―生活困窮者自立支援制度と埼玉県アスポート事業の挑戦―』新泉社　2019年
・『社会福祉学習双書』編集委員会編『社会福祉学習双書2020　公的扶助論―低所得者に対する支援と生活保護制度―』全国社会福祉協議会　2020年
・鏑木奈津子『詳説　生活困窮者自立支援制度と地域共生―政策から読み解く支援論―』中央法規出版　2020年
・厚生労働統計協会編『国民の福祉と介護の動向　2020／2021』厚生労働統計協会　2020年
・厚生労働省『令和２年版厚生労働白書』2020年
・厚生労働省『令和３年版厚生労働白書』2021年
・厚生労働省「平成30年度生活困窮者自立支援制度の実施状況調査集計結果」2018年
・内閣府『令和３年高齢社会白書』2020年
・全国社会福祉協議会『社会福祉協議会の強みを活かした　生活困窮者支援実践事例集』全国社会福祉協議会　2020年

第14章

地域福祉実践における
多職種連携・多機関協働

●本章のねらい

多職種連携・多機関協働は、地域福祉実践の基盤となるものであるが、近年になって様々な仕組みが制度化され、「発展」したようにみえる。しかしながら、なぜ連携・協働が必要なのかを問い続けること、多職種・多機関同士の相互理解をし続けること、そのための地域に根差した工夫を行い続けることが大切である。

本章は、地域福祉実践における多職種連携・多機関協働について、❶多職種連携・多機関協働の考え方と定義、❷地域福祉実践や方法論における連携・協働の背景と展開、❸様々な社会福祉領域における連携・協働の仕組み、❹新たな主体との連携・協働、❺連携・協働をどのように進めればよいのかについて学ぶ。

●プロローグ

　かつて筆者は、過疎化が進む東北地方の町で社会福祉協議会の臨時職員をしていた。豪雪地帯でも有名なその町は、冬場に町民による除雪ボランティアが組織化され、独居高齢者・高齢夫婦世帯を中心に訪問して除雪と声掛け活動を定期的に行っていた。

　ある冬、次のような企画を上司の支援を受けながら構想した。町外や県外から除雪ボランティアを広く募集し、独居高齢者・高齢夫婦世帯宅で地域のボランティアとともに除雪活動を行っていただく。終了後は地元の温泉旅館に割引料金で宿泊してもらう。そのような内容である。職員会議で調整ののち、町役場の福祉課・商工観光課、そして商工会にて意見交換を行い、ボランティアリーダーや旅館にも協力を仰いだ。作成したチラシは地方新聞や全国紙の地方支局にファックスで送った。

　そしてある日、地方紙の小さな記事を見た大学生が来町することとなった。全国的に厳しい雪害の年だったこともあり、大学生の除雪活動の様子は全国紙夕刊の社会面に大きく取り上げられた。その翌日以降、電話問い合わせが関東圏を中心に多数寄せられ、最終的には総勢70名を超える町外の方々が高齢者世帯等の除雪を行い、温泉旅館に宿泊した。

　今となって考えれば、地域課題を目の前にして、ソーシャルワーカー、ボランティア、観光・街づくり関係者などが連携・協働して実現したプロジェクトであった。活動後の住民とボランティアの笑顔が忘れられない。

1．多職種連携・多機関協働の考え方と背景

(1) 多職種連携・多機関協働の考え方

① 「職種」や「機関」がつながりあう

　住み慣れた地域社会における健康で文化的な自立生活の継続のために、ソーシャルワーカーはもちろん、様々な職種が地域住民や利用者・家族などに関わり、援助活動を行っている。また時には近隣住民やボランティアもこの援助活動の重要な担い手となっている。職種や立場の違いを踏まえながらも、それらを補い合いながら、地域住民や利用者・家族を多面的にアセスメントし、共通の目標や方針のもと、様々なアプローチから援助を行っている。このような取り組みを、本章では「多職種連携」と呼ぶことにしよう。

　このような「多職種連携」をベースとしながらも、現実には、問題が複雑化して援助活動が困難になっていたり、既存の制度や仕組みによる対応だけでは解決が難しい場合や、新たな社会資源の開発が求められたりする場合もある。その際、職種や支援者同士が協力して取り組むだけでは、援助活動が前進しないこともあるだろう。各職種や支援者の多くは組織・機関に所属し援助活動を行っており、個人の判断のみでは行動できない場合も多く、組織・機関の間で調整や取り決めを行うことが必要となってくるからである。本章ではこのように組織や関係機関の間で協力しあいながら取り組むことを、「多機関協働」と呼ぶことにしたい。

②多職種連携・多機関協働の定義と関係性

　すなわち、本章における多職種連携および多機関協働の定義は、次のように示すことができる。

多職種連携：利用者の支援に関わるすべての職種や地域住民、利用者の家族や利用者本人も含む様々な主体が、相互に作用しながら、援助活動の質の向上に向けて実践すること。

多機関協働：利用者の支援に関わるすべての職種が所属する組織・機関や、地域住民が所属する団体等が、相互に作用しながら、援助活動の質を高め、新たな社会資源を開発するなど、協力して課題解決に向けて実践すること。

　この両者の概念は次のような関係にある。多職種連携は多機関協働の前提であり、構成要素でもある。多職種連携の積み重ねによって組織・機関が協力関係を築くための環境が整い、多機関協働が実現するであろう。あるいはこれとは反対に、多機関協働の取り組みが行われることで、それぞれの職種

や支援者による連携が進展することも期待できる。

(2)　地域福祉の方法論や理論における連携・協働

①コミュニティ・オーガニゼーションの方法論として

　異なる立場の人々や組織が集まり、協力関係を築く行為は、もともと地域福祉実践を進める上で必要不可欠なものであったといってよい。コミュニティ・オーガニゼーションの古典的な定義である「ニーズ資源調整説」[*1]は、地域社会のニードに適合するように資源を動員・調整を図ること、「インター・グループ・ワーク」[*2]は様々な組織間の関係調整を行うことであり、まさに連携・協働の営みを指しているといえる。

　また、これらを背景として1962（昭和37）年に示された「社会福祉協議会基本要項」では、社会福祉協議会の機能として、地域住民間の協働の促進と関係機関・団体・施設の連絡・調整を位置づけており、社会資源の育成と併せて「組織活動」を行うことを掲げている。個々の住民や関係する職員とともに、関係機関等の組織が福祉課題を見出し、計画的にその課題解決を図っていくことが明示されているのである[1]。

②地域福祉の理論として

　地域福祉理論としても、例えば岡村重夫は、「コミュニティ・ケア」の成立の要件として、「地域社会の各種の社会資源である制度的機関やサービスが、密接な協力関係をもって在宅の対象者に各種サービスを提供することである」[2]としている。そしてこのサービスは社会保障、労働、職業安定、教育、医療、保健、レクリエーションなどを担う公私の機関・団体が協力して、地域住民のニーズに対応することが必要であると述べた。また、これらの社会資源の調整や新たなサービスの開発には、地域組織化活動が必要であるとした[3]。ここにも、様々な役割をもつ個々人とともに、単なる福祉分野にとどまらない多様な領域の組織の連携・協働の必要性がみてとれる。

(3)　在宅ケアの拡大・供給主体の多元化の進展と連携・協働

①「医療と福祉との連携」への注目

　ところで、入院期間の長期化が財政面や人間の生活のあり方から問題視され、いわゆる「医療と福祉との連携」に注目が至ったのは1980年代後半になってからであった。それまでは在宅福祉サービスの量やメニューがそれほど多くはなく、提供主体も自治体を中心に社会福祉協議会、社会福祉法人が多くを占めていた。そして措置制度によって自治体のコントロールが前提となっており、連携・協働が議論されるときに、現在の規模のような多くの職種や

＊1　ニーズ資源調整説
1939年の全米社会事業会議において、「レイン委員会報告」が提起した考え方。地域社会のニーズを科学的に捉えるとともに、社会資源の開発をおこない、両者を効果的に調整することがコミュニティ・オーガニゼーションの目的であるとした。

＊2　インター・グループ・ワーク
1947年にニューステッターが提起した考え方。ある特定の社会的目標に関して、諸グループの間の調整を行うことによる解決を重視した。

機関を意識する必要はなかった。

②在宅福祉サービスの拡大と連携・協働

　その後、退院後の在宅生活を支えるための在宅福祉サービスが拡大していく。例えば要介護高齢者世帯等に対する訪問介護は、1982（昭和57）年に制度が改正され、低所得者以外も有料でサービスを利用できるようになった。それに伴いヘルパーの数も増加し、また自治体による直営事業から他の事業体への委託も進展する。こういった在宅ケアの重視とサービス供給の拡大や供給主体の多元化の進展により、連携・協働は重要な政策課題となる。国は1987（同62）年に「高齢者サービス総合調整推進会議及び高齢者サービス調整チーム設置運営要綱」を発表し、市町村レベルにおいて個々の高齢者のニーズに適したサービスを総合調整の元に提供するために、「高齢者サービス調整チーム」を制度化した。

　しかし、このような実務者による会議は、実質的な情報交換や技術指導にとどまり、組織代表ではないはないことから、具体的な調整業務は行えないという問題があった。また個々の援助のための多職種連携のみならず、サービス実施体制に関する問題点の把握や政策の評価、政策の立案の機能も求められたため、責任者レベルのサービス調整チームを設置することが示された。

　このようにして、個々の職種レベルの連携のみならず、機関の間の相互作用により当該自治体における社会福祉政策の実施、評価、立案を担う場の必要性が認識されることとなった。

⑷　連携・協働による実践と制度化のさらなる進展

　2000年代になって、「地域包括ケア」や「地域自立生活支援」の取り組みが重視される中、連携・協働の重要性が高まっていく。

①高齢福祉分野における連携・協働の制度化

　高齢者分野でいえば、2000（平成12）年、国により示された「在宅介護支援センター運営事業等実施要綱」において、介護予防・生活支援事業を行うための全体的な調整の場として「地域ケア会議」の設置と活用を行うことが自治体に求められた。同センターは2005（同17）年に設置された「地域包括支援センター」にその役割が継承されていくが、「地域包括支援センターの設置運営について」という通知の2012（同24）年一部改正時に、「地域ケア会議」の設置が改めて明記される。さらに翌年「地域ケア会議」の機能を「個別課題の解決」「地域包括支援ネットワークの構築」「地域課題の発見」「地域づくり・資源開発」「政策の形成」にあるとする通知が出された。そして2015（同27）年には、地域支援事業を進めるための関係者・関係機関・関係

団体による会議、つまり地域ケア会議の設置を努力義務化する介護保険法の改正が行われた。

②障害福祉分野における連携・協働の制度化

　障害福祉分野では、2005（平成17）年の障害者自立支援法（当時）により市町村・都道府県による地域生活支援事業が実施されるようになったが、同法施行規則の2008年（同20）年改正時には「地域における障害福祉に関する関係者による連携及び支援の体制に関する協議を行うための会議の設置」が定められた。この会議は通称「自立支援協議会」と呼ばれ、同法改正により2012（同24）年からこの会議の設置は努力義務化された。

　連携・協働の仕組みはこのように明確になり、その中で国や各種団体から指針やマニュアル、実践報告が示されていった。次に、現在の連携・協働の仕組みやその実際について、各領域別に概観していきたい。

２．多職種連携・多機関協働の仕組みとその実際

⑴　子ども家庭福祉分野の多職種連携・多機関協働の仕組み

①子どもや家庭の状況に応じた多職種連携の仕組み

　2016（平成28）年の児童福祉法等の一部を改正する法律により、市区町村は子育て世代包括支援センター（母子保健法第22条）や子ども家庭総合支援拠点（児童福祉法第10条の２）を設置することとなった。

　子育て世代包括支援センターは、妊娠期から子育て期にかけての切れ目のない支援体制を構築するために設置するものである。ここでは、妊婦自身やその家族に心身の不調・病気・障害などがある場合や、様々な要因により妊娠や育児に大きな不安が想定される場合、そして成長や発達の不安や虐待リスクなどがある場合に、支援プランを作成することとなっている。支援プランを多職種連携によって作成することや、定期・不定期の関係者による協議を踏まえた支援が必要とされている[4]。

　子ども家庭総合支援拠点は、子どもとその家庭及び妊産婦等を対象に、実情の把握、子ども等に関する相談全般から通所・在宅支援を中心としたより専門的な相談対応や必要な調査、訪問等による継続的なソーシャルワーク業務などを行う拠点である。支援が必要な子どもや家庭の状況を多角的にアセスメントし、必要に応じて関係機関と連携しながら支援計画を策定・実施することが求められている[5]。

②要保護児童対策地域協議会

　子育て世代包括支援センターなどにおける支援が必要な子ども・家庭の事例のうち特に児童虐待に関わるケースや、通報等によって虐待のリスクがあることを把握した子ども・家庭のケースについては、要保護児童対策地域協議会によって継続的支援のための議論を行う。同協議会は、児童福祉法第25条の２に規定された、要保護児童の適切な保護を図るために必要な情報交換を行い、また援助内容に関する協議を行う場である。２つの会議体から構成されており、まず実務者会議は、実際に支援活動を行う実務者から構成される多職種連携の会議である。すべてのケースに関する定期的な情報共有や役割分担・援助方針の見直し、課題の検討、要保護児童の実態に関する総合的把握、要保護児童対策推進のための啓発活動の企画などが議論される。

　一方で、代表者会議は年１〜２回程度開催され、関係機関の管理者が参画し、要保護児童支援に関わるシステム全体の課題やその解決策の検討、実務者会議からの活動状況の報告と評価を行う、多機関協働の場であるといえる[6]。

③子ども・子育て支援会議

　2013（平成25）年４月に施行された「子ども・子育て支援法」第77条には、教育・保育施設の利用定員の設定や、子ども・子育て支援事業計画の内容の検討や進行管理、子ども・子育て支援に関わる総合的かつ計画的推進のために、市町村に合議制の機関を置くよう努めることが規定されている。この合議制の機関は、「地方版子ども・子育て支援会議」と呼ばれており、保育・幼児教育・学童保育などの子育て支援事業者やその利用者代表、そして教育関係者などによって構成される、多機関協働の場といってよいだろう[*3]。

(2)　高齢福祉分野の多職種連携・多機関協働の仕組み

①ミクロ・レベルの多職種連携の仕組み

　高齢福祉分野、特に介護保険制度における連携・協働の最も基本となる仕組みは、「サービス担当者会議」である。介護支援専門員（ケアマネジャー）によって組織化され、各種サービスを担当する者や医療関係者、そして近隣住民やボランティア等が集まり、情報を共有し、共通の目標やケアプランを利用者やその家族とともに定め、またプランをスムーズに遂行するために各種の調整や評価が行われる。近年ではこれらの会議を補助するものとして、ICT（Information and Communication Technology）を用いた情報共有システムも活用されるに至っている。

　このサービス担当者会議は利用者ごとに必ず開催されるものであるが、利用者のニーズが複雑に絡み合っていたり、社会資源の不足など地域社会固有

*３
このほかにも、例えば「子ども・若者支援地域協議会」がある。これは、就学や就職をしておらず、あるいは社会生活を円滑に営む上で困難を有する子ども・若者の支援方法について検討する連携・協働の仕組みである。2009（平成21）年に制定された子ども・若者育成支援推進法第19条第１項に示され、都道府県・市町村に設置の努力が求められている[7]。

の課題によって解決が困難な場合がある。そのような場合には、地域包括支援センター単位において、「地域ケア個別会議」が開催される。この会議では、課題解決が困難なケースを、サービス担当者会議よりも幅広い多職種によって多角的な検討を行い、よりよいケアマネジメントに結び付ける。また介護支援専門員や地域包括支援センター職員をはじめとする多職種の機能の向上を図る。そしてそれでもなお残る地域課題を抽出し、解決への手がかりを検討することとなる[8]。

②メゾ／マクロ・レベルの多機関協働の仕組み

ミクロ・レベルの多職種連携の仕組みで解決できない課題や、抽出された地域課題の解決に向けて議論するのが、メゾ／マクロ・レベルの多機関協働の仕組みである。この仕組みの第1に挙げられるのが、いわゆる「地域ケア推進会議」である。これは、地域ケア個別会議で検討したにもかかわらず解決しえなかった課題や、社会環境等の変動によって顕在化した地域課題を自治体レベルの関係機関・関係団体等で共有し、地域づくりや資源開発にむけた議論を行う[9]。

第2に、生活支援体制整備事業の「協議体」がある。日常生活圏域としての中学校区等で想定されている第2層の協議体、市町村全域を想定している第1層の協議体がある。これらは活動意欲のある地域住民や地縁組織、ボランティア団体、NPO、民間企業などにも参画してもらう組織である。ミクロレベルの多職種連携の仕組みで解決しえなかった地域の課題について、住民をはじめとする多様な主体の参加によって協議し、課題解決を図る[10]。

第3に、地域包括支援センターの運営のために市町村が設置することとなっている「地域包括支援センター運営協議会」である。介護サービスや介護予防サービスを提供する事業者・職能団体、利用者や地域住民の代表、地域の社会的資源や権利擁護、相談事業等を担う関係者等により構成され、地域包括支援センターの運営の適切性や中立性の確保、職員の確保のほか、地域包括ケアシステム構築のために必要な議論を行うこととなっている[11]。

そして第4に、介護保険事業計画をはじめとする自治体計画の「策定委員会」や「計画推進組織」である。自治体における高齢福祉分野に関わる各種事業者・団体の責任者レベルが集まり、これまで取り上げてきた各会議等の議論を踏まえて、現行計画の評価や計画推進方法の検討・改善、次期介護保険事業計画など各種行政計画に盛り込むべき事項を協議することとなる。

③権利擁護にむけた連携・協働の仕組み

市町村における高齢福祉分野の権利擁護のための協働の仕組みについても確認しておきたい。高齢者虐待に関わっては、高齢者虐待防止法[*4]第16条に

*4
正式名「高齢者虐待の防止、高齢者の養護者に対する支援等に関する法律」。

より、市町村は、高齢者虐待の防止や早期発見、虐待を受けた高齢者や養護者に対する適切な支援を行うために、関係機関・民間団体との連携協力体制を整備することが必要とされている。また、実際に虐待が発生した際には、速やかに高齢者の安全確認、通報等に係る事実確認を行うとともに、高齢者虐待対応協力者と対応について協議することになる[12]。

　一方で、様々な悪徳商法や詐欺行為の被害にあう高齢者が後を絶たず、そのような点からも高齢者を守る取り組みが必要である。2014（平成26）年の消費者安全法の改正により、市町村は「消費者安全確保地域協議会」を設置することができるようになった。介護事業者、商店街やコンビニエンスストア、宅配事業者、金融機関、弁護士・司法書士、民生委員などが構成員となり、消費者被害にこれまであった方やあうリスクの高い方の見守りリストを作成し、被害の予防や早期発見につなげるものである[13]。

　このような権利擁護に関わる連携・協働の仕組みは、公的な会議として設立されていないまでも、他の仕組みの一部として実施されている場合もある。

(3)　障害福祉分野の多職種連携・多機関協働の仕組み

①ミクロ・レベルの多職種連携の仕組み

　障害福祉分野においては、生活支援に関わる調整やリハビリ・医療的ケア・余暇活動などの実施に際して、ソーシャルワーカーとケアワーカー、医療職やリハビリテーション・スタッフなど保健医療福祉分野の多職種連携が日常的に行われている。また地域生活支援分野では、相談支援専門員が様々な施設・機関や職種と連携しながら利用者支援を担っている。

　これらの日常的な多職種連携とともに、「自立支援協議会」の「個別支援会議」における連携・協働も行われている。自立支援協議会は、関係機関、関係団体、障害者・家族、福祉、医療、教育、雇用などに関連する職員が、情報共有や連携の緊密化を図り、体制整備を行うための協議の場である。個別支援会議では様々な事例検討を行い、その事例に関わる支援目標の再検討や支援の質の向上を図るとともに、地域課題を抽出することも求められている[14]。

②メゾ／マクロ・レベルの多機関協働の仕組み

　日常的な多職種連携や個別支援会議においては、各専門職や全体としての支援の質の向上を図ることがめざされるが、組織・機関レベルの協働が必要な課題もあるだろう。そのような場合は、自立支援協議会の全体会や部会などによって議論が行われ、解決のための実践が進められる[15]。

　また、数年に一度改定される市町村の障害者計画・障害福祉計画・障害児

福祉計画の「計画策定委員会」や、それらの議論を行う「障害者施策推進協議会」*5等においても、様々な機関の代表者が委員として参画しており、多機関が協働しながら、障害福祉政策の立案や評価を行うこととなる。

③権利擁護に向けた連携・協働の仕組み

障害者虐待防止にむけた仕組み

　障害者虐待防止法*6第9条においては、市町村が障害者虐待に関わる通報を受けたときには、関係者と協議を行った上で解決を図ることとなっている。このような協議が迅速に行われ、課題解決を図るためには、普段からのネットワークの形成が重要である。同法第35条には、市町村は福祉事務所や関係機関、民間団体等との連携協力体制を整備することが規定されている。例えば自立支援協議会のもとに権利擁護部会を設置するなどして、普段から虐待や権利擁護に関わる課題解決のため議論を行うことが求められている[16]。

障害者差別解消に向けた仕組み

　障害者差別解消法*7第17条の規定により、地域における障害者差別に関する相談等について情報を共有し、障害者差別を解消するための取り組みを効果的かつ円滑に行うネットワークとして、都道府県・市町村は「障害者差別解消支援地域協議会」を組織することができる。この協議会によって、障害者差別に関わる情報を共有・蓄積・分析し、迅速に課題解決・紛争解決を図るほか、研修事業などを企画実施することにより障害者差別の解消に資することが期待される[17]。

④障害分野ごとの仕組み

発達障害者支援地域協議会

　発達障害者支援地域協議会は、発達障害者支援法第19条の2第1項に定められ、都道府県・指定都市に設置することができるものである。発達障害者の支援体制の整備を図るため、発達障害者及びその家族、学識経験者その他の関係者、医療、保健、福祉、教育、労働等に関する業務を行う関係機関及び民間団体などにより構成される。市町村と連携しながら、地域における発達障害の支援体制に関する課題について情報共有し、関係者の連携を図り、地域の実情に応じた体制整備について協議を行うこととなっている。

精神障害にも対応した地域包括ケアシステム

　精神保健医療福祉分野では、精神障害者の地域移行を進めるため、「精神障害者にも対応した地域包括ケアシステム」の構築がめざされている。このシステム構築のために、都道府県域、障害保健福祉圏域、市町村圏域のそれぞれにおいて、保健・医療・福祉関係者による協議の場を2020（令和2）年度末までに各所に設置する目標が国によって掲げられた[18]。

*5　障害者施策推進協議会
障害者基本法第36条に基づき都道府県や指定都市に設置され、また市町村においても条例の定めによって設置することができる機関であり、障害福祉に関わる計画や施策について調査や審議を行う。自治体によって名称は異なる。

*6
正式名「障害者虐待の防止、障害者の養護者に対する支援等に関する法律」。

*7
正式名「障害を理由とする差別の解消の推進に関する法律」。

医療的ケア児を地域で支援するための協議の場

　2016（平成28）年に改正・新設された児童福祉法第56条の6第2項により、都道府県・市町村は、「人工呼吸器を装着している障害児その他の日常生活を営むために医療を要する状態にある障害児」（医療的ケア児）の支援に関する、保健、医療、障害福祉、保育、教育等の連携の一層の推進を図るよう努めることとなった。その一環として、都道府県、市町村もしくは障害保健福祉圏域ごとに、「医療的ケア児支援のための関係機関の協議の場」を、2018（同30）年度末までに設けることが基本とされた[19]。

⑷　生活困窮者支援分野の多職種連携・多機関協働の仕組み

　生活困窮者に関わる支援活動においては、健康状態によっては医療機関、生活費の確保という観点で福祉事務所の生活保護担当部署や年金保険の部署、障害の専門的支援という点で障害福祉部署などと調整しながら支援を行う。そして住まいの確保に際しては救護施設や無料低額宿泊所、グループホームなどの福祉施設や、不動産会社などとの調整が必要となる。さらに就労という観点からは、ハローワークや障害福祉分野の就労移行支援事業や、障害者就業・生活支援センターとの関わりもあるだろう。状況によっては弁護士などとの連携も行われる場合もある。

　生活困窮者自立支援法に基づく支援に際しては、日常的なケース会議を経て、支援プランの適切性の協議、情報共有、プランの評価等を目的として、「支援調整会議」を行うことが想定されている。構成メンバーはサービス提供事業者、専門機関、各種専門職などが想定され、多職種連携によって支援の適切性などについて協議することとなる。また同法第9条第1項及び第2項には、関係機関や委託事業者等を構成員として、生活困窮者に対する自立支援のための必要な情報交換や、支援体制に関する検討を行うための支援会議を組織することができるとされている[20]。

⑸　包括的支援体制の構築・重層的支援体制整備事業

①包括的支援体制の構築

　これまで分野別の連携・協働の仕組みについて述べてきたが、明確に制度化されていなくとも、また全国的な普及には至っていなくとも、例えば多文化共生の分野、自殺対策分野、住居の確保の分野などにおいて様々な多職種・多機関協働の仕組みが地域ごとに存在している。

　さらに、2018（平成30）年より改正法が施行された社会福祉法第106条の3の規定により、市町村は、地域住民や支援関係機関による包括的支援体制

図14−1　「地域共生社会」の実現に向けた地域づくりの強化のための取り組み　概念図

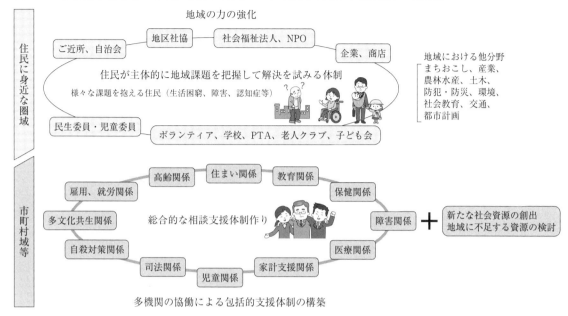

出典：厚生労働省「『地域共生社会に向けた包括的支援と多様な参加・協働の推進に関する検討会』最終とりまとめ（概要）」p.25を
　　　参考に筆者作成
　　　https://www.mhlw.go.jp/content/12602000/000582595.pdf

の構築に努めることとなった。これまで述べてきたような各種相談支援機関
や協働の仕組みを総合的にコーディネートするため、人員の配置や体制の整
備を行い、総合的な相談支援体制づくりを行うことが求められている。

　その際に重要になってくるのは、専門職や専門機関との連携や協働ばかり
ではない。自治会・町内会の役員、民生委員や福祉委員、地区社会福祉協議
会、ボランティア団体やNPOなど、地域の役割や使命感に基づいて活動を
行っている方々との協力関係の構築も求められる。また、商店や商業施設、
弁護士や司法書士等の法律専門家、地域の産業、教育、まちづくり分野など、
多様な主体との連携・協働により、地域生活上の多様なニーズに対応した支
援体制の構築をめざすことができるであろう[21]。

　同じく、2018（平成30）年施行の改正社会福祉法によって、地域福祉計画
が市町村における社会福祉分野の上位計画として位置づけられることとなっ
た。そのような意味では、これまで述べたようなすべての連携・協働の仕組
みを総合的に検討して課題を抽出し、解決を図る仕組みとして、地域福祉計
画の策定や推進・評価のプロセスを位置づけることができるだろう。

②重層的支援体制整備事業と「多機関協働事業」

　そして2020（令和2）年6月の社会福祉法の改正により、2021（同3）年

度からは、実施を希望する市町村は「重層的支援体制整備事業」を行うこととなった（社会福祉法第106条の４）。属性を問わない相談支援を行う「包括的相談支援事業」、社会とのつながりを作るための支援等を行う「参加支援事業」、世代や属性を超えて交流できる場や居場所を整備するなどの「地域づくり事業」などを一体的に行うものであり、この中核的な役割を果たすのは、まさに多職種連携・多機関協働である。「多機関協働事業」として制度にも明確に位置付けられることとなった。

３．多様な主体との連携・協働と地域づくり

これまでは主に社会福祉分野の主体との多職種連携・多機関協働について説明してきたが、それ以外の分野にも目を向けておこう。

(1)　民間企業との連携

民間企業は、福祉分野を本業とする企業以外においても、様々な観点から社会福祉活動を行っており、またさらなる期待の目が向けられている。

その理由の一つとして従来からいわれてきたのは、「企業の社会的責任」（Corporate Social Responsibility：CSR）という考え方である。社会的公正や環境などへの配慮を企業活動に組み込み、利害関係者（ステークホルダー）に対して責任ある行動をとるとともに、説明責任（アカウンタビリティ）を果たしていくことが、企業の姿勢として求められてきた。

そして近年では、2015（平成27）年に国連サミットで採択された「持続可能な開発目標」（Sustainable Development Goals：SDGs）を、行動目標に組み込む企業が増えてきた。地球上の「誰一人取り残さない（leave no one behind）」ことを誓うこの目標は、17のゴール・169のターゲットから構成されている。17のゴールのうち、「貧困をなくそう」「すべての人に健康と福祉を」「人や国の不平等をなくそう」などの項目は、まさにこれまで社会福祉制度や活動が担ってきたことであるが、この目標を旗印に掲げて社会貢献活動を行う民間企業も数多い。

地域福祉に関する事業や活動を行う者は、民間企業のこのような動きに注目し、そして連携・協働することによって潜在能力を引き出していく必要があるだろう。

⑵　社会的企業／コミュニティビジネス

①社会的企業

　市場から資金を調達するという意味では民間企業と同じではあるが、主な目的を社会的課題の解決と定めている事業者として、「社会的企業」という呼称がある。例えばある団体は、シニア層の知識・技術や人脈を活用し、ITを通じた高齢者や障害者の社会参加・就業支援と非営利団体の活性化支援を行っている。中でも「リユースPC寄贈プログラム」は多くのPCを全国の非営利団体や障害者に寄贈してきた。民間企業から廃棄予定のPCと再生費用の寄付、あるいはソフトウェアの無償提供を受け、障害者や高齢者も働く工場にてリユースPCとして再生、提供している。この事業のために企業・福祉施設・NPOなど様々な団体との協働が行われている[22]。

②コミュニティビジネス

　また、身近な地域社会の課題解決のために、やはり民間市場から収入を得て事業を行う手法として、「コミュニティビジネス」という考え方もある。例えばある「コミュニティ・カフェ」は、カフェとしての営業とともに、地域住民の手芸品等の委託販売である「小箱ショップ」の展開、地域住民の参加による地域交流イベントの企画・運営、地域情報の発信などが行われている[23]。

　社会的企業やコミュニティビジネスは、地域福祉を推進する上で連携・協働する必要のある主体であると同時に、いずれも存在そのものが連携・協働によって成り立っている。地域福祉に関する事業や活動を行う者は、これらの主体と連携・協働するとともに、活動手法から連携・協働の方法論を学んでいく必要があるだろう。

⑶　「農福連携」など第１次産業との連携・協働

　従来、障害者等の就労支援分野の一つとして農業は存在していたが、農業従事者の高齢化の進展と農業分野の労働力の確保が大きな課題となっていることもあり、農業と福祉との連携（農福連携）にさらに注目が集まるようになった。農林水産省の定義によれば、農福連携とは、「農業と福祉が連携し、障害者の農業分野での活躍を通じて、農業経営の発展とともに、障害者の自信や生きがいを創出し、社会参画を実現する取組」[24]である。

　そして現在、農業経営体による障害者の雇用や、障害者就労支援施設などの農業参入・作業受託などに広がりがでてきている。農福連携に取り組む多くの農業経営体からは、障害者が貴重な人材となり売り上げが増加したこと、

農福連携に取り組む障害者就労支援施設からは、利用者の体力向上や賃金・工賃の増加に結び付いていることが報告されている[25]。

　今後は、農業のみならず、同様に担い手に不足にある林業や水産業などへの業種の広がりに期待が向けられている。またこれらの産業は、障害者のみならず様々な理由により働きづらさなどを抱える人々の就労の選択肢にもなるだろう。一部の地域では実践や模索が行われており、地域福祉関係者はこれらの動向にも目を向けながら、地域の産業と福祉との連携について模索することが大切だろう。

⑷　地域づくりのための連携・協働と社会福祉の視点

　地域社会における人々の生活課題は複合化・複雑化しており、その要因は様々なことが考えられる。その一方で、これらの生活課題の解決のためには、現在の社会福祉制度、組織、それらが提供する具体的な援助・サービスを基本としながらも、従来の枠組みにとどまらない、新たな分野や新たな主体との協働が必要とされている。

　これまで社会福祉事業や地域福祉活動と、民間企業や社会的企業／コミュニティ・ビジネス、農業をはじめとする第1次産業との連携・協働について述べてきた。そのほかにも観光業、商業等との連携もあるが、地域社会は人口減少や高齢化に伴い産業そのものが衰退していることも少なくない。首都圏への一極集中を是正し、地方における雇用の創出・人口の流入などをめざした「地方創生」という文脈からも、社会福祉事業や地域福祉活動は注目されている。サービス利用者や受益者としてのみの観点から捉えられがちだった高齢者や障害者、そして生きづらさを抱えている人々が、地域課題の解決の担い手として活躍できる地域づくりが求められている。

　ただし、当然のことではあるが、単に人材不足の分野に対する労働力の補填として、障害者や高齢者等を捉えることがあってはならない。人々の意思を尊重し、可能性を開発し、権利を守るという観点も併せて、連携・協働に取り組むことが大切だろう。

4. 多職種連携・多機関協働をどのように進めるか

　以上のように、連携・協働の仕組みは様々な形で発展し、制度化されてきた。また近年では従来の社会福祉の範囲を超えた主体との連携・協働も必要になってきている。

　では、どのように連携・協働を進めればよいのだろうか。その展開方法と

ソーシャルワーカーの役割、そして特に注意すべき点を説明したい。

⑴　連携・協働に対する「想い」の共有

　まずは、地域ケア会議や自立支援協議会など、制度化された連携・協働の仕組みや公開されている催しには、可能な限り参加することが必要であろう。様々な出会いや関わりあいが、連携・協働の第一歩となるはずである。

　また、新たに連携・協働の仕組みを構築する場合には、まずは少人数でもよいので、ターゲットとなる課題の解決に対して、なぜ連携・協働が必要なのかについて、異なる職種や機関の人々と想いを共有することが大切であろう。既存の制度化された連携・協働の仕組みにおいては、前提となるこのような想いの共有が不十分となり、機能不全に至ることもあるだろう。定期的に連携・協働の仕組みの役割や意義について確認を行うことが必要となる。

⑵　連携・協働の「場」に参加する／「場」をつくる

　このような想いの共有を踏まえ、また繰り返し共有しながら、連携・協働の「場」へ参加することや「場」を創造することが求められる。このような連携・協働の「場」は、定期的な会議・話し合いというレベルから、プロジェクトチーム、そして時には組織改革なども伴うこともあるだろう。これは「プラットフォーム」とも呼ばれ、行政、多様な民間主体、地域住民等が出会い、学び合うことができるような機能をもつものとして、地域に即したその形成が期待される[26]。

　既存の連携・協働の仕組みの場合には、すでに様々な先行事例やマニュアルが整備されていることも多い。基本的にはその要件や展開方法に沿って会議等を招集し進行することとなるが、それぞれの地域や参加者の状況に応じて、運営方法等は工夫と試行錯誤を重ねる必要があるだろう。

　また、新たな連携・協働の体制を構築する場合には、対象とする課題、達成すべき目標、おおよそのスケジュールや活動評価のサイクルなどを参加メンバーの議論によって共有することが大切になる。

⑶　ビジョンと現実的な目標の設定

　「想い」の共有は、連携・協働の「場」がめざすべきビジョンの設定にも影響を与える。めざすべき方向性が異なっていては、それぞれの職種や機関もどのように行動すればよいか迷ったり、相反する方向性に行動してしまったりする危険もある。連携・協働を行う理由とターゲットの全体像を絶えず振り返り、ビジョンを掲げていくことが必要である。

また、ビジョンに基づく目標は、小さなことでもよいのでまずは達成可能なものを掲げ、その積み重ねによって大きな目標やビジョンに到達するように構造化することを心がけたい。小さな目標を達成していくことで、連携・協働に関わるメンバーの満足感も生まれ、次の目標達成へのモチベーションの維持や活動の活性化にもつながっていくであろう。

⑷　フラットで信頼のおける関係性の構築

異なる職種や機関の間で信頼関係が構築されているか、尊重し合っているかは、連携・協働を維持継続する上で大切な要素である。このような信頼関係のためには、多職種や多機関、そして多様な人々の間で相互理解を進めていこうという想いが共有されていることが前提となる。

その上で、すべての権力を一つの職種や機関に集中させるのではなく、フラットな関係づくりをめざしたい。状況に応じて様々なメンバーがリーダーシップを発揮したり、メンバー間で相互の活動を評価したりすること、そしてメンバーからの情報や支援を受け入れられるような関係を形成することが求められる。

⑸　組織学習サイクルの確立

各職種・組織や機関、そして地域社会において、連携・協働のために相互に学習し合う機運の醸成も大切である。個人も、そして組織も、過去の経験に従い前例を踏襲して物事を進めることを志向しがちである。しかし、個々の利用者個人はもちろん、利用者を取り巻く環境や援助者の状況は刻々と変化しており、過去の実践がそのまま次に通用するとは限らない。連携・協働による実践を構成するメンバー全体で「リフレクション」（reflection）[8]し、環境の変化に応じた新たな行動の枠組みを創造すること、すなわち「組織学習」[9]のサイクルを作ることが求められるだろう。

⑹　ソーシャルワーク固有の役割

以上のような連携・協働の展開方法は、地域福祉に関わるすべての者が確認しておく必要があるが、一方、ソーシャルワーク固有の役割はどのようなものがあるだろうか。

①心理社会面および環境の理解と調整

例えばソーシャルワークは、利用者や地域住民の身体状況だけではなく、心理面や社会環境との関係性を理解しようとし、その中で本人の主体的な力を引き出す支援を行うことをめざしている。連携・協働は、ともすれば援助

＊8　リフレクション
ある行為の中で、あるいは行為の後に意識的に行う「省察」のこと。行為に対する理解の仕方やその意味について考えることにより、自分の課題を考える「枠組み」を発見するとともに、その枠組みを変えていく機会となる[27]。

＊9　組織学習
新たに個人が獲得した知識・価値観を、既存の組織の知識・価値観に追加したり置き換えたりすること。過去の学習や経験から得た考え方や行動の仕方と比較して学習する（シングル・ループ学習）だけではなく、外部から新しい知識・情報を取り入れれて学ぶ（ダブル・ループ学習）ことが重要であるとされている[28]。

者側の役割の発揮や効率的なサービス提供のために行うことになりかねない。利用者の心理社会面を中心に据え、適切な選択を引き出したり自己決定を促したりすること、そのための手立てを多職種・多機関の中で主張することは、ソーシャルワークが果たすべき大きな役割の一つである。

　また、ソーシャルワークはもともと、多くの職種や機関が連携した援助実践を行いやすいように、環境調整を行う機能を併せ持っている。職種・機関・個人の相互理解の促進、適切なコミュニケーション・システム形成のための環境調整、組織学習の促進などは、利用者のために環境を調整し環境を創造する役割をもつソーシャルワークそのものであるともいえる。

②連携の阻害要因の理解と調整

　このような環境の調整や創造に注目した際に、連携・協働がうまく機能していない要因を検討し、アプローチすることも必要である。うまく機能していない要因の例として挙げられるのは、メンバーがお互いの職種や個人を十分理解しておらず、理解不足や誤解、固定観念をもって接してしまうことである。また、利用者や地域のニーズの理解の仕方や対応方法にまつわり、使用する概念・言葉が異なったり、価値観が異なったりすることもある。これらはコミュニケーション不全に陥ってしまったり、信頼関係を損ねたりする要因にもなり得ることから、注意する必要があるだろう。さらに、職種や組織・機関が異なれば、それぞれが考える役割・責任の範囲が同意されていないことや、それぞれの機関の計画・予算・情報システムなどの基盤が異なる。財源や資源調達のための法制度も異なることもある。

　これらの「相違」をまず認めた上で、課題解決に向けてどのように折り合いをつけるのか、違いを乗り越えるために学び合う仕掛けを作ることができるかが、ソーシャルワークに問われているといえる。

(7)　個人情報の保護と共有

①「個人情報保護」という壁

　特に個別ケースの検討やその課題解決に関して連携・協働を行う際には、「個人情報の保護」という考え方から十分な情報共有ができず、支援活動が進展しづらいという声があがることもある。社会福祉サービスの利用者の情報の多くは、行政機関個人情報保護法[10]第２条第４項や個人情報保護法[11]第２条第３項でいうところの「要配慮個人情報」であり、不必要な情報の収集やその漏洩により、権利侵害が発生するようなことはあってはならない。

　しかし一方で、本人に意思表示や相談する力が不足している場合、情報が十分共有されないことによって必要な支援が行き届かず、障害や病状が悪化

してしまったり、権利侵害が発生したりすることもある。個人情報保護に関わる法令を正しく理解し、連携・協働の場面において、個人情報をどのように扱い共有するのかについて、共通した認識をもつことが求められる。

②個人情報の共有が可能な場合とは

　行政機関や個人情報取扱事業者が、収集時の利用目的以外の目的のために個人情報を利用したり第三者に提供したりすることは、法により原則禁止されている。しかし次の場合には共有可能である。1つめは、あらかじめ本人の同意を得ている場合である。連携・協働の場面において、個人情報を共有しなくてはならないと想定される際には、あらかじめ本人に共有する個人情報の内容、提供する第三者の名称や連絡先、提供を受けた第三者における情報の利用目的などを記した書面によって、同意をとることが必要だろう。2つめは、連携・協働の仕組みが法令で定めている場合である。地域ケア会議や支援会議、要保護児童対策地域協議会などは、それぞれの根拠となる法律において構成員に守秘義務が課せられている。また各自治体においても、自立支援協議会などの仕組みを条例に定め、守秘義務等について規定されていれば、情報共有は可能である。

　情報量に格差があると、保持する情報量が多い主体に権力が集中し、対等な連携・協働を進める上での阻害要因となることもある。地域住民や利用者のプライバシーを尊重しつつも、支援のためにどのような形で情報共有を進める必要があるか、場面ごとに議論を行うことが求められている。

5．おわりに

　多職種連携や多機関協働は、地域福祉の理論にも実践方法論にもあらかじめ内包され、展開をみてきた。その後、特にサービス供給主体の多元化、NPOや住民による福祉活動のさらなる重要性の高まり、民間企業や社会的企業、コミュニティ・ビジネスなど市場やビジネスの発想による福祉課題の解決へ向けた模索、そして地域の産業や地域づくり分野との接続の必要性など、連携・協働する必要のある主体は拡大している。そして児童・高齢・障害・生活困窮などそれぞれの分野において、連携・協働の仕組みが制度化されてきた。これまでの説明により、自治体には多くの協議会や会議体が存在することがわかったであろう。そして本稿執筆時点での制度的な到達点は、「重層的支援体制整備事業」における「多機関協働事業」であり、包括的な相談支援、参加支援、地域づくりを相互に関連付けながら市町村を中心として実践することが期待されている。

　このように、連携・協働の仕組みは「発展」してきたとみることができ、国の資料や事例集などでは、このような仕組みによって様々な成果が見られたことが紹介されている。

　では、皆さんが住む自治体の現状はどうであろうか。様々な仕組みが「発展」した現在、「制度にあるから」実施し、「マニュアル通り」にやれば無難に進められる、という発想になってはいないだろうか。本章第4項で述べたように、連携・協働の必要性を関係者がしっかりと確認し続け、その上でこれらの仕組みや制度、マニュアルを主体的に活用し、地域オリジナルの連携・協働方法を模索し続ける、というスタンスに関係者は立つ必要がある。そのような地道な取り組みの基礎がない限り、作られた仕組みは形骸化し、責任の所在が不明瞭になり、結局のところ地域住民や利用者のための連携・協働へとつながらなくなる可能性も高い。

　既存の連携・協働の仕組みや、各種の制度そのもののあり方を絶えず検証し、制度や構造の変革やそのためのアドボカシーなども行うことができてこそ、真の意味で多職種連携・多機関協働が発展した、ということができるだろう。

【引用文献】
1）全国社会福祉協議会『社会福祉協議会基本要項』1962年
2）岡村重夫『地域福祉論』光生館　1974年　p.46
3）同上書　p.47
4）厚生労働省「子育て世代包括支援センター業務ガイドライン」2017年
5）厚生労働省「『市区町村子ども家庭総合支援拠点』設置運営要綱」2017年
6）厚生労働省「要保護児童対策地域協議会設置・運営指針」2005年
7）内閣府「子ども・若者支援地域協議会設置・運営指針」2010年
8）厚生労働省「生活支援体制整備事業と地域ケア会議に求められている機能と役割について」（第131回市町村職員を対象とするセミナー「生活支援体制整備事業や地域ケア会議による地域のニーズ把握から政策形成への展開」資料）2018年　p.8
　　https://www.mhlw.go.jp/file/06-Seisakujouhou-12600000-Seisakutoukatsukan/0000114063_14.pdf
9）同上書
10）同上書　p.9
11）厚生労働省「地域包括支援センター業務マニュアル」2005年
12）厚生労働省「市町村・都道府県における高齢者虐待への対応と養護者支援について」2018年
13）消費者庁「消費者安全確保地域協議会設置の手引き」2019年
14）日本障害者リハビリテーション協会『自立支援協議会の運営マニュアル』2008年
15）同上書
16）厚生労働省「市町村・都道府県における障害者虐待防止と対応の手引き」2018年
17）内閣府「障害者差別解消支援地域協議会体制整備事業の実施に係る同協議会の設置・

運営暫定指針」2014年

18) 厚生労働省ウェブサイト「精神障害にも対応した地域包括ケアシステムの構築について」

https://www.mhlw.go.jp/stf/seisakunitsuite/bunya/chiikihoukatsu.html

19) 厚生労働省「障害福祉サービス等及び障害児通所支援等の円滑な実施を確保するための基本的な指針」2017年

20) 厚生労働省「生活困窮者自立支援制度に係る自治体事務マニュアル（第4版）」2019年

21) 厚生労働省「地域共生社会に向けた包括的支援と多様な参加・協働の推進に関する検討会　最終とりまとめ」2019年

22) 経済産業省『ソーシャルビジネス55選』2009年　pp.66-67

23) 齋藤保『コミュニティカフェ―まちの居場所のつくり方、続け方―』学芸出版社 2020年

24) 農林水産省農福連携等推進会議「農福連携等推進ビジョン」2019年　p.2

25) 同上書

26) 厚生労働省「『地域共生社会に向けた包括支援と多様な参加・協働の推進に関する検討会』（地域共生社会推進検討会）最終とりまとめ」2019年　p.7

27) ショーン.D.A.（佐藤学・秋田喜代美訳）『専門家の知恵―反省的実践家は行為しながら考える』ゆみる出版　2001年

28) C. Argyris & D.A. Schön, Organizational Learning : A Theory of Action Perspective. Reading, MA : Addison-Wesley. 1978.

【参考文献】

・新井利民「自治体福祉政策のガバナンス機構の成立―その背景・現状と今後の課題―」『埼玉県立大学紀要』第15巻　埼玉県立大学　2013年　pp.1-26

・C. Glendinning, M. Powell, K. Rummery.（Eds.）Partnerships, New Labour and the Governance of Welfare, The Policy Press, 2002.

・H. Sullivan, and C. Skeclcher.（Eds.）Working Across Boundaries, Collaboration in Public Services. Palgrave Macmillan, 2002

・伊藤正次編『多機関連携の行政学―事例研究によるアプローチ―』有斐閣　2019年

・関正雄『SDGｓ経営の時代に求められるCSRとは何か』第一法規株式会社　2018年

・柴﨑智美・米岡裕美・古屋牧子編『保健・医療・福祉のための専門職連携教育プログラム―地域包括ケアを担うためのヒント―』中央法規出版　2019年

第15章

災害時等における総合的かつ包括的な支援体制

● 本章のねらい

　本章では、これまでの地域福祉の学びを踏まえ、「災害と地域福祉」について考えてみたい。わが国のみならず世界各地で発生する自然災害や、人災と理解される事象が毎年のように発生している。国内で発生した大規模災害を振り返ると、地域の中に潜む社会的脆弱性が災害の被害を拡大や抑制することがわかる。同時に地域には回復力を醸成させる力が確認できる。その具体例として予測可能な火山噴火がある。長年にわたる継続的な取り組みによる経験知が被害を抑制した。

　災害ではないが、2020（令和2）年はじめから世界的な規模で拡大した新型コロナウイルス感染症（COVID-19）の感染パンデミックは、社会の脆弱性を明らかにした。感染症によって社会システムが変化し、人々は分断や孤立を経験した。その結果、福祉課題を顕在化させた。感染症拡大は「都市災害」とも理解されている。このため本章では災害として取り上げている。

　第2節では、わが国の災害法制度整備の結果、犠牲者減少につながる経緯について理解をする。

　第3節では災害弱者を地域で守る取り組みをはじめ、災害時やその後の暮らしを支える社会資源の理解を深める。発災時は行政や企業などの社会・経済組織も機能不全に陥る可能性がある。非常時の組織や機関が被災状態を復旧させるための、BCP計画の手順を学ぶ。発災時に開設され住民の暮らしを支える避難所や災害ボランティアセンターなどの理解を深める。

● プロローグ

　これまでに経験のない自然災害やその他の災害、社会問題に晒されている。我々は大規模な被害をもたらす自然災害、原子力災害のような人的災害、全世界とともに未知の感染症に翻弄される経験もしている。その際にもたらされる被害の多くは、これまで取り残されてきた福祉課題が顕在化したと理解されている。ここでは地域福祉の視点からそれらの課題を理解し、地域全体で取り組む災害対策と地域の潜在的な課題と対策について学ぶ。

　本章は、地域福祉の学びのまとめである。現代の環境の変化や社会問題に対して地域福祉には何が求められているのかを考える素材を提供するものである。

1．災害等と地域福祉

⑴　災害等の発生と社会的脆弱性

　ここでは国内を中心とした自然災害と、同時に誘発される災害等について主なものを取り上げ確認する。わが国では過去から現在まで、たびたび自然災害の被害を受けており、特に台風による被害では多くの犠牲者が出ていた。

　戦後最大の犠牲者を出したのが、1959（昭和34）年9月26日に発生した「伊勢湾台風」である。この台風は名古屋市と伊勢湾沿岸地域の被害が甚大であった。犠牲者は5,098人にも及んだ。その後、台風による犠牲者は災害対策基本法等の整備によって激減している。

　当時の状況では、社会的脆弱性が被害の規模に大きく影響していたと考えられている。社会的脆弱性とは個人や地域及び地域福祉と深く関わっている。その視点で近年の大規模災害についてみていく。

①阪神・淡路大震災とボランティアたち

　1995（平成7）年に発生した阪神・淡路大震災は、神戸市を中心に戦後最大の地震犠牲者が出た都市型地震で、家屋の倒壊と家具による圧迫死が全体の8割を占めた。さらに被害を拡大したのが火災であった。密集して建てられていた老朽化木造家屋が狭い道路を塞ぎ延焼を拡大させた。そして、もう一つの被害拡大の原因は、国全体の情報連絡、及び初動体制での応急対応策の遅れがあったことだといわれる。

　対して、この震災ではボランティアの活躍が注目され、社会的な変化をもたらした[1]。被災した人々を救援するために駆け付けたボランティアは延べ137万7千人に達したことから、この年は「ボランティア元年」と呼ばれた。1998（平成10）年には「特定非営利活動促進法」、いわゆるNPO法が成立している。これにより法人格の取得で組織的な活動が可能となった。

②新潟県中越地震と山間地災害の特性

　2004（平成16）年10月23日には新潟県中越地震が発生した。新潟県川口町では最大震度7を観測、小千谷市山古志村（川口町、山古志村ともに現：長岡市）でも震度6強を記録するも、自衛隊の初動体制が迅速であった。被災地の自宅建物は雪国特有の建築強度があったことや、地震波周期が阪神・淡路大震災とは異なっていたため犠牲者は少なかった[2]。しかし、地方といえども都市と同じく自家用車の利用や電気・ガス・水道などのインフラストラクチャーに大きな影響を及ぼした。山間地などの地方町村と都会の被害内容

は、ライフスタイルと生活環境においては類似性をもたらしていた。地震後、観光などの経済損失も大きく、人的被害だけでなく経済を含めた多方面のリスクが発生していた[3]。

③複合災害としての東日本大震災

2011（平成23）年3月11日には青森県、岩手県、宮城県、福島県、そして関東地方にも被害を与えた東日本大震災が発生した。

地震そのものの被害に加え、大津波が発生し、高さ40.5mが観測された地域もあった。これまでも歴史的に津波被害が繰り返されてきた三陸沖海岸沿岸部の市町村は、津波による被害が甚大であった。

さらに福島県双葉郡に立地する東京電力の福島第一原子力発電所では、津波で被害を受けた。燃料冷却装置の電源スイッチが入らず、原子炉内の燃料棒冷却装置が破壊された。このことにより原子炉内部の温度と圧力が高まり危険が増した。

原発周辺町村の住民は避難指示が出され、その結果12万4,594人もの人々が、国や政府から原発トラブルの情報提供や説明を受けることなく、県内外へ避難させられた。東日本大震災は地震・津波、そして原発事故による人災も加わった複合災害となった。

④災害等と社会的脆弱性

同じ規模の災害が起こったとしても、社会的背景によってその被害の大きさに差が生ずる。このことに1990年代以降注目をしたのがワイズナー（B. Wisner）である。彼は現代社会における社会的脆弱性（Vulnerbility）[*1]から社会的・経済的・文化的な影響を受けて災害被害をもたらすと考えた。災害は外的要因の外力と、内的要因による社会の脆弱性が相互に影響し合い、その結果として発生する事象である。

かつてわが国の台風被害は社会的脆弱性から伊勢湾台風によって多くの犠牲者を出し、その結果「災害対策基本法」（後述参照）が定められた。その後、台風による犠牲者数は激減した。

地域がもつ回復力や復元力を醸成していくことが防災や減災にポイントを置いた地域づくりに求められることであり、レジリエンス（Resilience）[*2]を高めることにつながる。次に、災害に対し大きな影響力をもつコミュニティの力についてみていこう。

*1　社会的脆弱性（vulnerability）
災害をきっかけとして生活状況に甚大な影響を及ぼすことである。この背景には個々人の生活に潜在化する問題の存在を指摘している。

*2　レジリエンス（Resilience）
震災からの回復力や復元力を意味する。

(2)　災害等とコミュニティ

災害が発生した被災地域では、より一層コミュニティが注目されている。日頃からの住民主体によるコミュニティのつながりが、防災や減災、さらに

は復興にまで影響を及ぼすと考えられる。

1995（平成7）年に発生した阪神・淡路大震災では、警察・消防・自衛隊によって救助された人が約8千人に対し、近隣住民に救助された人は約2万7千人と、地域コミュニティが担う重要な役割が明確になった。その後の復興では、「住」「職」「まち」の再建が行われたが、行政と住民の中間組織であるコミュニティの力が問われる[4]。

以下で紹介する第1の事例は、予測可能な火山噴火への準備を長年継続してきた事例である。コミュニティ内で同一の価値意識を醸成させ、地域住民たちが生命や生活、地域を守りぬく活動を継続してきた。

第2の事例で取り上げるのは、感染症拡大で予測不可能な事態に社会が陥り、取り残されてきた福祉課題が顕在化している現状である。さらに身近なコミュニティにおける課題も発生し多くの示唆を与えている。

①火山噴火に対応した有珠山周辺住民の事例

コミュニティと地域住民の力によって、災害時の社会的脆弱性を克服、または緩和することが可能である。北海道伊達市の防災の取り組みは総務大臣賞「第3回まちづくり大賞」（2001（平成13）年）を受賞。2000（同12）年に発生した北海道有珠山噴火の事例は、コミュニティの力を確認できる好事例である[5]。

有珠山は、30～50年に一度は噴火を起こす活火山である。1995（平成7）年に隣接自治体5市町村で有珠山火山防災マップを作成し、防災訓練を反復継続していた。当時、北海道大学教授の岡田弘は研究調査結果を住民とともに共有し、住民の防災意識を高めていた。

有珠山噴火後の避難所生活では、住民自らの当番制で掃除なども行い、自立的、主体的な避難所運営を実施していた。生活ニーズ相談では民生委員が主体の相談体制を組み、自立的な避難時の日常生活環境をシステム化するなど、注目する点が多い。

平常時から住民自ら避難行動に踏み切る判断がしやすいよう取り組むことが重要である。しかしながら、予測不可能な災害時の避難行動については、正常性バイアス*3が働き、実際の避難行動に結び付きにくい災害もある。家族等と話し合い安否確認が必要な連絡先を取り決めておくことも重要である。

災害時の安否確認について

災害用伝言サービスは家族、職場、知人などとの安否確認を行う。各種通信ツール（固定電話・携帯電話・PHSインターネット）から問い合わせる情報手段である。総務省によると、「災害用伝言ダイヤル（171）」、インターネットからも利用可能な「災害用伝言板」「災害用伝言板（web171）」「災害用音

*3　正常性バイアス
震災時に危険が迫りながら危険を過小評価し自分は大丈夫という考えやその心理。

声お届けサービス」などがあり、発災時には電気通信事業者によって自主的に運用される仕組みになっている。利用にあたり、家族等とあらかじめどの安否確認手段を利用するか話し合っておくことが大切である。

②新型コロナウイルス（COVID-19）とコミュニティ

ここまでに紹介した大規模な自然災害と、感染の拡大とは異なるように考えられる。しかし、河田惠昭は都市部を中心に拡大した感染は大規模災害被害と相似しているという。これを「都市災害」と呼び、2次災害、3次災害への拡大を指摘している[6]。

2020（令和2）年から世界的規模でリスクを与えた新型コロナウイルス（COVID-19）感染症の蔓延は、社会の仕組みや日常生活のあり方に変化をもたらした。経済的な打撃だけでなく、地域からの孤立や排除もみられ、これまで減少傾向にあった自殺者も増加に転じている。

感染者とその濃厚接触者、治療にあたる医療従事者や福祉従事者などのエッセンシャル・ワーカー（Essential workers）[*4]、患者が所属する学校や就労先等の関係機関組織などへの、非難や排除も発生した。自粛生活は家庭内での暴力や孤立を顕在化させている。

ここまでも指摘してきたように、社会的弱者は災害弱者になりやすい[7]。コロナ禍は、潜在化し取り残されてきた福祉課題が顕在化するきっかけになっており、「共助」「公助」の支援が求められている。

*4　エッセンシャル・ワーカー（Essential workers）新型コロナ・ウイルス感染時に、リスクが高いために外出自粛の中でも、社会生活を維持するために働く職種を指す。

2．災害時における法制度

(1) 災害対策基本法とは

1959（昭和34）年に甚大な被害を与えた伊勢湾台風をきっかけとして、1961（同36）年に「災害対策基本法」が成立、施行された[8]。この法律の目的は国民の生命、身体及び財産を災害から保護し、社会の秩序の維持と各自治体等の避難計画公共の福祉の確保に資することである（第1条）。

翌年の1962（昭和37）年に施行された財政的な支援策の「激甚災害に対処するための特別の財政援助等に関する法律」では、公共土木・農林水産業・中小企業助成・その他の特別な財政援助が定められた。この法律で災害支援の枠組みが出来上がり、大規模な死者数を出す災害に見舞われることはなくなった。

災害対策基本法は、図15-1のように位置づけられた予防、応急、復旧・復興に関する法制度により構成され、以下の①〜⑥に基づく。

図15－1　主な災害対策関係法律の類型別整理表

類型	予防	応急	復旧・復興
地震 津波	災害対策基本法 ・大規模地震対策特別措置法 ・津波対策の推進に関する法律 ・地震防災対策強化地域における地震対策緊急整備事業に係る国の財政上の特別措置に関する法律 ・地震防災対策特別措置法 ・南海トラフ地震に係る地震防災対策の推進に関する特別措置法 ・首都直下地震対策特別措置法 ・日本海溝・千島海溝周辺海溝型地震に係る地震防災対策の推進に関する特別措置法 ・建築物の耐震改修の促進に関する法律 ・密集市街地における防災街区の整備の促進に関する法律 ・津波防災地域づくりに関する法律	・災害救助法 ・消防法 ・警察法 ・自衛隊法	＜全般的な救済援助措置＞ ・激甚災害に対処するための特別の財政援助等に関する法律 ＜被災者への救済援助措置＞ ・中小企業信用保険法 ・天災による被害農林漁業者等に対する資金の融通に関する暫定措置法 ・災害弔慰金の支給等に関する法律 ・雇用保険法 ・被災者生活再建支援法 ・株式会社日本政策金融公庫法 ＜災害廃棄物の処理＞ ・廃棄物の処理及び清掃に関する法律 ＜災害復旧事業＞ ・農林水産業施設災害復旧事業費国庫補助の暫定措置に関する法律 ・公共土木施設災害復旧事業費国庫負担法 ・公立学校施設災害復旧費国庫負担法 ・被災市街地復興特別措置法 ・被災区分所有建物の再建等に関する特別措置法
火山	・活動火山対策特別措置法		
風水害	・河川法	・水防法	＜保険共済制度＞ ・地震保険に関する法律 ・農業保険法 ・森林保険法 ＜災害税制関係＞ ・災害被害者に対する租税の減免、徴収猶予等に関する法律 ＜その他＞ ・特定非常災害の被害者の権利利益の保全等を図るための特別措置に関する法律 ・防災のための集団移転促進事業に係る国の財政上の特別措置等に関する法律 ・大規模な災害の被災地における借地借家に関する特別措置法
地滑り 崖崩れ 土石流	・砂防法 ・森林法 ・地すべり等防止法 ・急傾斜地の崩壊による災害の防止に関する法律 ・土砂災害警戒区域等における土砂災害防止対策の推進に関する法律		
豪雪	・豪雪地帯対策特別措置法 ・積雪寒冷特別地域における道路交通の確保に関する特別措置法		
原子力	・原子力災害対策特別措置法		・大規模災害からの復興に関する法律

出典：内閣府『令和２年度防災白書』（附属資料編）2020年　p.47
http://www.bousai.go.jp/kaigirep/hakusho/pdf/R2_fuzokusiryo.pdf

① 防災に関する責務：国、都道府県、市町村、指定公共機関、指定地方公共機関は防災計画を作成。住民も自発的な防災活動への参加を義務づけている。
② 防災行政の整備：国には中央防災会議、都道府県では都道府県防災会議、市町村には市町村防災会議を設置し、災害発生やそのおそれがある場合は災害対策本部を設置し、非常災害発生時は非常（緊急）対策の実施調整を行う。

③　計画的な防災：国は中央防災会議で長期的かつ総合的な防災計画を作成し、都道府県の地方防災計画や指定公共機関等の防災業務計画での重点項目を明確化する。

④　災害対策の段階ごとの責任主体：災害予防、災害応急対策、災害復旧の各段階において防災訓練義務、市町村長の警戒区域設定権、応急公用負担、災害時の交通規制等の規定が設定されている。

⑤　災害時財政援助：激甚災害は地方公共団体への国の特別財政援助、被災者への助成を行う。

⑥　災害時における緊急事態措置：激甚災害が発生した時に内閣総理大臣が国会閉会中でも災害緊急事態を布告し、経済秩序維持近世債務支払い延期に政令で措置を実施する。

災害対策基本法は防災計画や防災業務など災害の根幹を成す法律であり、発生する激甚災害の検証などを踏まえて、随時一部修正が加えられている。

身近な暮らしを支える被災時の主な公的な支援金制度

被害が深刻な被災をした場合には、以下の支援制度がある。

災害遺族に対しては「災害弔慰金」、重度の障害を受けた場合は「災害障害見舞金」などである。住宅に被害がある場合は、自治体に申請・交付される罹災証明を受け、「被災者生活再建支援制度」の利用が可能である。

各市区町村社会福祉協議会（以下、社会福祉協議会を「社協」とする）では、貸付制度の生活福祉資金「災害援護資金」や、「応急小口資金」の申請が可能である。

(2)　災害救助法とは

「災害救助法」とは、応急救助を行うための法律である。この法律は1899（明治32）年制定の「罹災救助基金法」を前身として施行された。その後、幾多の災害を経て改正が進められた。

東日本大震災や熊本地震後の見直しで、2019（平成31）年には「災害救助法に基づく救助実施市に関する内閣府令」が施行された。同内閣府令では、災害救助法の指定申請・基準・公示・取消について定められている。避難所の運営、仮設住宅の供与等や救助についての事務は、総理大臣から指定を受けた市町村が都道府県と同様の権限をもち、自らの事務として実施することになった。

災害救助法の目的は、災害時に国が地方公共団体や日本赤十字社、その他の団体や国民の協力で応急的に必要な救助を実施し、被災者保護と社会秩序を守り保全することである。基本原則は、平等の原則、必要即応の原則、現物給付の原則、現在地救助の原則（被災者の現在地で実施）、職権救助の原則（申請を待つことなく都道府県の職権で救助を実施）に基づく。

図15-2　災害対策基本法と災害救助法の位置づけ

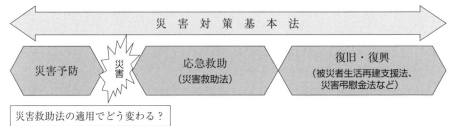

	市町村（基礎自治体）	都道府県
救助法を適用しない場合	救助の実施主体 （基本法5条）	救助の後方支援、総合調整 （基本法4条）
救助法を適用した場合 ― 救助の実施	都道府県の補助 （法13条2項）	救助の実施主体（法2条） （救助実施の区域を除く（法2条の2））
救助法を適用した場合 ― 事務委任	事務委任を受けた救助の実施主体 （法13条1項）	救助事務の一部を市町村に委任可 （法13条1項）
救助法を適用した場合 ― 費用負担	費用負担なし （法21条）	掛かった費用の最大100分の50 （残りは国が負担）（法21条）

出典：内閣府政策統括官（防災担当）「災害救助法の概要」（令和2年度）を一部改変
　　　http://www.bousai.go.jp/taisaku/kyuujo/pdf/siryo1-1.pdf

　災害救助法では救助種類として、避難所の設置、被災者の救出、炊き出しや食品の給与、飲料水の供給、被服・寝具その他生活必需品の給与・貸与、学用品の給与、医療・助産、応急仮設住宅の供与、住宅の応急修理、埋葬、遺体の捜索・処理、障害物の除去が定められている。

(3) 各自治体での避難計画

　国の防災基本計画は、災害対策基本法に基づき中央防災会議で作成する防災対策の基本計画である。災害の種類は地震、津波、風水害、火山災害、雪害、海上災害、航空災害、鉄道災害、道路災害、原子力災害、危険物災害、大規模な火事災害、林野火災災害を対象としている。

　この内容を踏まえ各自治体では都道府県、市区町村レベルでの地域防災計画を策定する。

① 「地区防災計画制度」と「タイムライン（防災行動計画）」等

　東日本大震災を経て2013（平成25）年、災害対策基本法が改正された。これにより、市町村内での一定区域内の居住者と事業者の地区居住者等を対象にした計画が創設された。これらの人々や組織が自主的な防災活動を担うのが「地区防災計画制度」である。

　近年、大規模な水災害の被害が出ていることを踏まえ、予測可能な避難行動を後押しする企業や小地域レベルでの避難行動が推奨されている。「いつ・

誰が・何をするか」という具体的な行動計画であるタイムラインを作成し、地域で連携対応する計画でもある。

　また、個人レベルでの避難の災害事前計画であるマイ・タイムライン（自身の防災行動計画）がある。これは2015（平成27）年の関東・東北豪雨での避難の遅れや孤立の発生で、鬼怒川・小貝川の氾濫の発生を受けて提唱された。

②福祉施設の避難保護計画

　福祉施設などの避難については、災害対策基本法の改正に伴い、2017（平成29）年6月に、「水防法及び土砂災害警戒区域等における土砂災害防止法対策の推進に関する法律」が改正された。これにより、浸水想定区域及び土砂災害警戒区域等の区域内の要配慮者利用施設は、避難訓練や避難保護計画の作成が義務づけられた。これらの避難計画への理解や啓発促進が、着実に生命を守ることにつながる。

3. 災害時における総合的かつ包括的な支援

(1)　災害時要援護者支援について

①避難行動要配慮者名簿作成の義務づけ

　災害リスクは、おかれた環境や個々人によって異なる。

　例えば、東日本大震災における犠牲者の6割が65歳以上で、障害者の犠牲は被災住民犠牲者の2倍に上った。さらに津波の避難誘導や避難支援にあたった消防職員や消防団員及び民生委員に337名もの犠牲者を出した。このことを受けて、2013（平成25）年、災害対策基本法の一部改正がなされた。

　この改正では、高齢者・障害者・乳幼児等で特に配慮を必要とする人々を「要配慮者」とした。また、災害発生時に避難行動をとる場合、他者による支援を必要とする「要配慮者」の「避難行動要支援者名簿」の作成を義務づけるなど、以下の内容が定められた。

---

①　避難行動要支援者名簿の作成を市町村に義務づけ、その作成に際し必要な個人情報を利用できる。

②　避難行動要支援者本人からの同意を得て、平常時から消防機関や民生委員等の避難支援等関係者に情報提供をすること。

③　現に災害が発生、または発生の恐れが生じた場合には、本人の同意の有無に関わらず、名簿情報を避難支援関係者その他の者に提供できること。

④　名簿情報の提供を受けた者に守秘義務を課すとともに、市町村においては、名簿情報の漏えいの防止のため必要な措置を講ずること。

またこの法改正に伴い、それまでの「災害時要援護者の避難支援ガイドライン」を全面改定した「避難行動要支援者の避難行動支援に関する取り組み指針」（2013［平成25］年8月）が作成された。

②個別計画の策定の重要性と共助力

　前項の「避難行動要支援者の避難行動支援に関する取り組み指針」にも示される個別計画は、さらに取り組むべき事項である。そのためには、名簿情報に基づいて市町村や民生委員などのコーディネーターが避難行動要支援者と話し合い、具体的な避難行動の方法について個別計画を作成しておく必要がある。

　しかし、2020（令和2）年の総務省消防庁集計によると、避難行動要支援者名簿に掲載されている全員の個別計画を作成している自治体は9.7%にすぎない[9]。個別計画が進まない原因として個人情報の共有に同意が得られないことが考えられる。

　災害で人命を守るためには、避難行動要配慮者の避難をだれがどのように支援をするのか、あらかじめ決めておき、福祉・保健・医療などの関係者や本人と近隣住民との連携が重要である。

③災害時の多職種福祉支援体制

　近年、被災地にいち早く駆け付ける災害派遣医療チーム（Disaster Medical Assistance Team：DMAT）は、国民に周知されてきている。これに加え、災害時には福祉専門職チームも被災地へ駆け付け活動をしている。これについて概説する。

　近年の甚大被害をもたらした災害では、避難所生活の長期化で必要な福祉支援が届かず、災害要配慮者である高齢者・障害者・乳幼児等において、それに伴う二次被害がみられた。二次被害には、福祉支援が不十分なために生ずる心身の状態の悪化や生活機能の低下、介護度の重度化などが挙げられる。

　こうした福祉ニーズを的確に把握し避難生活での生活機能の低下を防止するため、避難所に派遣する「災害派遣福祉チーム」（Disaster Welfare Assistance Team：DWAT）が組成されている。平時から都道府県社協等に運営を委ね、官民協働によるネットワーク会議で準備を進め、災害時には「災害福祉支援ネットワーク」の構築ガイドラインに基づき支援活動にあたる。

　この会議には、行政（主管部局、保健医療部局、防災部局）、社協、社会福祉施設等関係団体、福祉職の職能団体、保健医療関係者、民生委員児童委員などが参画している。

⑵　BCP（事業継続計画）

①BCP（事業継続計画）とは何か

　事業継続計画（Business Continuity Plan：以下「BCP」）とは、「危機的事象の対応計画」であり、国際的に使用されている概念である。このBCPは大災害が発生しても重要な業務を中断せずに継続できるようにすることを目的としており、仮に事業を中断した場合、災害の影響を最小限にして、事業を早期に再開することを目的とした計画である。

　ところで、昨今の激甚災害において自治体職員だけでは、災害対応は困難となっている。この状況を踏まえて内閣府防災担当は、「防災における行政のNPO・ボランティア等との連携・協働ガイドブック～三者連携を目指して～」（2018年）を公表した。このガイドブックでは、平時からの行政、災害ボランティアセンター、NPOによる三者連携による関係構築や活動方法などが示されている。

②BCPの手順

　以下に、BCPの具体的な計画手順を示す。

---

①　BCP計画の策定をする場合、インシデントによる被害を想定するが、どのような状況下でも重要業務は継続する目的意識をもち計画策定を行う。策定した計画は臨機応変に判断して実行していく。ここではトップのリーダーシップが求められる。

②　緊急時の体制とは、事業継続の緊急時組織体制を定めておきスタッフの役割・責任・指揮命令系統を定め、責任者は経営者が担う。指揮命令系統トップの死亡や不明時は権限委譲や代行順位を定める。災害時初動対応・二次災害防止を図り、部署の班責任者・要員の配置・役割分担・体制を決定。

③　初期段階の手順として、優先順位を決めておき、時系列の管理手順を作成。

④　事業の継続については、手順と実施体制を決めておく。チェックリスト、時系列の全体手順作成。

⑤　平常時からの事前準備として、詳細な内容を詰めておく。予算確保・調達先・委託先選定。具体的な事前対策のための実施計画策定。

⑥　教育・訓練の実施計画については、経営者、役員、職員は一定の能力と力量が必要なので教育・訓練実施計画が求められる。震災によって体制・人事・新規採用などについても変更が求められる。

⑦　見直しや改善の実施計画の策定は、体制・スケジュール・手順を決め改善を行う。

⑧　計画などの文書化として、計画内容を実施し管理するため、教育や担当者の引継ぎのため計画を文書化し管理をする。文書化が目的ではなく行動の有効なサポートのための文書化である。緊急時BCPやマニュアルは緊急時対応として適切に管理する。

　以上、BCPは有事に機能させるためのマニュアルとともに、平常時から内容を熟知し、教育・訓練、見直しや是正、継続的改善が求められる。そのた

め、定期的な防災訓練とともに確認することも必要である。

(3)　福祉避難所運営等について

①福祉避難所の対象になる人々とは

　阪神・淡路大震災において、福祉避難所の必要性が指摘されていた。その後の震災でも開設されてはいたものの、統一的なものが存在しないまま、東日本大震災が発生した経緯がある。

　災害対策基本法施行令第20条の6第5号によると福祉避難所は、「主として高齢者、障害者、乳幼児その他の特に配慮を要する者（要配慮者）を滞在させることが想定されるものにあつては、要配慮者の円滑な利用の確保、要配慮者が相談し、又は助言その他の支援を受けることができる体制の整備その他の要配慮者の良好な生活環境の確保に資する事項について内閣府令で定める基準に適合するものであること」と定めている。

　その他の要配慮者とは妊産婦、傷病者、内部障害者、難病患者、メンタルヘルスの問題がある者、日本語を理解しない外国人等を想定している。

　2013（平成25）年の災害対策基本法の一部改正により、「災害時要援護者」と「避難行動要援護者」の定義づけが明確になった。前者は災害時の避難に支援を必要とする人で、名簿（避難行動要支援者名簿）の作成が義務づけられている。また、災害対策基本法第86条の7では「やむを得ない理由により避難所に滞在することができない被災者に対しても」必要な措置を講ずるとしている。避難者個々のスペシャル・ニーズに対応する配慮が加えられている。

②福祉避難所の運営について

　内閣府（防災担当）の「福祉避難所の確保・運営ガイドライン」（平成28年4月）によると、福祉避難所は市町村が開設をすることになっている。

①　福祉避難所の選定：バリアフリー、支援者を確保しやすい施設を選定する。例えば宿泊施設、一般の避難施設、保健センター、特別支援学校など。
②　福祉避難所の指定：施設自体の安全性が確保されていること、要配慮者の安全が確保できること、避難スペースが確保できていることなどの要件を踏まえ指定する。民間の社会福祉施設の場合は協定を締結する。
③　福祉避難所の周知：市町村は多様な媒体を活用して広く市民に周知する。要配慮者と家族、自主防災組織、支援組織など。
④　福祉避難所の施設整備：福祉避難所として機能する施設整備として、段差解消、スロープ、手すり、障害者用トイレ、通風や換気、冷暖房、情報関連機器など。
⑤　物資・機材の確保：物資・機材の調達リストの整備、関係業者・団体との協定締結。一例として介護用品、衛生用品、車いすなどの必要な介護や医療機器、飲料水・食料品ほか。

⑥　支援人材確保：専門的人材確保のための要請先リスト整備、関係団体・組織との協定締結、ボランティアの受け入れなど。
⑦　移送手段の確保：要配慮者の移送手段については一般車両、福祉車両、救急車両の調達リストを準備し対応可能な体制を確保しておく。

　以上は、市町村が災害時に開設する福祉避難所オープン準備の大まかなポイントである。福祉避難所は市町村が必要に応じ開設をする二次避難所である。

③避難所での課題

　被災地では福祉避難所だけではなく、一般避難所でも被災者への注意や配慮が重要である。

　避難所は人々の出入りが自由で、トラブルや事故発生の恐れがある。例えば避難所における性的ハラスメントや、ストレスによるその他のハラスメント問題が明らかになってきた。このため避難所運営のスタッフには男女を配置し、相談コーナーを設けるなど、問題を未然に防ぐ支援体制が必要である。

　さらに今般の新型コロナウイルス（COVID-19）蔓延のような状況下では、感染症の拡大防止のための衛生に配慮した準備や工夫が求められる。

　福祉避難所の開設については、いったん避難所に避難した人々の状況やニーズを踏まえて判断されるルールになっている。このことが、要配慮者には負担を与えるため、一般の避難所立ち上げと同時に福祉避難所を開設することもある。しかし、一般の避難所対象者が福祉避難所へ殺到することもあり、今後も国や都道府県、各自治体の状況判断や工夫を踏まえ改善が加えられていくと考えられる。

⑷　災害ボランティア

①わが国の災害ボランティア

　災害等の発災直後には、社会福祉協議会に災害ボランティアセンターが立ち上がり、ボランティア活動の拠点として中心的機能を担う。昨今は、大規模災害等で活躍するボランティアに注目が集まり、災害ボランティアの活動や活躍が一般に知られるようになってきた。

　内閣府作成資料と全社協によると、災害ボランティアセンターの過去の主な活動は、ボランティア元年として知られている1995（平成７）年の「阪神・淡路大震災」（約137.7万人）、1997（同９）年の「ナホトカ号海難事故」（約2.7万人）、2004（同16）年の「台風第23号」（約5.6万人）・「新潟県中越地震」（約9.5万人）、2007（同19）年の「能登半島地震」（約1.5万人）・「中越地震」（約2.7万人）、2009（同21）年の「台風９号」（約2.2万人）、2011（同23）

年の「東日本大震災」（約150万人）、2014（同26）年の「広島豪雨被害」（約4.3万人）、2016（同28）年の「熊本地震」（約11.8万人）、2018（同30）年の「西日本豪雨」（26.3万人）、2019（令和元年）の「台風19号」（約19.7万人）と報告されている[10]。災害ボランティアへ参加することは特別なことではないという意識が広がっている。

　毎年のように大規模災害が発生し、近年は全国からのボランティアによる応援が必要になっている。しかし、被害が広域に及ぶ災害等においては、ボランティアが集まらない地域も見受けられる。ボランティア偏在を改善することも今後の取り組み課題である。

②災害ボランティアセンターについて

　社協が災害ボランティアセンターを開設する意義は、❶日常から地域福祉の拠点として機能しており、ボランティアによる炊き出し、片づけなどの活動は復興支援にもつながること、❷災害で被災し発生する福祉課題をもつ人の孤立を防ぐこと、❸地域住民とのつながりがあること、❹全国的なネットワークをもち連携体制があることなどである。

　災害ボランティアの活動と種類についての情報は、全国社会福祉協議会ウェブサイト「被災地支援・災害ボランティア情報」において、災害ボランティア活動ガイドブック、ボランティア保険WEB加入手続き、活動につながる入り口が設定されている。

　また政府広報オンラインにおいても活動内容、準備、活動手続き等が紹介され、社協や災害ボランティアセンターに馴染みがない人々にも理解しやすいよう、情報内容や活動受付窓口がインターネット上に公開されている。

③災害ボランティアのこれまでとこれから

　阪神・淡路大震災をきっかけに、1995（平成７）年の災害対策基本法の改正では、緊急対策本部の設置の緩和や自衛隊派遣の改善や交通規制における緊急車両の通行確保が図られた。

　災害ボランティアそのものの有効性が注目されたことで、国民に広く認知され、国民の心を打つボランティアの姿も多く存在する。同時に、ボランティア活動の環境整備が進んできた。

　東日本大震災をきっかけとした2012（平成12）年と2013（同25）年の災害対策基本法改正では、ボランティア活動などの「共助」が多く盛り込まれた。加えて、行政とボランティアの連携について規定する「共助」が多く登場している。また、地域住民による「自主防災計画」が位置づけられた。これは、大規模災害で公的な自治体組織の限界がみえたことによる。これまでの災害体験から地域住民、NPO、ボランティア、民間事業者などの官民挙げての

協力体制が整備された。

　さらに身近な地域住民による支援が多くの命を救うことも大規模災害で証明され、地域住民の支援やネットワークの重要性を解く「ソーシャル・キャピタル」[*5]（社会関係資本）が注目されている。ここには、災害等からの回復力（レジリエンス）に好影響を与えるポイントが存在すると考えられる。

【引用文献】
1）内閣府「阪神・淡路大震災の教訓とそれを踏まえた災害対策について」（今後の地震対策のあり方に関する専門調査会（第1回）資料）
　　http://www.bousai.go.jp/kaigirep/chuobou/senmon/kongo/1/2-5-01.html
2）内閣府防災情報のページウェブサイト「200404：2004年（平成16年）新潟県中越地震・新潟県」（災害対応資料集）
　　http://www.bousai.go.jp/kaigirep/houkokusho/hukkousesaku/saigaitaiou/output_html_1/case200404.html
3）ウェザーニュース「新潟県中越地震から45年、震災で全村避難した山古志はいま」
　　https://weathernews.jp/s/topics/201910/220125/
4）岡村重夫『地域福祉論［新装版］』光生館　2009年　p.22
5）消防防災博物館ホームページ
　　https://www.bousaihaku.com/town/5877/
6）河田惠昭「比較自然災害論序説―天変地異とペスト―」『京都大学防災研究所年報』第34巻B－2　京都大学防災研究所　1991年　pp.507－524（河田惠昭はペストの流行感染拡大と自然災害の諸環境の相似性を解説）
7）岡部卓「分断化された『暮らし』の修復を社会福祉はどう担うか」『社会福祉研究』第139号　鉄道弘済会社会福祉第二部　2021年　pp.24－31
8）内閣府政策統括官（防災担当）「災害救助の概要（令和2年度）」
　　http://www.bousai.go.jp/taisaku/kyuujo/pdf/siryo1-1.pdf
9）総務省消防庁「避難行動要支援者名簿の作成等に係る取組状況の調査結果」2021年
　　https://www.soumu.go.jp/main_content/000742527.pdf
10）このデータについては以下を参照
　　①政府広報オンラインウェブサイト「暮らしに役立つ情報：被災地を応援したい方へ　災害ボランティア活動の始め方」
　　　https://www.gov-online.go.jp/useful/article/201909/4.html
　　②全国社会福祉協議会ウェブサイト「全社協被災地支援・災害ボランティア情報」
　　　https://www.saigaivc.com/data-katsudou/

【参考文献】
・内閣府ウェブサイト「TEAM防災ジャパン」
　https://bosaijapan.jp/
・内閣府「字義用継続ガイドライン―あらゆる危機的事象を乗り越えるための戦略と対応―（平成25年8月改定）」pp.22－41
・B.ワイズナー他（岡田憲夫監訳）『防災学原論』築地書館　2010年
・山下祐介『シリーズ災害と社会6　リスク・コミュニティ論―環境社会史序説―』弘文堂　2008年
・吉村昭『三陸海岸大津波』文藝春秋　2004年

＊5　ソーシャル・キャピタル（Social Capital）
構成要素である人々とのつきあい・交流、信頼、社会参加が盛んな地域ほど犯罪発生率が低く、健康で長寿の人々が多い、と考えられる。

第16章

地域福祉と包括的支援体制の課題と展望

●本章のねらい

　地域福祉は、支援が必要な人だけを対象にするのではなく、当事者を含む地域に暮らすすべての住民が主体であり、福祉関係者とともに、住み慣れた地域で安心して暮らせるように推進されてきた。

　しかし、急速に少子高齢、人口減少社会となったわが国は、社会的孤立が顕在化し、人と社会の関係が脆弱化し、様々な地域福祉課題が起きている。ゴミ屋敷のような制度の狭間の問題や、介護と育児のダブルケア、高齢の親と無職独身の50代の子が同居する8050問題等の複合化した課題等、既存の制度では対応しきれない。こうした複雑化した社会ニーズの解決には、地域共生社会の実現に向けた地域福祉の推進が必要になる。そのためには、土台としての地域力を強化し、住民主体の地域福祉活動を促進するとともに、子ども・子育て家庭、障害者、高齢者、生活困窮者に必要な支援を包括的に提供することが求められる。

　このように、行政は、公的責任として地域福祉の推進を下支えする。公的サービスの促進とともに、福祉関係者のネットワークや、住民による地域福祉活動への参加促進に向けて、互いに支え合える仕組みをつくることが求められている。

　本章は、地域共生社会の実現に向けて、多様なメンバーが主体的に協働し、複合化する地域福祉課題を解決していく仕組みを整える地域福祉ガバナンスと、それが機能する包括的支援体制の整備について理解することを目的とする。

●プロローグ

　2018（平成30）年４月、社会福祉法改正により第106条の３に「包括的な支援体制の整備」が規定され、2020（令和２）改正で具体的な推進に向けて、財政支援も含めた「重層的支援体制整備事業」に関する事項が法106条の４に新設された。

　この法制化が後押しになり、行政の責務として促進されるようになり、筆者が福祉政策の運営に関わる自治台でも複合化した問題に迅速に分野横断して対応する総合相談窓口が設置された。

　このように地域福祉ガバナンスを実践的に検討し、それを機能させる包括的支援体制について、様々な関係者と地域で協議しながら整備を試みてきた経験をもとに、これからの地域共生社会の実現に向けて本章を記す。

1．地域福祉ガバナンスの形成

⑴　地域福祉ガバナンスとは

　イギリスでは、1990（平成2）年、「国民保健サービス及びコミュニティ
ケア法」が成立し、施設ケア・在宅ケアの権限と財源の地方自治体一元化、
地方自治体の役割を条件整備主体に転換、サービス供給主体の多元化[1] 等が
進められた。福祉サービスの提供を政府だけに委ねるのではなく、民間やイ
ンフォーマル部門も行えるようにすることから、様々な分野が市場参入し、
協働することが可能となり、ガバメントからガバナンスに変化したといえる。
　ガバメントとは、政府による法的な拘束力もある統治の仕組みだが、ガバ
ナンスは、自治体やNPO等の政府以外の多様な団体が、主体的に関わり、
協議しながら意思を決め、合意が図れる統治の仕組みといえる。
　日本では、福祉関係八法改正により、地域が福祉サービスを提供していく
基盤になるよう位置づけられた。その後、特定非営利活動促進法の制定でボ
ランティア等の民間非営利活動団体が法人格をもち、在宅福祉サービス等の
地域貢献活動が促進され、ガバナンスへの期待につながった。
　1998（平成10）年、中央社会福祉審議会から社会福祉基礎構造改革が公表
された。地域福祉システムの構築、サービスの多元化と住民参加による供給
体制づくり、行政の総合化等、地域福祉ガバナンスの萌芽といえる。2000（同
12）年、「地域の自主性及び自立性を高めるための改革の推進を図るための
関連法律の整備に関する法律」（地方分権一括法）が制定され、同年、介護
保険制度がスタートした。福祉サービスの利用は、行政がサービス内容を決
定する「措置」から、サービスを利用したい人が事業者と対等な関係で、多
様なサービスから選択し、「契約」する利用制度に変更された。2003（同
15）年には、指定管理者制度が始まり、地方公共団体が設置する公的施設の
管理運営について、民間事業者を含む幅広い団体に委ねられた。
　わが国は、中央集権的なガバメントによる福祉施策から、地方分権型の行
政だけではなく、多様な福祉の供給主体と住民が協働できるガバナンスによ
る福祉施策に転換したと考えられる。2008（平成20）年、厚生労働省は「こ
れからの地域福祉のあり方に関する研究会報告書」を示し、公的な福祉サー
ビスだけではなく、住民の地域福祉活動（地域の共助）を支援できるように、
地域福祉のコーディネーターを位置づけ、「住民と行政の協働による新しい
福祉」として「地域における『新たな支え合い』の概念」を提案した。これ

は地域福祉ガバナンスの導入ともいえる。

⑵　協働によるこれからの地域福祉ガバナンス

　2018（平成30）年4月、改正社会福祉法が施行され、第4条にて地域住民、社会福祉を目的とする事業を経営する者、社会福祉に関する活動を行う者について「地域住民等」と規定された。その上で三者は、相互に連携・協力して地域福祉の推進に努める主体として位置づけられ、多様な主体が協力して地域生活課題を解決していくことが地域福祉の推進に規定された。さらに、2020（令和2）年6月に公布された「地域共生社会の実現のために社会福祉法等の一部を改正する法律」（以下「2020年改正」）により、第4条第1項に、「地域福祉の推進は、地域住民が相互に人格と個性を尊重し合いながら、参加し、共生する地域社会の実現を目指して行われなければならない」という条文が加えられ、第6条第2項においては、国及び地方公共団体の責務が定められた。そして、第106条の3第1項に市町村の責務が示され、地域福祉を推進する上での公的責任を明確にした。地域の力と公的な支援体制が相互に連携し、地域生活課題を解決していくための包括的な支援体制の整備（2020年改正にて第106条の4に重層的支援体制整備事業が明記）を市町村の新たな努力義務とした。また、第107条の市町村地域福祉計画の策定も任意から努力義務として、各分野の計画の上位計画に位置づけ、包括的な支援体制の整備に係る事業に関する事項を追加し、進行管理していく。

　このように「地域住民等」の三者とともに、地域福祉の推進における公的責任が明確化され、地域福祉ガバナンスが求められている。

　これまでの住民等による地域福祉活動実践の積み上げにより、介護予防・日常生活支援総合事業では、住民主体の地域福祉活動実践が財源を伴う制度に位置づけられた。今日、こうした新たな制度に基づく福祉サービスと、従来の住民等による柔軟で主体的な地域福祉活動実践の協働が求められる。

　当事者を含む地域住民、行政や社会福祉法人、福祉関係機関や団体、NPOやボランティア等、地域福祉に関わる多様な主体が協働して、地域生活課題の解決に向かう仕組みを整えていくことが「地域福祉ガバナンス」であると捉える。

⑶　当事者を含む福祉を意識する住民自治

　地域住民は、居住する地域で自分の暮らしを築く主体であり、地域福祉の主役といえる。そして、よりよく生きる（well-being）ために、自らの意思で住民として地域づくりに参加することが住民自治につながる。

　地域福祉ガバナンスは、当事者の福祉課題も含めて住民の意思の合意形成を図りながら、福祉を意識する住民自治として、地域の福祉課題を様々な関係者と協働して解決できるようにする必要がある。

　地域福祉で住民自治を促進する代表的な組織には、町内会・自治会の福祉部会や地区社会福祉協議会（以下「地区社協」）をはじめとする地域福祉推進基礎組織がある。また、地域とのつながりが密接で、地縁関係を大切にする老人クラブ、女性会、青年団等がある。そして、福祉課題を解決する等の目的が明確なNPO団体やボランティアグループ等がある。具体的な地域福祉課題の解決に取り組み、福祉を意識する住民自治を促進するには、こうした地域の様々な組織や団体の協力が欠かせない。

　地域住民は、福祉サービスを必要とする当事者、福祉サービスを提供する従事者、地域福祉活動を支えるグループや団体の担い手等、そのあり方は多様である。例えば、地域イベントで心臓発作を起こした人を参加していた地域住民であり看護職の人が、救急隊が来るまでAEDで適切な対応をして助けた等、仕事や技術が地域で役立つことがある。また、介護サービスを受けている人がベンチに座っていて迷子を保護し、支え手になることもある。

　厚生労働省は、地域共生社会推進検討会の最終とりまとめに、地域共生社会の理念とは、「制度・分野の枠や、『支える側』『支えられる側』という従来の関係を超えて、人と人、人と社会とがつながり、一人ひとりが生きがいや役割を持ち、助け合いながら暮らしていくことのできる、包摂的なコミュニティ、地域や社会を創るという考え方である」[2]と記している。地域住民の姿は多様で、支え手にもなるし受け手にもなり、双方向性がある。これからは、社会的孤立を防げるように、支え支えられのお互い様の関係づくりを通じた地域づくりをしていくことが大切になる。当事者が安心して暮らせるということは、誰もが安心して暮らせることになる。互いに安心して暮らせる地域づくりは、住民自治による地域福祉ガバナンスにつながる。

⑷　住民が主体的に地域福祉を進める姿勢を育むために

　地域福祉ガバナンスを構築していくためには、福祉を必要とする当事者と、地域福祉活動を支える担い手だけでは成し得ない。様々な地域の組織や団体等と協働し、普段は福祉を意識せずに暮らしている多くの住民が、生活の延長線上から地域づくりに参加できるようにして、福祉を意識する住民自治につなげていく必要がある。

　このように広く住民とともに「福祉でまちづくり」をしていく理解を促進する方法として、子どもから大人も含めた福祉教育（共育）がある。1970年

代から社会福祉協議会（以下「社協」）は、国庫補助の「学童・生徒のボランティア活動普及事業」により、福祉あるいはボランティア協力校を推進してきた。そして「総合的な学習の時間」が導入され、補助事業ではなくなったが、今日も学校だけではなく地域とともに福祉教育を実践している。2016（平成28）年、社会福祉法改正で、社会福祉法人の「地域における公益的な取組」が責務となり、あらゆる世代の住民が、福祉を実践的に学ぶ場として社会福祉施設は地域貢献できる。また、学校教育では、地域社会のつながりや支え合いの希薄化による地域の教育力の低下から、地域とともにある学校づくりの推進としてコミュニティ・スクールに取り組んでいる。このように、児童・生徒は、学校、PTA、地域が連携して、福祉体験や認知症サポーター養成講座、地区社協等の地域福祉活動に参加して、福祉理解をすることが可能である。また、当事者を含む住民は、公民館の生涯学習、社協の福祉学習の機会、地区社協やNPOやボランティア等の地域福祉活動実践に参加することができる。近年は、人生100年時代といわれるようになり、退職シニアの地域デビュー[*1]として福祉活動が社会参加の機会として紹介されている。例えば、生活支援体制整備事業で、生活支援、居場所づくり、見守り活動等の支え合い活動の促進に生かされている。いずれの取り組みも、地域で生活している当事者との関わりを含めることが大切である。互いの生活を知り、ともに生きていくことを考えられるようにしていくことが望ましい。

　もう1つの方法は、地域福祉に関する計画化の過程を地域住民の主体形成の場とすることである。つまり、前述した福祉理解のための実践を含む体験や学習機会にとどまらず、地域福祉計画や地域福祉活動計画の策定により、地域福祉活動実践につなぐことである。地域福祉計画には、住民参加の行政計画として一般住民に公募で参加する機会がある。また、計画づくりに向けた地域懇談会や研修会等に参加して地域づくりに関わることもできる。行政は政策運営として、地域福祉活動の実際を担う社協と連携し、地域福祉計画を地域福祉活動計画と一体的に策定[*2]することが望ましい。この地域福祉活動計画においては、小・中学校区等の圏域ごとに地域懇談会を生かし、地域ごとの福祉課題を検討し、それぞれの解決方法を考える地区活動計画をつくる。地区社協等の既存の地域福祉推進基礎組織があれば、そこが計画策定と具体的な事業の推進を担う。しかし、組織がない場合は、計画策定とともに地域福祉推進基礎組織の組織化を図る。住民自らが暮らす地域福祉のあり方を関係者と協議し、課題解決方法を考え、実行していく過程こそが実践的な福祉理解と地域福祉活動実践につなぐ機会になる。

＊1　地域デビュー
年齢や趣味、地域行事といった活動の内容を問わず、地域で行われている活動に初めて参加すること[3]。

＊2
全国社会福祉協議会「地域共生社会の実現に向けた地域福祉計画の策定・改定ガイドブック」（2019年）には、地域福祉計画の策定にあたっては、地域福祉活動計画と連動する取り組みも考えられ、地域福祉計画と一体的に策定することが記されている。厚生労働省「市町村地域福祉計画策定状況等の調査結果概要（平成31年4月1日時点）」によれば、地域福祉計画策定済み1,364市町村の回答（複数回答）のうち、487市町村が「一体的に策定している」（35.7％）。

（5）　支え支えられのお互い様の地域づくり－実践事例－

【事例】地域を支える仕組みづくりから、ゆるやかなつながりが育まれる

　　昭和40年代に完成した25棟の集合住宅「みらい団地」（以下、呼称についてはすべて仮称）の世帯数は1,300世帯、人口3,000人、65歳以上は1,000人。高齢化率33％で、単身、老々介護、配偶者が入院して単身生活者が増え、亡くなって発見され、引き取り手のいない人も毎年いる。団地の住民が将来へ不安を感じはじめた頃、市は地域福祉計画と市社協の地域福祉活動計画を一体的に策定するための委員会を発足し、中学校区ごとに懇談会を開いた。町内会・自治会、民生委員・児童委員、老人クラブ、女性会、社会福祉施設、NPO、ボランティア、保育園・幼稚園、小・中学校、自主防災会、地域包括支援センター、地域子育て支援センター、更生保護女性会・保護司、商店会の関係者、これまで地域活動に参加していない地域住民も参加した。各地区共通する地域の福祉課題は、社会から孤立する不安から見守り・声かけ、ゴミ出し等のちょっとしたお手伝い、子育て家庭や高齢者の生活支援、気軽に人と関われる居場所、防災や防犯であった。また、駅周辺の若い世代が多いマンション地域では子育てや学校の課題、昔からの戸建て住宅地域では、高齢者の生活不安と医療や介護への課題が出され、地域ごとに切実な課題は異なった。

　　市と社協の一体的な計画策定委員会では、こうした地域ごとの福祉課題に対応できるように、中学校区ごとの6つの地区活動計画を策定し、それぞれに計画を推進する地域福祉推進基礎組織を設立することになった。

　　団地のある「みらい西地区地域福祉協議会」（以下「協議会」）は、10の町内会・自治会、懇談会に参加していた各種団体で構成された。団地内の小学校の廃校を拠点として、自分の暮らすまちを知り、地域の社会資源*3を把握するためのまち歩き、課題解決方法を検討する学習会やワークショップを実施した。互いが知り合いになり、様々な意見を出し合い、度重なる会議で話し合って地区活動計画を策定した。この策定作業のプロセスそのものが課題解決に向けた学習機会となり、福祉課題に気づき、共有し、解決に向けて検討したことから、地域住民の主体形成の場になっていた。

　　地域福祉計画では、コミュニティワーカー*4の配置が謳われていたため、住民推薦を市や社協に申し出て了解を得て、地区活動計画策定メンバーから選出された。

　　協議会は、市内の大学の研究活動と連携して、子ども、若者、中高年、高齢者（障害については各世代ごとに含める）の世代ごとの課題を検討するセミナーを実施した。協議会の事業として実施予定の居場所づくり、地域活動、相談支援、ネットワークづくりについて学習する機会になった。この場には協議会メンバーだけではなく、地域住民も参加し、互いにゆるやかなつながりが生まれ、事業として「いっぷく処」（居場所）、まち探検、元気祭り、避難所生活体験、畑づくりが検討され、関わった協議会の役員以外の住民も運営に参加するようになった。また、協議会メンバーは、民生委員・児童委員、社協と子育てや高齢者等の福祉専門職とともに、地区に身近な相談センターやミニボランティアセンターを立ち上げた。そして、この両センターを支える場として、定期的に地域住民が行政や社協、各種の専門職と知恵を出し合い、協力して課題解決に対応するネットワークとして協議会独自の「支え合い会議」を計画に基づき設置した。

　　ミニボランティアセンターには、すぐに市のボランティアセンターから数年間依頼されて対応できなかった支援の要請があった。協議会メンバーに話をすると、依

*3　社会資源
ソーシャル・ニーズを充足するために動員される施設・整備、資金や物資、さらに集団や個人の有する知識や技能を総称していう[4]。

*4　コミュニティワーカー
地域援助技術を生かし、地域生活課題の解決や福祉コミュニティづくりに向けて、住民や多様な組織・団体と協働して支援を行うソーシャルワーカー。

頼主で学校行きのバス停まで、車いす生活の二人の子どもを送る母親からのニーズについて、日頃からその母親が一人で2台の車いすを風雨の時も押している様子を見ていた人も多く、すぐに対応されることになった。その後、入浴の支援にも関わり、地域の人との信頼が生まれ、母親は安心して地域で暮らせるようになり、今では母親も協議会のメンバーとして地域活動に参加している。

　団地に住むFさん（60代後半）は、脳出血で手足に不自由が生じ、これからどうすればよいか不安と焦りの中、団地内を毎日リハビリとして歩いていた。周りの人も気にしているが、どう声をかけてよいか分からなかった。Fさんは協議会の事業としてはじまった、50円でお茶をゆっくり味わえる「いっぷく処」にふらりと立ち寄った。この運営メンバーは、事前に「支える人と支えられる人と区別せず、同じ地域住民としてお互い様の支え支えられの関係が大切」ということを学習していた。Fさんも必要以上に気遣われず、気軽に過ごすことができた。

　ある時、メンバーから留守番を頼まれ、それを機に事業の手伝いをしてくれるようになり、その後、大学のセミナーで生活体験を話し、介護モデルをするようになった。仕事中心で地域に知り合いがいなかったFさんは、いつの間にか多くの地域の人と関係を紡いでいた。「支え合い会議」でFさんが自分の気持ちを話され、当初は先が見えず混乱していたが、一緒に食事をしたり、飲みに行ったりする地域の人間関係が育まれたこと、地域で自分が活躍できる場ができたことから、「ようやく地域に戻ってきた気がする」と、地域に自分の居場所ができたことを喜んでいた。福祉専門職は、Fさんをサービスに苦言の多い利用者とみていた。しかし、地域の関わりによって落ち着きを取り戻し、冗談も言うようになったFさんの変化を目の当たりにして、支援だけで接する専門職では成し得ない地域の力に感心していた。

　その後、Fさんが様々な事業に参加するのを支えていたIさん（70代前半）が脳梗塞で倒れた。Fさんの生活を支えてきたIさんは、すぐに自分の状態を受容した。そして、社協の車いす貸出を活用し、公的サービスも利用しながら、地域に戻ると畑づくりにも参加し、Fさんを頼りにして、車いすで地域イベントにも参加した。障害で不便なところは周りの力を借りながらイキイキ生活するFさんの姿が、Iさんをはじめ、地域の人たちの障害観を変えていた。

　こうした支え支えられのお互い様の実践が地域で知られるようになり、公民館から「障害がある人もない人も地域でともに学ぼう」という講座に、協議会は企画段階から地域の障害者団体と参加するようになった。また、防災活動として、町内会・自治会、自主防災会、地域赤十字奉仕団、民生委員・児童委員を中心に、行政の防災担当課、学校や消防の協力を得て、要援護者の安否確認と支援を含めた避難所生活体験を実施した。当事者からは「役所から災害時の避難方法の通知は来たが、実際どうなるのか分からなかった。でも、こうして本当に来てくれて、その人たちと一緒に体験して安心した」という声があがった。

　このように、地域福祉の計画化の過程に地域住民が参加することが住民自治の力を高めるには大切になる。特に、自分が暮らす地域の地区活動計画づくりから、それを実行する組織化に参画し、自ら地域福祉活動に参加することが望ましい。その結果、地域の様々な組織や団体と協働し、多様な事業展開を通じて、福祉を意識する住民自治として、支え支えられのお互い様の地域づくりの大切さが実感できる。自治意識を高めた協議会では、市の地域福祉計画をふまえながら、毎年活動を振り返り、次年度の地区活動計画をみん

なで協議し、新たなニーズに応えられるよう実行性のある計画を策定して地域福祉活動を展開できる。

⑹　地域住民と多様な社会資源と専門職とのつながりをつくる

　行政や社協が下支えをして、当事者を含む地域住民が地域で生じる福祉課題の解決に向けて、様々な福祉関係者と協働していくことを事例から確認した。このように地域福祉ガバナンスの形成には、地域住民を含む様々な社会資源と専門職が協働できるプラットフォームと、各種分野の専門職が多機関協働できるネットワークとのつながりが必要になる。

　厚生労働省は、「分野・領域を超えた地域づくりの担い手が出会い、更なる展開が生まれる“場”」[5]とプラットフォームについて記している。プラットフォームとは、地域を基盤に多様な社会資源が主体的に協働し、多様な情報と人材が結集して新たな取り組みを創出する仕組みと捉える[6]。事例の地域福祉推進基礎組織はその一例である。また、前述した社会福祉法人の「地域における公益的な取組」として社会福祉施設も拠点になり得る。事例の構成メンバーであった町内会・自治会の会長は、「地域住民の生活を支える活動を町内会・自治会はしているのだから協議会は必要ない」と当初言っていた。しかし、協議会活動に関わることで、障害児者や身体が不自由で外出ができない高齢者の存在を知り、今まで町内会・自治会の活動ではその人たちを意識していなかったことに気づかされ、それを契機に当事者を含む地域住民と地域活動に取り組む大切さを痛感した。協議会の取り組みを生かし、自分の町内会・自治会で、当事者を含むサロン活動や見守り等、身近な小地域福祉活動に取り組みはじめ、当事者が地域活動に参加する機会が増えた。こうした営みが普通になり、当事者という表現が必要なくなることが望ましい。また、いざという時の救急対応の勉強会を実施し、必要に応じて福祉や介護、医療の専門職につなぐことの必要性も住民に働きかけた。このように中学校区の協議会から、より身近な町内会・自治会の圏域に福祉でまちづくりの意識が反映された。

　地域の様々な関係者による地域福祉推進基礎組織がプラットフォームとして機能することで、地域福祉の必要性が理解され、地域課題に目を向けて、その解決方法として、地域食堂や世代間交流の居場所づくり、認知症や単身の高齢者の見守り等の地域福祉活動の創出が可能になる。

　こうした住民主体の地域づくりとともに大切なことは、様々な専門職との協働を可能にすることである。例えば、「高齢の親と娘の言い合いかと聞いていたら、母親は初期の認知症であることが分かり、娘は自分の子どもにあ

まり関わられていないことが分かった」など、多問題家族として地域で暮らし続けられるように支えつつ、児童や介護の専門職につなぐ必要が生じることがある。深刻な状況にならず、早期に発見できるのは、身近な地域に住民が気軽に集える居場所と相談できる場があるからである。当事者の了解を得て専門職につなぎ、住民と専門職が協力して早期に支援することが可能になる。

⑺　住民等が主体のプラットフォームと多機関協働のネットワーク

今日、地域住民と行政等の専門職が協議できる機能として、地域福祉全般で対応できるのは、行政の地域福祉計画や民間の地域福祉活動計画の策定ならびに進行管理の委員、社協の各種事業、事例で記したような専門職と協働できる地域福祉推進基礎組織の活動がある。高齢者分野では、地域包括支援センターの運営協議会や地域密着型サービス事業所における運営推進会議、生活支援体制整備事業の協議体がある。また、障害分野には自立支援協議会がある。その他、主に専門職が中心になるものとして、子どもへの支援には要保護児童対策地域協議会、生活困窮者には支援会議、高齢者には地域ケア会議があり、民生委員・児童委員は加わることがある。

前述した地域のプラットフォームで、地域生活課題の解決に向けて協議する際、地域福祉をコーディネートする福祉専門職は、常に権利擁護の視点から、住民だけでは担いきれない課題に対して、必要に応じて適切な専門職につなぐことが求められる。こうした住民の地域福祉活動を支え、必要に応じて専門職につなぐ役割として、社協の地域福祉コーディネーターがある。また、高齢者を対象に類似した役割を担うのが生活支援コーディネーター[*5]である。この両者の役割を兼務する社協もあるが、コーディネーターとして位置づけられると、複合的な問題の担い手として、他の専門職から丸投げされかねず、多職種で協働できるネットワークづくりが必要になる。

2018年（平成30）年の社会福祉法改正において、児童、障害、高齢、生活困窮等、分野を越えた相談支援関係機関が連携できるよう体制を整備する第106条の3が新設された。さらに、2020年改正で、市町村で包括的な支援体制が構築できるよう、単独の支援機関では対応が難しい多様化・複雑化した事例の調整役を担い、支援関係機関の役割分担や支援の方向性を定められるように、第106条の4第2項第5号に「多機関協働事業」が位置づけられた。すでに2016（同28）年度から、相談支援包括化推進員[*6]が配置され、ネットワークの構築等、これまでも包括的な支援体制づくりは努力されているが、法制化によりさらに促進が期待される。その際、身近な圏域において、地域課題の把握と解決に向けて取り組み、住民とともに考え協働できて、各種の

*5　生活支援コーディネーター
「地域支え合い推進員」とも呼ばれ、高齢者の生活支援や介護予防サービスの体制整備を推進することを目的として、地域で、それらのサービスの提供体制の構築に向けたコーディネート機能（資源開発やネットワーク構築）を果たす者とされている。

*6　相談支援包括化推進員
2016（平成28）年度「多機関の協働による包括的な相談支援体制構築事業」の創設に伴い、複合的な課題を抱える相談者等を支援するため配置された。相談支援包括化推進員は、相談者等が抱える課題の把握、各相談支援機関等で実施すべき支援の基本的な方向性等に関するプランの作成、相談支援機関等との連絡調整、相談支援機関等による支援内容等に関する指導・助言の業務を実施する。

支援を包括的にマネジメントし、住民と専門職間をつなぐ橋渡し役になる地域づくりに向けたコーディネーターが必要になる。そして、1人のワーカーだけに押しつけるのではなく、各種専門職が対等な立場で協働して包括的に支援できる体制を築けるようにすることが重要になる。

　今後、地域の様々な組織や団体で組織化された地域福祉推進基礎組織は、住民等が主体で専門職と協働できるプラットフォームとして地域づくりの基盤になる。そして、多様化・複雑化した課題に対処できるように、行政が関わり、それぞれの専門分野が横断的に協議できるネットワーク機能をつくる。こうした地域のプラットフォームと多機関協働のネットワークが必要に応じて協働し、地域生活課題の解決に向けて、重層的な支援の仕組みとして整えられることにより「地域福祉ガバナンス」が形成されることになる。

2．包括的な支援体制の整備

⑴　包括的な支援体制の取り組み

　少子高齢化により人口減少が進展する中で、社会的孤立や貧困、格差の問題が顕在化し、様々な生活問題を抱える世帯が増え、従来のような児童、障害、高齢、生活困窮のような縦割りでは、制度の狭間の問題に対処できず、包括的に捉える必要性が高まってきた。特に、社会的孤立においては、家族や近隣からの孤立だけではなく、社会における役割、学校や職場等の集団、情報や制度・サービスからの孤立により、いつのまにか「自分なんかどうでもいい」と生きる意欲を失い自暴自棄になり、セルフネグレクトになりかねない。しかし、こうした人たちはなかなか助けを求めない。また、地域も自分と周辺しか見ておらず、周りに無関心な社会になりかねず、問題を抱える人たちを何か問題を起こす存在と不安視し、社会的排除に向かいかねない。

　こうした中で、2015（平成27）年度から生活困窮者自立支援法が施行された。生活困窮者支援を通じた地域づくりが示され、経済的困窮だけではなく、社会的に孤立する人を含めて広く支援対象を捉えるとした。対象を限定しない相談支援を実施し、制度の狭間にあるニーズを受け止め、個別の生活支援とともに地域支援を一体的に、多様な機関等と連携して取り組む。ニーズを抱える個人や家族が地域で暮らし続けられるように支援するようになった。同年、厚生労働省は、高齢者だけではなく、すべての住民を含む地域における支え合いの仕組みづくりとして、「全世代・全対象型地域包括支援」という、分野横断的かつ包括的な相談・支援を実現するための方策を検討する新たな

「福祉の提供ビジョン」[7] を示した。前述した従来の縦割りの制度だけでは対応できない、ダブルケアや8050問題をはじめ、多様化、複雑化した個人や家族の福祉ニーズに対応する、新たなセーフティネットとして、「新しい地域包括支援体制」の確立が求められた。そして、2016（同28）年10月、厚生労働省は、「地域における住民主体の課題解決力強化・相談支援体制の在り方に関する検討会（地域力強化検討会）」を設置した。

このような検討をふまえ、2018（平成30）年、社会福祉法改正において、市町村の責務として「包括的な支援体制の整備」が第106条の3に規定された。具体的には、第106条の3第1項の第1号関係「『住民に身近な圏域』において、地域住民等が主体的に地域生活課題を把握し解決を試みることができる環境の整備」（図16－1の【1】）、第2号関係「『住民に身近な圏域』において、地域生活課題に関する相談を包括的に受け止める体制の整備」（図16－1の【2】）、第3号関係「多機関の協働による包括的な相談支援体制の構築」（図16－1の【3】）が記されている[8]。これらを通じて、包括的な支援体

図16－1　地域における住民主体の課題解決能力強化・包括的な相談支援体制のイメージ

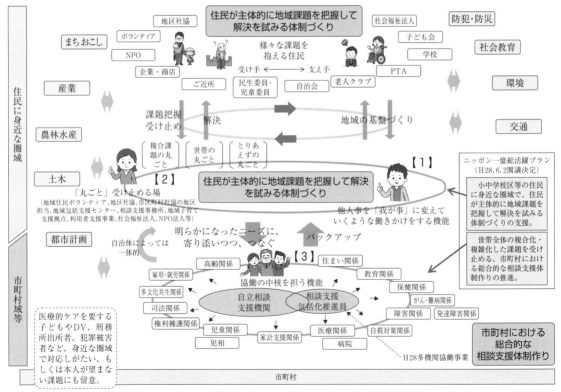

出典：厚生労働省社会・援護局地域福祉課「第6回地域における住民主体の課題解決力強化・相談支援体制の在り方に関する検討会（地域力強化検討会）」資料　平成29年2月28日

278

制を整備していくことを市町村の新たな努力義務とし、地域福祉計画で位置づけていくことになる。

　第106条の3第1項の第1号関係の具体的な取り組みとして、ボランティアセンターや市民活動団体による地域福祉活動の支援、居場所づくりやサロン活動、福祉教育（共育）、地区活動計画の策定や地域福祉推進基礎組織づくり等が考えられる。この第1号関係と第2号関係の住民に身近な圏域で、前述の具体的な取り組みと総合的な相談機能を整備し得るのが、前項で記した専門職につなぎ協働できる地域福祉推進基礎組織等によるプラットフォームである。また、第3号関係は、前項で記した多機関協働のネットワークといえる。自治体を中心に、部署を横断して、直接携わる実務レベルから施策につなぐレベルまでの段階的な対応ができる協議の場づくり、ワンストップ窓口や総合相談の設置が必要になる。包括的支援体制においては、地域との協働と、多機関との協働が欠かせない。

(2)　重層的支援体制整備事業

　社会福祉法に包括的支援体制の整備が規定され、関係者それぞれが協働して問題解決に臨む姿勢をもち、各分野の専門職が連携し、地域住民と専門職が連携できる仕組みづくりが始まっている。しかし、措置制度のもとで組織とし機能してきた福祉事務所は、住民との協働をスムーズにとれないところもある。各自治体で努力はされているが、これからの地域福祉においては、従来の縦割りの組織を再編することが求められる。今後、分野横断的に機能を発揮できる行政組織となり、地域福祉を推進する民間組織としての社協もさらに変革し、目まぐるしく変化する社会の地域生活課題に対し、協働して解決できるように地域福祉ガバナンスを形成していくことが必要になる。

　福祉専門職は、支援を要する人のニーズを制度やサービスに当てはめるだけではなく、その人が必要とするものを指向し、適切なサービスがなければ資源開発に取り組む必要がある[9]。ところが専門職は、自らの組織の制度やサービスに当てはまらないニーズに対しては、他に対応の可能性があるところを探すこともなく「対応できない」と拒むことがある。しかし、社会福祉法改正より、第106条の2は、自らの組織で取り組めない課題であっても、状況把握をして必要な支援機関につなぐ努めることが示されている。そして、それをつなぐ先が、前述してきた第106条の3に記された「包括的支援体制」である。こうした体制が機能するためには、各種の専門職が協働しやすくなるように、窓口の一本化とスペースを同じにする総合相談（児童、障害、高齢、生活困窮等）を可能にする必要がある。また、小学校区や中学校区ごと

に気軽に相談できる場も必要になる。特に、人は「助けて」と言いにくく、配食・会食サービスや、お茶を飲んだり、話したり、簡単な運動をするようなサロン活動等、普段の地域福祉活動の中で相談されることが多い。地域福祉推進基礎組織において、福祉委員や協力員等の研修を通じ、さりげない関わりからニーズを把握し、聞くことによって解消されることはその場で受けとめる。しかし、専門職につなぐ必要がある内容は、民生委員や地域福祉コーディネーター等に伝えられる仕組みが必要になる。ただし、これまでは包括的な支援体制の構築に向けて予算が設けられたわけではなく、既存の制度や機能を柔軟に生かして体制づくりに努めるとされていた。しかし、2020年改正において、包括的支援体制整備を各自治体が促進し、さらに具体的に事業

図16-2　重層的支援体制について

地域住民の複雑化・複合化した支援ニーズに対応する市町村の重層的な支援体制の構築の支援

○地域住民が抱える課題が複雑化・複合化（※）する中、従来の支援体制では課題がある。
　▼属性別の支援体制では、複合課題や狭間のニーズへの対応が困難。
　▼属性を超えた相談窓口の設置等の動きがあるが、各制度の国庫補助金等の目的外流用を避けるための経費按分に係る事務負担が大きい。
○このため、属性を問わない包括的な支援体制の構築を、市町村が、創意工夫をもって円滑に実施できる仕組みとすることが必要。
（※）一つの世帯に複数の課題が存在している状態（8050世帯や、介護と育児のダブルケアなど）、世帯全体が孤立している状態（ごみ屋敷など）

社会福祉法に基づく新たな事業（「重層的支援体制整備事業」）の創設

○市町村において、既存の相談支援等の取組を活かしつつ、地域住民の複雑化・複合化した支援ニーズに対応する包括的な支援体制を構築するため、Ⅰ相談支援、Ⅱ参加支援、Ⅲ地域づくりに向けた支援を一体的に実施する事業を創設する。
○新たな事業は実施を希望する市町村の手あげに基づく任意事業。ただし、事業実施の際には、Ⅰ～Ⅲの支援は必須
○新たな事業を実施する市町村に対して、相談・地域づくり関連事業に係る補助等について一体的に執行できるよう、交付金を交付する。

（参考）モデル事業実施自治体数　H28年度：26　H29年度：85　H30年度：151
R元年度：208

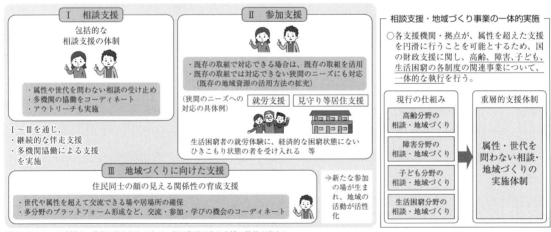

※Ⅰ～Ⅲの3つの支援を一体的に取り組むことで、相互作用が生じ支援の効果が高まる。
　（ア）狭間のニーズにも対応し、相談者が適切な支援につながりやすくなることで、相談支援が効果的に機能する
　（イ）地域づくりが進み、地域で人と人とのつながりができることで、課題を抱える住民に対する気づきが生まれ、相談支援へ早期につながる
　（ウ）災害時の円滑な対応にもつながる

出典：厚生労働省　令和2年度 地域共生社会の実現にむけた市町村における包括的な支援体制の整備に関する全国担当者会議　資料1社会福祉法の改正趣旨・改正概要について　p.25

推進できるように、財政支援も含めた「重層的支援体制整備事業」に関する事項が第106条の４から11に新設された。厚生労働省の地域共生社会推進検討会の最終とりまとめに、市町村における包括的な支援体制の整備促進のための基盤として、専門職に求められる資質として、「断らない相談支援」「参加支援」「地域づくりに向けた支援」が記されている[10]。

　しかし、全国の地域事情は異なり、国もすべて同一の体制整備をするのではなく、事業の委託も含め地域の実情に応じて構築されるべきものとしている。自治体は地域福祉計画等の各種計画を運営しながら見直し、予算編成も含め従来の組織体制を見直す必要が求められる。事業や仕組みを機能させる新たな地域福祉推進に向けた体制改編に、柔軟に取り組めるか、その主体性が問われている。

　また、この「重層的支援体制整備事業」を実施するにあたっては、「社会福祉士や精神保健福祉士が活用されるよう努めること」と附帯決議された。地域共生社会の実現に向けて、制度を縦割りから包括的に支援できる体制にして、前項で記した、住民と各種専門職間をつなぎ、支援の包括化のマネジメントと、地域づくりに向けてコーディネートする役割を、社会福祉士が担えることが期待されている。

３．地域共生社会の構築

(1)　地域共生社会の実現に向けた地域づくり

　政府は、少子高齢化という構造的な問題に取り組むために、介護離職ゼロの目標を掲げ、2016（平成28）年６月、「ニッポン一億総活躍プラン」が示され、「福祉の提供ビジョン」が地域共生社会の実現として盛り込まれた[11]。

　子ども・高齢者・障害者などすべての人々が地域、暮らし、生きがいを共に創り、高め合う「地域共生社会」を実現する。このため、支え手側と受け手側に分かれるのではなく、地域のあらゆる住民が役割をもち、支え合いながら自分らしく活躍できる地域コミュニティを育成し、福祉などの地域の公的サービスと協働して助け合いながら暮らすことのできる仕組みを構築する。また、寄付文化を醸成し、NPOとの連携や民間資金の活用を図る。

　同年７月、「我が事・丸ごと」地域共生社会実現本部が設置され、10月「地域力強化検討会（地域における住民主体の課題解決力強化・相談支援体制の在り方に関する検討会）」が設置され、12月には中間とりまとめが示された。

　そして、翌年から「我が事・丸ごと」の地域づくりの強化に向けたモデル

事業がはじまった。

　2017（平成29）年5月、地域包括ケアシステムの強化のための介護保険法等の一部を改正する法律案が成立し、前述してきたように社会福祉法が改正された。2019（令和元）年5月、地域共生社会推進検討会（地域共生社会に向けた包括的支援と多様な参加・協働の推進に関する検討会）が設置され、12月に地域共生社会推進検討会最終とりまとめが示された。そして、2020年改正により、地域包括ケアシステムから、本格的に地域共生社会の実現に向けた地域づくりが推進される。

⑵　地域共生社会の実現に向けた視点

　地域共生社会は、すべての人の生活と社会・経済活動の基盤としての地域において、「支え・支えられる関係」と、農林・環境・産業・交通等の「地域における人と資源」が循環する地域づくりが志向されている。地域社会が持続的に発展するように、社会経済の担い手を輩出し、地域資源を有効活用し、雇用創出等による経済価値の創出する福祉だけにとらわれないことが示されている[12]。地域共生社会の実現に向けて中心的に取り組む厚生労働省は、地域課題の解決力の強化、地域丸ごとのつながりの強化、地域を基盤とする包括的支援の強化、専門人材の機能強化・最大活用を改革の骨格として取り組んでいる[13]。

　地域共生社会では、「支え手側と受け手側」に分かれるのではない。つまり、同情による共感（sympathy）ではなく、相手の立場に身を置く共感（empathy）から、相互に支え合えるようにする[14]ことが求められる。

　自分のことは自分でしたいと考え、できれば地域の一員として誰かの役に立ちたいと思っている人は多いだろう。小規模多機能施設では、利用する高齢者が料理や配膳など、これまでの生活経験を生かし、ケアする人とされる人の相互行為が行われている。「受け手側」にされがちな人も、その人の可能な役割を周りが支えながら取り組めるようにして、人や社会に役立ち、自分を認めることで「支え手側」にもなり得る。しかし、相互に支え合うためには、関係性を支える人（コーディネーター等）の存在も必要になる[15]。

　地域共生社会の実現に向けて、高齢者だけではなく、生活が困窮している人、子ども、障害のある人等の自律的な生活を支え、本人に寄り添い継続的な伴走支援で、一人ひとりの希望と願いを配慮する。そして具体的な課題解決と、つながり続ける対人支援をめざす。世代や属性を問わず、断らない相談から地域づくりを実施できる体制づくりが期待されている。それを具体的に推進するのが「重層的支援体制整備事業」である。地域共生社会の実現に

向けて、財源の伴う制度に基づく福祉と、住民等による主体的な地域の福祉
活動実践との協働をもとに地域づくりに必要な視点を整理する。

①地域課題の発見・共有・解決につなぐ身近に集えて相談できる場づくり

　今日、社会とのつながりが希薄な人が増えている。こうした孤立防止に向
けて、小・中学校区等の徒歩で可能な範囲にある様々な居場所（カフェ、地
域食堂、サロン等）を活用し、そのスペースに相談できる場を設け、気軽に
参加しながら必要に応じて個別の話を聞けるようにする。また、地域福祉推
進基礎組織等の多様な関係者のプラットフォームがあれば、その拠点を活用、
相談には民生委員や福祉協力員等が対応する。個人や地域の生活課題を把握
し、関係者と共有し、解決に向けて必要に応じて専門職につなぎ、地域住民
にも参加を呼びかけ、地域の組織化や社会資源開発に取り組む。ニーズキャッ
チとアセスメント、コーディネートには専門職の関わりが必要になる。

②地域と多機関の専門職との協働の場づくり

　従来は、分野別の各法に基づく相談支援と地域づくりとして、地域包括支
援センター、一般介護予防事業の通いの場と生活支援体制整備事業（介護保
険法)、障害者相談支援事業、地域活動支援センター事業（障害者総合支援法)、
利用者支援事業、地域子育て支援拠点事業（子ども・子育て支援法)、自立
相談支援事業（生活困窮者自立支援法)、生活困窮者の共助の基盤づくり事
業等によって、それぞれ対応してきた。しかし、生活困窮者への支援におい
て、経済的支援だけではなく、世帯ごとの複合的な生活課題にも対処してい
く必要性が顕在化してきた。これからは、属性・世代を問わず、あらゆる個
人や世帯の複合的な課題に包括的な支援で継続的に対応できるように、暮ら
す地域の多様な社会資源と協力しながら専門職による多機関協働と連携する
ことを可能にする。

③支援の包括化のマネジメントと地域づくりに向けたコーディネート

　①②を具現化する「重層的支援体制整備事業」に携わる人材として、社会
福祉士に役割が期待されるが、財源や専門職の配置は明確化されているとは
いえない。相談に対する包括的なマネジメントと、個別支援から地域づくり
に向けたコーディネート、住民等の組織化や社会資源の開発を協働できる専
門職の人材育成が必要になる。住民等の支え合いに向けた人材育成や活動の
充実を図りながら、それに頼るのではなく、既存の相談支援包括化推進員を
軸に、その他の各種相談職、地域福祉や生活支援のコーディネーター等が協
働の中核を担えるようにする。

④支え支えられの地域のつながりをつくることを意識した福祉教育（共育）

　地域福祉の主体となる全世代の地域住民への福祉教育（共育）が必要であ

る。人や社会のつながりが希薄化し、社会から差別や偏見等を含み孤立する人たちの立場を理解し、抱える課題に気づき、互いに支え合う姿勢を育む。地域のつながりがつくれるように学校教育、生涯学習等で理解と体験の機会を推進していく。また、③で示した全体を包括的に捉え、多機関とつなぎ、住民と協働して解決に取り組み、必要に応じて社会資源の開発ができる専門職として活躍する人材や、地域福祉実践者の育成や継続的な研修が必要になる。

⑤地域福祉計画と地域福祉活動計画を一体的に推進する

包括的支援体制の構築に向けて、専門職の配置や庁内の連携体制や多機関協働のネットワーク化等、福祉行政の再編を含め、職員、専門職、福祉関係者とともに、住民が参画し分野横断する地域福祉計画と地域福祉活動計画を一体的に計画策定する。そして、日常生活圏域を目安に地区活動計画の策定を地域福祉推進基礎組織が担い、具体的に推進できるようにする。

⑥新たな協働における財源の確保

＊7　安心生活創造事業
2009（平成21）〜2011（同23）年、厚生労働省は地域福祉推進市町村に指定してモデル事業として実施した。事業の3原則として、❶基盤支援（見守りや日常的な家事等、生活に不可欠なこと）を必要とする人々とそのニーズを把握、❷基盤支援を必要とする人々がもれなくカバーされる体制をつくる、❸それを支える安定的な地域の自主財源確保が示された。

厚生労働省は、地域福祉を推進する「安心生活創造事業」＊7において、安定的な地域の自主財源の確保を原則としたが、有効な成果があったとはいえない。前述した通り、介護予防・日常生活支援総合事業では、公的財源において、従来の住民主体の地域福祉活動実践が、訪問型や通所型のサービスBとして運営されている。こうした地域と行政の新たな協働の財源として、「重層的支援体制整備事業」は分野ごとの補助を一体的に運用できるようにする。このように公的財源は必要だが、民間資金を活用した官民連携の仕組みとしてのソーシャルインパクトボンドも活用できる。政策に縛られず、地域住民等が主体的に地域の課題解決に取り組むためには柔軟な民間財源が欠かせない。企業や各種財団等の助成金をはじめ、共同募金、ファンドレイジング、クラウドファンディング等で確保することが必要になる。

(3) 無関心社会ではなく支え合う社会へ

「障害を理由とする差別の解消の推進に関する法律」（障害者差別解消法）が施行され、地域共生社会の実現への方向性が示された矢先の2016（平成28）年、障害者施設において元職員による殺傷事件が起きた。障害者福祉においては以前から、障害の有無に関係なく互いの人権を尊重し、相互に支え合える社会をめざす共生社会という言葉が使われてきた。しかし、事件のような障害のある人たちの"いのち"を否定する差別と排除の意識に賛同し、擁護するような声がネットにあがり、社会に潜むこうした意識は根深い。今日も施設づくりで地域住民から反対運動が起きることはあり、障害等に対する

差別や偏見がなくなったとはいえない。地域は、よく知らないがゆえに、自分と異なるように見えるものを排除する面がある。しかし、近隣で困っている人を他人事にせず、見守りや、「ちょっとしたお手伝い」等、包摂する面もある。緩やかな紐帯が求められる中、このような互助は、度が過ぎてしまうと監視や束縛につながりかねず、地域には二面性が伺える。つまり、一人ひとりが他人事ではなくわが事として社会福祉の問題を捉えなければ、理想的な包摂する社会の実現への具体的な道のりは厳しい。

　地域共生社会の実現のための社会福祉法等の一部が改正され、政策が法のもとにさらに推進されることが期待される。しかし、その際、人と地域のもつ二面性を意識して進めていかないと、政策に縛られ、「共生」が「強制」になり、「見守り」が「監視」になりかねない。

　人の心には排除と包摂する二面性がある。互いの弱さを支え合いながら生きてきた人間として、「助けて」という声も受け入れられない弱肉強食のような社会に向かうのではなく、弱さを認め合い、分かち合える社会を考える必要があるのではないだろうか。共生するには、自分と異なる他者との関係を対象化して、互いの様々な違いを認め、そのことを尊重しながら対立するのではなく、折り合いをつけることが必要になる。人や地域のもつ二面性を常に意識しながら、困っている人の問題を他人事として無関心になるのではなく、もし自分も同じ立場だったら、と少しでもわが事につなぐ。自分にできる関わりを見いだし、周りの人たちとともに支え合い生きていく姿勢が育まれるような地域共生社会の実現に向けた地域づくりをしていく必要がある。

【引用文献】
1）永田祐「第13章　日本の地域福祉に影響を与えた海外の考え方」社会福祉士養成講座編集委員会『新・社会福祉士養成講座9　地域福祉の理論と方法［第3版］』中央法規出版　2015年　p.317
2）厚生労働省「『地域共生社会に向けた包括的支援と多様な参加・協働の推進に関する検討会』（地域共生社会推進検討会）最終とりまとめ」2019年　p.2
3）内閣府『高齢社会白書』2008年
4）仲村優一・岡村重夫・阿部志郎他編『現代社会福祉事典』全国社会福祉協議会1993年　p.225
5）厚生労働省『社会福祉法の改正趣旨・改正概要』
https://www.mhlw.go.jp/content/12201000/000652457.pdf
6）佐藤陽「新たな公共空間を創出する学習と実践の場の創造―地域を基盤とする福祉教育推進プラットホーム―」『日本福祉教育・ボランティア学習学会研究紀要』第16号　2010年　p.15
7）厚生労働省「誰もが支え合う地域の構築にむけた福祉サービスの実現―新たな時代に対応した福祉の提供ビジョン―」2015年　p.3
8）厚生労働省「社会福祉法に基づく市町村における包括的な支援体制の整備に関する

指針」（平成29年厚生労働省告示第355号）

9）佐藤陽「第10章　地域福祉における社会資源の意味と活用・調整・開発」坪井真・木下聖編『新社会福祉士養成課程対応　地域福祉の理論と方法［第2版］』みらい　2014年　pp.159-160

10）前掲書2）　p.24

11）「ニッポン一億総活躍プラン」（平成28年6月2日閣議決定）　p.16
https://www.kantei.go.jp/jp/singi/ichiokusoukatsuyaku/pdf/plan1.pdf

12）前掲書3）

13）厚生労働省ホームページ「地域共生社会」の実現にむけて
https://www.mhlw.go.jp/stf/seisakunitsuite/bunya/0000184346.html

14）佐藤陽「支え合いにつなぐシニア世代の地域デビュー」『十文字学園女子大学紀要』第50集　2019年　p.55

15）佐藤陽「要援護高齢者が主体となる地域で相互に学び合い・支え合う仕組みに関する研究―地域共生社会の実現にむけて相互に学び合い・支え合う地域の構造化―」（科学研究費助成事業基盤研究（C）平成29年度研究成果年度報告書）2018年　p.234、佐藤陽「要援護高齢者が主体的に社会参加するための相互に学び合う場づくり」『日本福祉教育・ボランティア学習学会研究紀要』第29号　2017　pp.35-52

【参考文献】

・佐藤陽「埼玉県地域福祉総合支援体制の構築について～コミュニティソーシャルワークの視点から～」『十文字学園女子大学人間生活学部紀要』第3巻　2005年　pp.103-122

・埼玉県地域福祉推進委員会地域福祉総合支援体制検討作業部会「みんなで創ろう！　福祉のかたち～地域福祉総合支援体制に関する報告～」埼玉県福祉部福祉政策課　2005年

・埼玉県地域福祉推進委員会地域福祉総合支援体制検討作業部会「人が彩る！　福祉のかたち～地域福祉総合支援体制を支える人材育成に関する提言～」埼玉県福祉部福祉政策課　2006年

・「埼玉県福祉でまちづくり研究会報告書～多様な専門職と地域福祉に関わる市民と共に取り組む実践的研究について～Ⅰ，Ⅱ，Ⅲ，Ⅳ，Ⅴ」佐藤陽研究室　2009・2010・2011・2013・2014年

・上野谷加代子・松端克文・永田祐編『新版　よくわかる地域福祉』ミネルヴァ書房　2019年

・平野隆之『地域福祉マネジメント―地域福祉と包括的な支援体制―』有斐閣　2020年

・原田正樹・藤井博志・渋谷篤男編『地域福祉ガバナンスをつくる』全国社会福祉協議会　2020年

・厚生労働省社会・援護局地域福祉課「地域力強化検討会最終とりまとめ～地域共生社会の実現に向けた新しいステージへ～」2017年
https://www.mhlw.go.jp/stf/shingi2/0000176885.html

索　引

新・社会福祉士養成課程対応

地域福祉と包括的支援体制

2022年2月28日　初版第1刷発行

編　　　集	木　下　　　聖
	佐　藤　　　陽
発　行　者	竹　鼻　均　之
発　行　所	株式会社みらい

〒500-8137　岐阜市東興町40　第5澤田ビル
TEL　058-247-1227(代)　FAX　058-247-1218
http://www.mirai-inc.jp/

| 印刷・製本 | サンメッセ株式会社 |

ISBN978-4-86015-543-8　C3036
Printed in Japan　　　　　　　　乱丁本・落丁本はお取替え致します。